葛文耀

四十年民族品牌的光荣与梦想

田安莉 著

上海财经大学出版社

图书在版编目(CIP)数据

葛文耀:四十年民族品牌的光荣与梦想/田安莉著. —上海:上海财经大学出版社,2020.11

ISBN 978-7-5642-3621-2/F·3621

Ⅰ.①葛… Ⅱ.①田… Ⅲ.①葛文耀-传记 Ⅳ.①K825.38

中国版本图书馆 CIP 数据核字(2020)第 145206 号

□ 责任编辑　刘　兵
□ 封面设计　贺加贝

葛文耀
——四十年民族品牌的光荣与梦想

田安莉　著

上海财经大学出版社出版发行
(上海市中山北一路369号　邮编200083)
网　　址:http://www.sufep.com
电子邮箱:webmaster@sufep.com
全国新华书店经销
上海景条印刷有限公司印刷装订
2020年11月第1版　2020年11月第1次印刷

710mm×1000mm　1/16　25.25 印张(插页:2)　338 千字
定价:98.00 元

序一　葛文耀的心愿与国企改革之路

国企改革是中国经济改革的中心环节,但因为重要,所以艰难。与社会各界的殷殷期望相比,这些年的国企改革可谓蹒跚而行。

不论国企民企,企业家都是企业的核心与灵魂。1978年邓小平同志提出"科学技术是第一生产力",在当时可谓石破天惊。而站在21世纪的今天来看,企业家精神才是第一生产力。何也?若仅论科技,苹果公司其实不如富士康,但富士康为何甘心替苹果打工?因为苹果拥有品牌和商业模式。苹果的独特竞争力从何而来?答案当然是乔布斯的企业家精神。

企业家精神比科技重要,一是因为企业家精神是社会最稀缺资源,二是因为离开企业家精神,科技本身并不能直接创造市场价值。

正因为如此,2017年4月中央全面深化改革领导小组第三十四次会议通过的《关于进一步激发和保护企业家精神的意见》是一次历史性突破。

有人认为,国企不可能有企业家。这一观点,过于偏激,与事实不符。国企当然有企业家。例如,上海家化的葛文耀、振华港机的管彤贤、红塔山的褚时健、中国建材的宋志平……都是无可争议的优秀企业家。

但是,国企的企业家往往遇到两大难题:一是企业家价值得不到足够的承认(例如,在股权和薪酬方面);二是企业家的地位得不到保障(突然的人事变动)。因此,很多国企的优秀企业家,某种程度上是靠"觉悟"在自我激励。这显然是不可持续的。

笔者认为,"国企机制"与"企业家精神"某种程度上的不兼容,才是国企改革的核心症结所在。如果不解决这一问题,不仅国企很难孕育企业家精神,而且即使"有幸"遇到一流的企业家也会因为"不兼容"而导致冲突甚至悲剧。

上海家化的改制,当初被寄予厚望,期待为国企改革开辟一个经典模式。遗憾的是,这一机会再次被浪费了。平安作为新的大股东,缺乏对"企业家价值"的合理尊重,力图以资本的意志"改造家化",最终的结果是没有赢家。葛文耀、平安、家化、家化员工、家化小股东都没有成为赢家。

但这并不意味着上海家化当初不应该改制,因为不改制最终也难以挣脱国企体制弊端的束缚。混合所有制改革依然是国企的真正出路。混改有以下三种选择:A,国有股东依然相对控股,这很容易导致"换汤不换药"。B,民企成为控股股东,这一模式的缺点是新股东往往与原有管理层难以"惺惺相惜",导致冲突。当然,在原有管理层缺乏能力需要更换时,这一模式很有效。C,管理层收购(MBO),这一模式的缺点是管理层往往缺乏足够的资金实力,且容易被诟病为"国有资产流失"。当年郎咸平对MBO的批评导致很多人至今仍然用有色眼镜看MBO。

怎么办?其实可以把B和C结合起来:民企(或机构投资者)成为相对控股股东,但给予管理层相当比例的股份(或期权),同时约定"激励条件",这样可以确保新股东和管理层的"利益趋同"和"激励兼容",实现双赢。实际上,美国20世纪80年代大规模的杠杆收购(LBO)浪潮,采取的就是这一模式。

对国企的企业家而言,也要吸取家化改制的教训:在改制之前,必须与新股东有"事先约定",否则一旦陷入"事后的博弈",出现双输结局是大概率事件。

葛文耀是我非常敬重的企业家。他的遗憾在于,他相信自身的企业家价值,并想当然地认为新股东也会尊重企业家价值。这一假定,是基于新股东拥有充分的信息且足够理性,但现实是不完美的,信息不对称、动物精神都会影响企业的决策和运行。

实践是检验真理的唯一标准:平安接盘后的6年时间(到2019年),上海家化市值缩水一半,化妆品主业利润下降了70%。这从另一个角度证明了葛文耀的企业家价值。

对于规模巨大的平安而言,或许不是非常在乎一项投资的失利;但一个社会企业家,不仅要考虑股东,还要考虑员工、社区、城市甚至国家(上海家化是化妆品领域比较罕见的国内品牌)等所有的利益相关者。从社会利益最大化出发,平安应该"理智大于情感",重新出让家化股权。葛文耀联合其他投资者以"市场化方式"与平安洽谈收购,最终重现一个"多赢结局",完全是可能的。更重要的是,这样一个皆大欢喜的结果,也会改变家化改制的"历史叙事"——从"宫廷内斗"的肥皂剧变成国企改制的正面典范,岂不善莫大焉!?

刘胜军
经济学家、专栏作家

序二 一名战士的理智与情感
——我眼中的葛文耀先生

"正是因为我们不像国企,才在化妆品这样一个充分竞争的行业保存了一家国企。"我清晰地记得,2008年12月27日,在纪念改革开放三十周年暨上海家化创立一百二十周年庆典上,葛文耀先生面对一大批听众,其中包括很多老领导,抛出了这样一个悖论。

作为这样一家国企的掌门人,葛文耀先生奋斗了28年,28年来,他全心以赴,苦心经营一家企业,把一个只有400万元固定资产的小厂发展成一家接近400亿元市值的上市公司,把一个到处堆满破破烂烂的坛坛罐罐的日用化学品工厂打造成一家现代化、国际化、精致优雅的时尚企业,走出了一条不同于一般国企、不同于民企、不同于外企,但却兼具外企的规范度、民企的灵活度和国企的温情度的"第四条道路"。

就在上述那次庆典上,葛文耀先生真诚地说,他的成长和成功离不开上海市政府历任领导的宽容、鼓励和支持,离不开上海有利于国企发展的经营环境。但是,正如宋代诗人王安石形容古松的诗"岂因粪壤栽培力,自得乾坤造化心"所描述的那样,葛文耀先生的成就和贡献,更主要地来自他本人孜孜不倦的努力和百折不挠的追求。

首先,他有着强烈的初心使命。他认同德鲁克关于"企业的目的就是创造顾客"的论断,坚持不懈地强调做企业就是要"讨好顾客(消费者)"。"消费者第一",消费既是起点又是终点,这样的理念从20世纪80年就深深地扎根于他的头脑中。

其次,他有着全面的担当精神。较早地在国有化妆品企业中推进市场化,成为中国化妆品行业第一家上市公司,高度重视研发和品牌建设,毫不畏惧地与跨国公司展开正面竞争,率先在行业内以品牌方式走出去(佰草集出海),率先推动国企改制,这些都充分体现出了他作为一个企业家的担当精神。

第三,他有着卓越的创新能力。中国化妆品市场上的诸多品类,比如香水、洗发水、摩丝、防晒霜等,都是在他的推动下首次引进中国的,而他推动的依托中草药和中国化进行品牌定位的策略,则不仅走出了一条少有人走的差异化道路(a road less travelled by),而且引领了当今的"国潮"崛起趋势。

第四,他有着一流的管理智慧。在他的领导下,上海家化拥有内外互动、上下沟通的战略管理流程,实施多元一体、既放权又控制的公司联邦主义制度,推行民主集中、灵活变通的业务决策机制,坚守三权分立、通力协作的采购制衡机制,打造删繁就简、标本兼治的务实企业文化。一直以来,他对一本国外的管理学教材念念不忘,那本书的副标题一语道破了他对管理的看法:系统性和随机性的结合。后来因为该书再版时取消了这个副标题,还让他一时唏嘘不已。

最后,他有着非凡的逆商指数。像一切企业家一样,葛文耀先生是一个锲而不舍、不屈不挠的经营者,在这么多年的经营过程中,他多次被政府要求顾全大局(比如与美国庄臣公司合资、并入上海实业、兼并日化公司等),多次遭遇困境,但屡屡化危为机,不辱使命。

非常有幸的是,早在1990年10月我就认识葛文耀先生了,当时我在上海家用化学品厂(上海家化前身)实习(那时人们都称葛文耀先生为"葛厂长")。非常伤心的是,在2013年9月17日,作为上海家化总经理的我含泪目送作为上海家化董事长的葛文耀"退休"。前后有23个年头,如今距离他"退休"又过去了7个年头。所以,加起来,我与葛文耀先生的缘分和交情已经长达30年。

30年时间让我比较全面也比较深入地了解了他,一言以蔽之,我对他的评价是:"一个将民族情怀与世界眼光、高瞻远瞩与脚踏实地、民主作风与集中能力平衡得很好的企业家。"

英国女作家简·奥斯汀有部小说叫《理智与情感》,认识一个人(包括企业家)可能确实需要两个方面都包括。以上关于葛文耀先生的介绍多属理智部分,接下来我想从情感("爱"和"恨")角度梳理一下这么多年我对他的了解。先说说他爱什么吧。

第一,爱生活,爱工作。马云曾在阿里年会上的演讲中说,要认真生活,快乐工作。其实,大部分阿里人都是做不到的,大部分中国企业家也是做不到的。葛文耀先生是我见到过的既能认真生活又能快乐工作的少数企业家之一。他对生活讲究而不将就,浪漫而不怠慢。上山下乡的那段经历让他觉得追求美好生活是人与生俱来的权利,全体中国人都不该过得那么苦,但是一流生活的前提是一流工作。他向来反对"狼性文化",也反对"996",但是他自身对工作的投入("全心以赴")则足以当得起"工作狂"或"事业狂"的名声。

第二,爱读书,爱思考。在同学当中、同辈企业家当中、同龄人当中,他都算得上是爱读书的人。下乡返城后他坚持读夜大学、正规大学,直至读完硕士研究生。在家化人当中,他也算得上是嗜书如命的一个,每次搬家,别的东西都舍得扔,唯有书不舍得扔。1993、1994年,他有两次(记得一次在上海、一次在广州)约我一起去逛书展,当得知我把公司发的年终奖都用来买书了,他对我说,回去后他会让人事部给所有员工增加一项福利——书报费。这项当时很可观的特别费用令后来入职家化的所有员工都惊喜不已、广为传播。他读书的面很宽,从经济、政治到哲学、历史到文学、艺术都有,他还会经常推荐图书给中高层管理者看,有时还在公司内部组织读书会,让大家一起读。

他不仅爱读书,还特别爱思考。他总是说,一件事情来了,我总是要从正面想想,反面想想,快速地想几个来回,形成一个结论。他崇尚并擅长独立思考,不唯书不唯上只唯实。在家化,他最爱自己先反思总结,再推动大家反思总结。每年年中、年底他都会召集中高层管理者开会对业务进行反思,一起认知市场变化,对照自我,寻找问题和差距,从而寻找对策。他总是说,不要怕问题,(找到)问题就是机会,怕的是找不出问题(在哪里)。

第三,爱时尚,爱艺术。他与化妆品产业是相互成就的。他对时尚高度热爱、极度敏感,对时尚产业的发展和消费升级的趋势则颇有先见之明,早在2007年他就来找我,说我们要写一份关于中国发展时尚产业的建议报告,给到中央和地方政府部门,希望引起他们重视。在家化内部,他也颇有远见地全面布局佰草集、佰草集汉方SPA、双妹等时尚品牌。2012年,上海市政府推出了新版的上海城市形象片《上海,灵感之城》。该片以写意的方式来礼赞海纳百川、兼容并蓄的"上海精神"。虽然该片只有短短的5分钟,但其中却用了8个镜头来展示家化的品牌形象和时尚产业成果——从美加净到六神,从佰草集到佰草集汉方SPA,从双妹产品到双妹旗舰店,还有家化的天潼路空中酒吧和Jahwa号游艇。时任上海市委宣传部副部长、上海市政府新闻办公室主任朱咏雷说,上海家化是最能够代表上海文化和精神、植根上海的知名企业,将家化的产品、服务与新版上海形象片的内容巧妙结合,生动地体现了上海城市形象的风貌和精神。这是对家化的肯定,更是对葛文耀先生推进时尚产业的认同。

葛文耀先生的时尚感知力可以说是出类拔萃,这跟他热爱各门艺术是分不开的。他与上海诸多著名文学家、艺术家有着广泛的交往,他在家化的时候,家化就一直是上海文学家、艺术家最喜欢光顾的活动基地,因为家化有上海最高级的影音室和影音设备,有一览两江(苏州河和黄浦江)无敌江景的空中咖啡厅(这些设施平时也都对员工开放)。

2013年离开家化后,他也一直没有离开时尚产业,一直担任上海国际时尚联合会会长,为会员企业和中国时尚产业发展做出了更多更大贡献。

第四,爱消费者,爱品牌。在他心目中,消费者第一,消费者是上帝、是衣食父母,当有人叫他"葛老板"时,他总是说,我不是老板,消费者才是老板,我们都要做"讨好消费者"的工作。为了真切地了解消费者的需求,他当年就非常喜欢去站柜台,一站就是一整天,把一手收集上来的信息转化成指导创新、营销、质量工作的具体意见。

他是中国最早认识到品牌价值、最重视品牌建设的企业家之一,早在20世纪80年代末90年代初,他就在上海家化设立品牌经理岗位(本人就是第一批品牌经理之一),建立独立的品牌管理部门,开展专业的品牌管理工作。对于我基于多年理论学习和实践经验所提炼的品牌力理论,他给予充分肯定,并多次引用。他对我们联手打造的诸多品牌——美加净、六神、佰草集、高夫、双妹、玉泽、启初、家安等——充满了感情,至今念念不忘。

第五,爱员工,爱人才。他多次谈到他对领导者的"情商"的理解,总结说情商主要分为两点:一是领导者要有自知之明,二是领导者关心他人要比关心自己更重。他所提及的情商的第二条要求,与梁漱溟先生提出的作为中国伦理社会核心精神的"以对方为重"是完全一致的。他在家化一直以这种态度和精神对待员工,这不仅体现在给在职员工的工资待遇和股权激励上,更体现在他对那些离职的员工的态度上。他总是说,任何一个员工的离职其实都是在对我们管理层投反对票,我们要反思工作做得不足的地方;对于离职的员工,他会恳切地告诉对方说,你在家化时家化比你重要，你决定离开家化你就比家化重要，希望你能发展得好，也希望你以后回来。

众所周知，他惜才如命，求贤若渴，广纳贤才。他从德勤能绩各个方面对人才进行大力培养和合理任用。早在20世纪80年代末，他就派很多科研人员到日本、美国和欧洲等发达国家先进企业接受培训，这些人员回国后都成了家化的创新先锋。1994年，靳羽西为感谢他帮助她成功进入化妆品行业，想送一个大大的礼物给他，他说我什么都不要，听说您先生在美国是开营销公司的，你就请他帮我培养两个营销方面的人吧，本人就是去美国接受营销培训的两个人之一。可以说，那次出国给我带来了脱胎换骨的变化。爱才的他在家化所建立的人才梯队，在家化辉煌时期的发展过程中起到了最大的作用。

第六，爱上海，爱先进文化。"我是上海的儿子，我深情地爱着我的城市。"这样一句话他未必说过，但却反映着他的心声。"海纳百川、追求卓越、开明睿智、大气谦和"的上海，给了生于斯、长于斯的他太多的东西，黄浦江水和上海精神滋养着他，使他成为一个海派企业家，对世界上的各种先进文化保持着高度的好奇心和开放性，也激励着他打造一个又一个体现上海文化、代表中国形象的时尚名牌。

梳理了他的"六个爱"，我再来说说他有哪些"恨"。

首先，恨官僚作风。这是他职业生涯上多次回绝领导让他当官的提议的主要原因，他怕自己沾染上高高在上、颐指气使、浮夸潦草的官场习气。这种"恨"使他有时候显得"不听话"，使他与官场和官商社交圈保持距离，也使他从自身做起，在企业内部抵制官僚作风，杜绝"假大空"，确保管理层不脱离员工，公司不脱离顾客、不脱离市场、不脱离时代。

其次，恨形式主义。他一生痛恨表面功夫，他重内容不重形式，重行不重言，开会、做事，喜欢开门见山、直奔主题，抓本质，抓关键，抓主要矛盾和矛盾主要方面。

再次，恨自轻自贱。他是一个特别有志气的人，20世纪80年代他出国看到外国人的生活水平比中国人高出很多之后，就发愤回来带领家化人致富，希望大家也能过上甚至超过外国人的生活。另外，20世纪90年代（甚至到现在），外国品牌占据了中国高端化妆品领域，甚至很多家化员工也公开说中国企业永远做不出高端品牌，他听到了很是痛心，后来他又在1995年听到一个法国化妆品巨头的高管亲自跟他说，你们公司的产品缺乏特色、在国际上不会有什么竞争力。自那以后，他暗下决心，矢志打造高端品牌，这才有了佰草集1998年的诞生、2008年的出海和双妹2010年的复兴。

最后，恨粗鄙傲慢。1994年，他安排我担任公司CI工作小组组长，在我提供给他的上百个企业口号当中，他独具慧眼地选择了"精致优雅，全心以赴"，这句口号体现了他对粗糙粗鄙的厌恶和对工匠精神的追求——"精致优雅"体现的是专业，"全心以赴"体现的是敬业——专业＋敬业＝工匠精神。另外，"弱小和无知，都不是生存的障碍，傲慢才是"。多年在体制下生存的他一直保持谦逊谨慎的为人处世态度。他不能接受他人的傲慢，也时常提醒自己要戒骄戒躁，他在自己的办公室里挂了一幅字——"如履薄冰"——而且一挂就是二十多年，直到他离开那一天才摘了下来。

他之所爱，其实可以概括为非常"六合一"——"六爱合一爱"，这"一爱"就是"对家化之爱"，这也正是他一辈子割舍不下的爱。而他之所恨——官僚作风、形式主义、自轻自贱和粗鄙傲慢——则正是最近几年阻碍家化发展、造成家化迅速衰落的主要因素。

爱憎分明的葛文耀作为一个企业家当然谈不上是一个完人，他自己也从不讳言自身所存在的类似爱面子、心肠软、耳根软等缺点，但是，正如我在2014年写给上海家化投资者的一封信中所引用的鲁迅的名言那样："有缺点的战士终竟是战士……天下不能没有战士，战士是为天下战斗的……"，内心真诚而又真实的葛文耀称得上是一名战士——一名为上海家化，为上海这座城市，为中国化妆品产业，为中国消费品品牌建设，为中国国企改革"生命不息，战斗不止"的战士。

王　茁

上海家化联合股份有限公司原董事总经理

美国 BeautyStreams 美妆智库全球合伙人

中国香料香精化妆品工业协会双创专业委员会秘书长

目　录

序一　葛文耀的心愿与国企改革之路／刘胜军／1

序二　一名战士的理智与情感——我眼中的葛文耀先生／王茁／1

引　子／1

第一章　"平安事件"始末／3
　　第一节　手捧"金饭碗"，葛文耀为什么要坚持改制／6
　　第二节　矛盾伏笔／10
　　第三节　硝烟突起／17
　　第四节　压垮骆驼的最后那根稻草／24
　　第五节　被逐家化／26

第二章　"后家化"时代的人事纷争／37
　　第一节　上任三年，谢文坚高调"治理"家化／37
　　第二节　王茁的故事／47
　　第三节　张东方接棒，上海家化能否触底反弹／61
　　第四节　资本时代：没有企业家精神的企业能否走远／65
　　第五节　硝烟散去，没有赢家／71

第三章　一辈子只做了一件事／76
　　第一节　弄堂里起步／77

第二节 留得青山在 / 88
第三节 移植"品牌经理人"制度 / 95
第四节 "毛利"的概念 / 103
第五节 六神的传奇 / 107
第六节 美加净的起起落落 / 113
第七节 风起东方佰草集 / 117
第八节 三个品牌故事 / 129

第四章 中国人不该这么穷 / 137
第一节 人生的第一场剧变 / 138
第二节 为摆脱政治困境，成为北大荒的一名知青 / 146
第三节 目睹中国最贫困的乡村 / 152
第四节 市场观念的启蒙：世界银行《发展报告》/ 163

第五章 跨界"打劫" / 171
第一节 拓展第二主业，构建医药板块 / 171
第二节 试水旅游地产 / 179
第三节 海棠湾的遗憾 / 184
第四节 为西双版纳转型出谋划策 / 192

第六章 未尽的梦想 / 196
第一节 十三年前的一份报告 / 196
第二节 百年"双妹"的前世今生 / 200
第三节 海鸥表，终究没能圆葛文耀的"中国梦" / 216
第四节 东方美谷和上海市政府67号文件 / 227
第五节 领航上海国际时尚联合会 / 231

第七章 从为国企掌舵到为民企站台 / 240

第一节 韩束的"逆袭" / 240

第二节 创立私募基金——铭耀资本 / 246

第三节 森蜂园的传说 / 252

第四节 一家从不开订货会的食品厂 / 258

第五节 "难产"的时尚产业基金 / 262

第六节 讲坛上的"家化教父" / 266

第八章 舞池边跳舞 / 282

第一节 "小金库"风波 / 282

第二节 政策"擦边球" / 296

第三节 如履薄冰 / 305

第四节 "前门开足,后门关死" / 311

第九章 国际视野,中国智慧 / 319

第一节 宏观思维与微观管理 / 319

第二节 中国式管理思想 / 326

第三节 学以致用 / 338

第四节 "30 年红旗不倒" / 347

第十章 重回家化的路到底有多远 / 354

第一节 割舍不下的家化"情结" / 355

第二节 重回家化的路到底有多远 / 361

第三节 是非功过,后人评说 / 370

第四节 "打不倒的葛文耀" / 377

后记 / 383

引 子

葛文耀是谁?

这个名字,有些人很熟悉,有些人很陌生。

2020年,他是一家私募基金合伙人。

2019年,他是上海国际时尚联合会任期最久、年龄最长的会长。

2013年,他是上海家化(集团)有限公司董事长兼总经理。这年5月,他遭遇一生中最惨的滑铁卢:被自己亲自挑选的"亲家"、大股东平安集团粗暴罢免,引起舆论哗然,上海家化股价应声暴跌;几个月后又被迫辞去上市公司、上海家化联合股份有限公司董事长的职位,在他66岁时,黯然离开执掌了28年的上海家化。一年后,已淡出江湖的葛文耀被他的继任、平安集团派驻上海家化的新掌门人谢文坚,以工会名义告上法庭。

2001年,上海家化在上海证券交易所上市,成为国内化妆品行业首家上市企业;10年后,上海家化股票市值在7年熊市的背景下增长65倍,成为中国证券市场耀眼的高成长公司。

1995年,《解放日报》的头版头条刊登了一篇报道:"上海家化公司好气魄,1 200万元买回美加净"[①],盛赞上海家化以国有企业少有的气魄,花巨资从合资企业上海庄臣的手中,赎回曾经属于自己的民族品牌,上海家化联合公司总经理葛文耀,开始频频进入媒体视野和公众视线。

1985年,38岁的葛文耀出任上海家化厂厂长,这是上海家化(集团)有限公司和上海家化联合股份有限公司的前身。葛文耀就是从这里启程,开始了28年的家化生涯。他从一个固定资产只有400万元、年销售额9 000万元的上海轻工业局三级小厂起步,背负着体制重负,面对外资企业的围追堵截,在竞争激烈的化妆品领域异军突起,不仅将上海家化打造成年销售额超50亿元的中国化妆品行业的龙头,还较早预见到中国消费升级带来的商机,提前谋篇布局,使上海家化迅速成长为一个引领中国风尚、承载民族梦想的时尚企业。

"我一辈子只做了上海家化这一件事",淡出江湖的葛文耀提起过往时,会漫不经心地如是说。

上海家化,曾经是上海国企改革的一面旗帜,是中国化妆品行业的标杆,所获荣誉数不胜数:上海百强企业、上海高新技术企业、中国最具创意机构、中国最具社会影响力品牌、中国证券市场高成长上市公司、中国企业创新营销奖……

葛文耀,曾经是上海国有企业家的一张亮丽的名片:第十届全国政协委员、全国优秀共产党员、全国"五一劳动奖章"、全国优秀创业企业家,上海国资委系统新世纪最具影响力先进人物。

2019年,中华人民共和国成立70周年,年逾七旬的葛文耀,收到了由中共中央、国务院、中央军委颁发的70周年纪念章。

一个人的名字和他所创造的一段历史,不会被遗忘。

回望,是一种梳理。世上很多事情,只有放在历史的纬度,才会更加清晰。

[①] 裘新,何洛先. 上海家化公司好气魄1200万元买回美加净[N]. 解放日报,1995-4-27(A1). 此文获第六届(1995年)"中国新闻奖"二等奖。

第一章

"平安事件"始末

本章提示：中国化妆品行业的翘楚、利润年年攀升的上海国有企业标杆，为什么在最辉煌的时期选择改制？众多竞标者纷至沓来，缘何只对平安情有独钟？你情我愿的"联姻"，为何那么快就分崩离析？矛盾突然升级，什么才是压垮骆驼的最后那根稻草？优秀企业家遭粗暴罢免，谁是谁非一时众说纷纭；风波散去，到底什么才是"平安事件"的真相？当事人、亲历者，告诉你一个真实的"平安事件"始末。

2013年，上海。

这一年的5月13日，是一周工作日的第一天，通常也是上班族最忙碌的一天。临近傍晚下班时分，一条来自上海家化（集团）有限公司（以下简称家化集团）控股股东平安信托的公告，打破了这一天的平静，公告的内容让人们瞠目结舌。

平安信托的公告称，5月11日，家化集团举行了临时董事会议，决议免去葛文耀集团董事长和总经理职务，由集团董事、平安信托副总经理张礼庆接任家化集团董事长。免职原因是,今年3月以来,平安信托陆续接到上海家化内部员工举报,反映集团管理层在经营管理中存在设立"账外账、小金库"、个别高管涉嫌私分小金库资金、侵占公司和退休职工利益等重大违法违纪问题,涉案金额巨大。目前,相关事项在进一步的调查中。

这一公告引发的震动非同小可,因为葛文耀在上海国有企业中可是一位标杆式人物,上海家化联合股份有限公司(以下简称上海家化),则是中国化妆品行业的传奇。传奇的缔造者被自己管理的企业罢免,问题之严重可想而知。

骚动的人群中,最为寝食不安的,是那些上海家化忠实的"股粉"。在中国证券市场高成长公司的名单中,上海家化(600315)当之无愧地跻身前列。漫漫7年的熊市,这颗耀眼的明星逆市而动,2013年,上海家化每股价位最高时达到76.48元,涨幅超过350倍[①],这让那些多年追随的铁杆"股粉"们提前进入了"小康"。

2001年3月15日,上海家化在上交所上市,时任上海市副市长蒋以任和葛文耀共同为家化上市鸣锣。

---

① 李媛.上海家化复牌"一"字跌停估值遭部分基金调低[N/OL].新京报,2013-5-15,[2013-5-16]搜狐财经.

都说投资人买股票,其实是"买"企业家。上海家化股票的持有者们,大都是看好葛文耀本人,葛文耀的名字,是同上海家化紧紧绑在一起的。如今,这突如其来的罢免令,犹如一只"黑天鹅"从天而降,让这些追随者们惶然不知所措。

其实,公告之前也不是完全没有征兆,在平安信托发布公告的当天(公告是当日股市收盘后公布的),也就是2013年5月13日,上海家化的股价已经出现了异动:早盘低开低走,午后呈"瀑布式"下跌,股价一度重挫逾8%,尾盘以每股69.99元报收,较前一交易日下挫5.30%。全天成交金额达到12.7亿元,创下上海家化上市以来的新高,较前一交易日放大了近14倍。[①]

显而易见,这是先知先觉的大资金出逃的征象,但更多后知后觉的"股粉"们,则被这突如其来的"闷棍"打晕了,这其中,也包括那些重仓持有上海家化的基金经理们。

根据当年的一季报,共有73只基金持有上海家化的股票,其中不乏华商、汇添富、嘉实、易方达和中银这些大基金。73只基金持股合计近1.58亿股,占上海家化流通股股本的37.24%。按此数据计算,上海家化5月13日的这场大跌,让这些基金一日就浮亏了6.2亿元![②]

公告第二天,5月14日,上海家化(600315)因重大事项停牌。5月15日,开盘后的上海家化毫无悬念地一字跌停在了62.99元的价位上,截至收盘仍有37.88万手、市值近24亿元的股票,封死在跌停板上。

这一切,究竟是怎么发生的?

[①] 彭松. 葛文耀被免上海家化集团董事长 平安信托称公司存在重大违法问题[N]. 证券时报,2013-5-14(A9).

[②] 胡芳. 上海家化复牌跌停 73只基金市值再缩水11亿[N/OL]. 国际金融报,2013-5-16,新浪财经-证券.

第一节　手捧"金饭碗"，葛文耀为什么要坚持改制

2010年的上海，成为世界的聚焦地。

为期半年的上海世博会成功举办，共创下12项纪录并入选世界纪录协会的"世界之最"，也让"和谐城市"的理念开始深入人心。在"城市，让生活更美好"的口号之下，追求美好生活的愿景，为即将到来的消费升级奏响了序曲。

此时，坐落在保定路上的上海家化，已经连续5年高速增长，上市公司的市值从8亿元增长到200亿元，不论是化妆品主业，还是其他产业，都处于良性发展轨道，是上海国资委旗下国有企业中资产最为优质的企业之一。

这一年，已经63岁的葛文耀到了退休的临界点：根据上海市的相关规定，对一些卓有建树、业绩突出的上海国有企业董事长，退休年龄可适当延迟到63岁。而此时的葛文耀不论是体力还是精力，都没有丝毫的疲态，他的心中有一幅开创中国时尚产业的蓝图，为这个，他准备了多年。

改制，是可以给葛文耀留出时间去绘就蓝图的唯一办法。

国有企业缺乏激励机制

时任上海市国资委主任的杨国雄，是上海家化改制的助推者。

上海国资委的全称是"上海市国有资产监督管理委员会"，成立于1993年，第一任国资委主任是时任中共上海市委书记的吴邦国，国资委的地位之重要不言而喻。上海国资委代表市政府履行出资人的职责，并负责监管市属国有资产。

2006年11月，杨国雄临危受命，从松江区委书记的位置上，被任命为新一任上海国资委主任，接替因涉上海社保基金案入狱的前任凌

某某。

接任上海国资委主任后,杨国雄在工作上与葛文耀接触较多,他对这位让上海家化连续多年资产保值增值的国企当家人赞赏有加。在一次上海全市工业系统的大会上,杨国雄评价葛文耀是"30年红旗不倒",也毫不讳言葛文耀是他佩服的上海国有企业家之一,是上海家化的"灵魂"人物。如果这么早就让葛文耀卸任,对上海家化未来的发展是一种损失,因此,当葛文耀多次找到他,希望通过改制做大做强家化集团的时尚产业时,杨国雄给予了支持的态度,并代表国资委向上海市政府建议支持家化集团整体改制。

其实,当初葛文耀力推改制,一个深层次的原因就是,国有企业的一些"束缚"让他觉得难以施展拳脚,最突出的两个问题是:一,国企不能放开搞股权激励;二,企业没有自主投资的决策权。

葛文耀曾在多个场合讲过,要搞好国有企业,其实只要放开一条就够了,那就是期权激励。只要国企能放开搞期权,人才就有了,企业就活了。

何为期权?简单来说,期权是指上市公司分配给员工在指定期限内、按照一定份额以期权价格购买公司股票。期权价格和二级市场股票交易价格会有一定的差价,股价越高差价越大,持有期权的人所获利益就越大。期权激励是股权激励中较为典型的一种模式,激励对象一般是公司的高管或技术骨干,期权可以达到留住人才的目的。

上海家化曾做过一个统计,从2003年到2007年,由于较低的薪酬水平,公司流失营销、技术人员共79人,其中中层以上营销人员13人。一些广东新兴的日化企业,甚至愿意开出高达百万元年薪的价格,试图挖走上海家化的高管。[1]

从2005年开始,葛文耀就尝试在上海家化推行期权,期权激励方案在国资委和上海家化之间反反复复,焦点就在于,给予管理者团队的期

---

[1] 刘娟.上海家化改制后启动双投资平台 剑指多项新并购[OL].网易首页-财经频道,2011-11-28.

权份额尺度,到底该如何把握？上海家化董事会希望份额高一些,国资委认为必须在规定框架内。此事前前后后折腾了两年,直到 2007 年,国务院国资委审批通过了上海家化实施的第一次限制性股权激励计划,这是上海国有企业中第一家试行股权激励的企业,可见上海市政府对上海家化的信任和肯定。

第一次期权激励,上海家化管理者团队和业务骨干,总共持有的期股不到公司总股本的 2%。

就在上海家化试行期权激励的第二年,2008 年 9 月 16 日,国务院国资委印发了《关于规范国有企业职工持股、投资的意见》,也就是"139 号文件"。文件针对当时国企改制过程中出现的国有资产流失现象,重点规范国有企业中层以上管理者的持股问题,并规定期权收益超过薪酬 30% 的部分必需上交。

期权激励,原本是把人才和企业绑在一起,水涨船高。如果水涨了,却按着船头不让起,就失去了激励的作用。这份"139 号文件",本意可能是为了防止国有资产流失,效果却是,在一定程度上否定了国有企业的期权激励机制。

关于投资决策权的问题,国有企业项目投资需要上报国资委审批,并且有主业范围的限制,这对葛文耀为未来家化集团制定的时尚产业战略,自然是一种束缚。而且项目上报审批流程复杂且漫长,市场千变万化,身处充分竞争领域,稍一迟疑,企业就会丧失市场机会。

"我为什么要改制？"

葛文耀：其实,我改制的目的就是想解决两个问题：一个是股权激励,一个就是投资。

当时家化虽然发展得很好,但体制不行。从 2005 年家化开始搞期权,搞了两年时间。当时国务院国资委找上海宝钢的一个 30 来岁的小家伙来跟我们搞期权,结果搞的期权是要减少你的收入。本来董事会是要给我100万股的,最后我只拿了12.5万股。他给你倒算你的工资是多少,你的奖金是多少。我们大概有230个人拿到期权,总共还不到总股本的2%。

这次期权搞完以后,2008年10月,国务院国资委出台了"139号文件",这个文件不够市场化。什么概念呢?就是,上市公司你只要是国有第一大股东,哪怕不控股,你也必须按国资国有企业管理,当时家化就是这种情况。它这个做法是与公司法有冲突的,它还规定,你持有的期权,假如超过你收入的30%,你就要买下来,把赚的部分上交。这个规定到现在还在影响国有企业。

当时,这个规定下来以后,上海国资委让家化也必须按这个规定执行,以前的方案不算。开始我也头晕,这还叫什么期权?

我懂法律法规,后来我让董秘跟上海国资委的一个处长沟通:"我是你国资委派的,我必须接受国资委的意见,但家化的期权方案是股东大会通过的,家化只有40%的股份。假如我们修改期权方案,那60%的股民肯定不同意,一修改,这个企业就没有活力了"。这样一讲,家化的期权方案总算没有被"139号文件"给否定掉。

我在很多场合下讲过,"139号文件"是值得商榷的,与公司法有冲突。我学过法律,法律有大小,宪法最大,人大通过的法律其次,政府部门的规定要服从公司法。"139号文件"明显与公司法冲突,你只有30%~40%的股份,怎么可以按国资管理?应该有多少股份就按多少股份管理,这个问题我不知道反映过多少次。

我跟当时管国资的杨国雄说过,其实上海的国企,只要放开搞期权,人才就有了,就活了,只要这一条就可以,这是关键的一条。

家化是"前门开足,后门关死"。"前门开足"就是提高待遇,我以前打过很多"擦边球",后来"擦边球"越来越难打了,我想,最好的办法就是期权。

当时在上市公司,我把公司的业务流程、业务平台都搭得很好,不是我一个人说了算。最后几年，我只要花30%的精力就可以了。那个时候家化发展得很好，但是，我看到中国的消费品很差。我这个人，民族品牌情结很深，我就想，家化的市值从8亿元一下子到200多亿元，家化有钱了，可以发展时尚产业。但当时国资的体系投资有一定限制，我要投资都要上面去批的。这种情况下，我才提出改制。

第二节　矛盾伏笔

无论怎样，改制，对上海家化来说都是一种利好，政府自然支持，并给予葛文耀最大的信任及自主权。

2011年2月15日，上海家化发布公告称，家化集团改制方向已经上海市政府批准，同意家化集团国有股整体转让。也就说，这次改制的方案，是国有资本将百分之百地从家化集团中退出。

在葛文耀的改制方案里，他设置了三道门槛：一是坚决拒绝外资企业，因为竞争对手联合利华早就有收购家化的意向，有着深厚民族情怀的葛文耀，决不允许外资染指家化；二是对基金亮红灯，在葛文耀的潜意识里，这些财务投资者都没有长性，赚钱就走，不会考虑企业的长远发展；三是竞标者必须是一家有实力的大企业集团，几家拼凑在一起的竞标者，不在考虑范围内。

显然，这三道苛刻的门槛，拦住了大部分想来竞标的企业。于是，在走马灯式的"相亲"过程中，中国平安以其殷实的家底和漂亮的承诺，赢得葛文耀极大的好感。

被忽略的"预警"

但话说得太漂亮，就会显得不真实。

陈刚，现任纬图通信贸易（中国）有限公司董事长，彼时，他的身份是平安集团直投部总经理、平安信托副总裁。重要的是，他还是平安集团收购家化集团的谈判代表,是他一手促成了家化和平安的"联姻"。但就是这样一个身份,他曾站在被收购方的角度,给葛文耀画了一张清晰的改制图——由上海家化管理层整体收购,即 MBO 计划。

MBO 是英文 Management Buy-Outs 的缩写,意指管理层收购,是公司的经理层利用借贷所融资本或股权交易,收购本公司的一种行为。

有着丰富资本并购经验的陈刚认为,管理者团队对企业经营一定要有话语权,如果葛文耀能接受这个建议,他愿意在收购资金方面提供帮助。

陈刚:管理层收购,我给他画的图写得很清楚,但他没有接受这个建议,还是爱护自己羽毛嘛。他觉得通过这种方式,最后企业变成他个人的了,他丢不起这个人。

时隔多年后,陈刚提起这件事,还是感叹不已。

金铭,上海铭耀股权投资管理有限公司合伙人,葛文耀现在的搭档。彼时,他还供职于高盛集团的直投部门,当初高盛也对投资上海家化有着浓厚的兴趣,金铭曾带着高盛直投部门的负责人,登门拜访过葛文耀。

金铭:但葛总那时候是不希望卖给外资,因为高盛也是外资嘛,后来就算了。我记得当时我也跟葛总说过,我说即使你卖掉,也不要只卖给一家公司,我建议他其实可以分个两三家。

金铭提醒葛文耀:投资人的选择绝不能"一股独大",最起码也要"三国演义",以保持几家股东的股权平衡,这样,管理团队才能有话语权,才能更好地把控公司未来的发展。但当时的葛文耀极度自信,并不担心话语权的问题,他只是希望能有一个比较稳定的大股东。

2011 年 9 月,上海家化公布改制方案,上海市国资委以公开挂牌方式出让所持有的家化集团 100% 的国有股权,挂牌价格为 51.09 亿元。在苛刻的门槛下,最后有三家公司符合竞标条件,即平安、海航和复星三大集团。但临近投标时,复星由于某种原因被劝退,实际投标者,就只剩下了平安和海航两大集团。

作为家化集团改制政府层面的操刀者,时任上海国资委主任的杨国雄,对这次改制的方案慎之又慎。毕竟,这是上海国有企业当中,第一家国有资产全部退出的所有制改革试点企业,而且是一家优质的国有企业。根据2008年9月上海出台的《关于进一步推进上海国资国企改革发展的若干意见》,已明确指出上海国资的战略调整方向,即推动一般竞争性领域的国资逐步退出。因此,家化集团改制的成功与否,对上海进一步推进国企所有制改革,有着举足轻重的示范作用。

在竞标之前,面对平安的竞标方案,杨国雄和葛文耀多次磨合。葛文耀信心满满,但杨国雄说他有两个担心:一是担心由一家大股东收购缺乏制衡机制;二是担心平安不兑现承诺。

杨国雄:因为平安的承诺对他有很大的诱惑力,他是想把家化继续做大的。平安答应他的那些条件,如果真正能够兑现的话,继续投70亿元,资产5年不变现,是能够把家化不断做大的。我当时最担心的是,平安今后会不会这样做?我一直和葛总说,我最担心这一点。

遗憾的是,所有的建议和忠告,都没能引起葛文耀足够的重视。

曾经打过"退堂鼓"

家化集团整体改制前,有两个插曲葛文耀从来没有对外讲过,那就是他曾经两次想打"退堂鼓"。

第一次是在2010年12月。

2010年12月6日晚,上海家化发出停牌公告,称家化集团按照上级精神,正在筹划国资改革事宜。这一公告,被媒体称为正式拉开了家化集团改制的大幕,但在当时,究竟是整体转让,还是出让部分股权,仍在论证阶段。

就在上海家化停牌公告10天以后,当时上海市委的主要领导带着上海市国资委的负责人,到家化集团听取改制汇报。葛文耀先请领导参观了保定路上的上海家化科研中心,在接下去的一个多小时的汇报中,有关改制的事情葛文耀一个字都没提，从头到尾都在阐述两个内容：第一，为什么国企不能搞期权？第二，为什么国企不能自主投资？葛文耀提出的这两个疑问，正是国企改革中普遍存在的问题。

葛文耀对市委主要领导说，现在国企体制僵化，管理体制不合理，假如这两条能够做到，家化集团就不用改制。而且，家化集团还可以拿出50亿元的资金，用来投资化妆品以外的产业，发展其他时尚品牌，不需要国家投一分钱。

彼时，公告已出，家化集团的改制已经箭在弦上，怎么可能说停就停？

听罢葛文耀的汇报，市委主要领导在会上没有表态。汇报结束后，葛文耀送领导上车时，那位领导对他说："你提的这两点，暂时还做不到，还是改了吧。"

第二次是在2011年11月。

这一次，事情有点离谱。此时，家化集团国有资本整体退出的方案已经公布，评估总价51.09亿元的挂牌价格也已公示，已经开始正式投标了。就在这当口，平安信托的童恺（时任平安信托有限责任公司董事长兼CEO，后兼任上海家化集团公司董事。——记者注）告诉葛文耀，说是平安集团相关部门最后审查下来，希望上海市政府能在原有挂牌价格51.09亿元的基础上，减掉2亿元。

葛文耀一听就火了，总共就两家公司竞标，平安这个时候要求"降价"，那么，认同挂牌价格的就只剩下海航了，海航又是葛文耀不想要的。

他在电话里对着童恺发了一通火："你们这么大的平安集团，弄到现在就缺这两亿元呀？"

童恺说，他马上找平安高层商量。最终，平安同意还是按照挂牌价51.09亿元竞标。

平安在竞标价格上的出尔反尔，给葛文耀心里留下芥蒂。第二天一早，葛文耀找到时任上海市国资委主任的杨国雄，他对杨国雄说："我们不要平安收购了，我们家化集团整体上市。"

葛文耀给出的理由是，家化集团的资产很好，集团总共才三十几个人，三亚万豪酒店和集团办公大楼可以装到上市公司里去，其他的资产卖掉，卖资产的钱和上市公司40%的股份，都归属上海国资委。

杨国雄一听愣住了：不行，都到临门一脚了，临阵变卦，这不是开玩笑吗？

2011年11月5日，上海联合产权交易所组织召开专家评定会，对上海家化（集团）有限公司100%股权竞买人——平安信托旗下的上海平浦投资有限公司和海航商业控股有限公司提交的竞买标书进行评分。标书总分为100分，其中"竞标价格"和"注资计划"各占50分。

求胜心切的海航，竞标价格高出挂牌价格6.5亿元，愿意以总价57.59亿元收购家化集团，得分高于平安；但在"注资计划"部分，海航提出50亿元注资计划，而平安注资计划额度则高达70亿元！

平安在标书中承诺，未来5年内投资家化集团70亿元，帮助上海家化2015年销售收入突破160亿元，助力家化集团拓展钟表、珠宝、鞋类、服饰、瓷器等时尚产业品牌。同时还承诺，帮助上海家化在2013年以前，申请获得直销牌照，用自身45万寿险业务员团队，全力帮助上海家化打造全新直销体系……

平安凭借漂亮的承诺，赢得"注资计划"的高分。

2011年11月7日，历时一年的家化集团改制一锤定音：中国平安"无悬念"竞标成功，从上海国资委手中，购得家化集团100%的股权，成为上海家化唯一的大股东。

这一天，国内众多新闻媒体的主场，属于上海家化。

在上海家化官网2012年1月13日"公司新闻"的页面上，有一篇"上海家化改制"的文章，文中汇总了各大主流媒体对家化改制的报道，包括中央电视台、《南方都市报》《新京报》《21世纪经济报道》《每日经济新闻》《第一财经日报》等，还有国外的一些财经媒体。董事长葛文耀在接受这些媒体采访时,都表达了改制后将着力打造家化时尚产业集团的战略构想。

2012年接受南希财智对话节目主持人南希·梅里尔的专访。

摘录一段原文。

日前,葛文耀董事长接受美国著名财经类媒体彭博社(Bloomberg)专访。记者在文中论述了在中国市场消费能力快速攀升的过程中,此次的股权转让将使家化的经营业务不再局限于化妆品行业,更利于时尚产业集团战略版图的实现。葛文耀董事长也在采访中向记者透露了自己的决心和规划,"股权转让之后,集团还将投资于珠宝、手表以及精品酒店业。全球竞争者通过收购纷纷迅速发展,我们公司改制后也能像他们一样"。此篇文章在网上被大量转载和关注。

从当时媒体的报道中可以看出,葛文耀对这次改制充满信心,也对平安集团寄予厚望。在他的愿景中,改制后的家化集团将摆脱国有企业体制的束缚,成为更加独立的市场主体,能够以更大的活力在更为广阔的平台上整合资源,倾力打造中国民族品牌的时尚产业旗舰。

"我为什么选择平安"

葛文耀：我这个人从来就是做事情敢作敢当，改制整个方案是我提的，包括说不要基金都是我的意思。当时我对基金不看好，认为基金进来都要走。我跟(上海)国资委提出，希望不要买进卖出，实体企业要资产500亿元以上，而且不能是几个企业拼起来的。当时找我的基金有25家，中国有名的基金都来找我。是我自己选择错了，我当时不懂基金。

竞标最后实际就剩3家，就是平安、海航和复星，复星后来被劝退了。当时我对海航有些排斥，因为海航那时资金很紧张，担心它买进卖出。平安不管怎么样，看上去还是很规范的公司，业务做得很好。所以当时很不想给海航，既然复星退出，就选择了平安。

陈刚给过我一个方案，很简单，让我们管理层出1.1亿元，平安出9 000万元，然后他借50亿元给我，让我把家化买下来，他说这样家化就变成你们自己的公司了。我说我不要，这个公司如果一开始就是私人的，那我可以这样做。一开始是国家的，然后我把它变成私人企业，像深圳好多国有企业那样，我说我不想做。我这人要面子，我不想别人讲，家化是国有的，怎么变成葛文耀的了？

改制过程中我打过"退堂鼓"，其实我不想改制。当时只要有这两点：第一，国有企业可以搞期权；第二，我按照公司法来做，投资项目由董事会来决定。如果这两条能够做到，我就不用改制。我一直在讲，上市公司不管怎么样，它的制度在中国也是好的，证监会管企业很市场化。

家化停牌10天，市委主要领导来家化，我想，如果市里能同意放开这两条，家化就不用卖了，我还可以给国家钱。卖掉家化国家得80亿元，假如不卖，我现在给国家起码300亿元都不止，所以这个事情真的是国企体制造成的。

第三节 硝烟突起

遗憾的是,之前所有的担忧,不幸都被言中!

家化和平安的"蜜月期"很短,短到"甜言蜜语"余音还在,矛盾就开始显现。

公众是从葛文耀的微博上觉察到双方的矛盾的。在平安收购家化一年后,2012年11月19日,葛文耀在微博上突然发了两段在外人看来有些莫名其妙的文字:"你收购的是集团,只是间接拥有上市公司27.5%的股份,我这董事长代表广大股东的利益。""3月份开始,面对平安的无理和压力,激发我只有把上市公司业务做得更好……"

葛文耀的微博拥有137万粉丝,而且不少是大V,这条微博引发的关注可想而知。虽然葛文耀随后删掉了这条微博,但内容已经被广为传播。人们纷纷猜测:家化和平安之间到底发生了什么?

葛文耀的这条微博,把一个时间点送到了公众面前:"3月份开始"。显然,这是指2012年的3月份,按照时间倒推,距离家化与平安正式"联姻"仅仅过去3个多月!

矛盾缘起

对于葛文耀与大股东平安信托之间矛盾的缘起,事后许多媒体反复解读为由三件事引起:卖资产、海鸥手表项目和上市公司控制权之争。

2017年2月21日,在位于上海市威海路、石门一路路口的四季酒店一楼咖啡厅里,记者(本书作者,以下均称记者)见到了葛文耀。

距离记者上一次遇见葛文耀,时间已经过去了4年。那一次是2013年的夏天,在遵义路上的太平洋喜来登酒店门口,记者巧遇葛文耀。当时,他还在舆论漩涡中,人看上去很憔悴,因为股骨头坏死还没有做手术,走路显得有些吃力,更添了几分衰老感。

这次再见葛文耀,与4年前大不相同,人看上去虽然有些清瘦,但精神状态很好,交谈起来思路清晰,根本不像一个已跨入古稀之年的人。

已经淡出江湖的葛文耀,向记者详细讲述了当时和平安信托管理层之间矛盾的由来。由于讲述过程中涉及较多细节,以对话形式呈现这段内容。

记者:平安是什么时候提出要卖掉家化集团资产的?

葛文耀:平安来了两个月以后,当时平安信托来人拿了份东西来,就是要家化集团把资产处理掉,包括集团办公大楼、三亚万豪酒店还有工厂……就是集团所有的资产。他有张清单,都定了价格,价格定得很高,要我全部处理掉,按时间让我们处理掉。

刚改制他们就要卖资产,这是我跟他们第一个矛盾。

所以,我就去找原来的国资委主任杨国雄,他已经退休了,我跟他汇报说这样要出事情的。后来杨国雄跟我说,平安他们假如要卖,就由上海市政府买回来,给一点利息。我把话传给他们,说你们不可以卖资产,卖掉的话政府就收回去,这个杨国雄可以证明。这是第一件事,他们不开心,觉得我不听话。

记者:平安要卖掉家化集团的资产,从法规层面讲,有违规的地方吗?

葛文耀:他违规的,他给政府承诺5年内不动用家化资产,有协议在,协议是有法律效力的。

记者:是违反合同法吗?

葛文耀:对。第二件事情就是海鸥项目。他们进来之前特别看好海鸥项目,改制之前我已经花了100万元进行尽职调查。像海鸥这种国有企业,人比较多,比较困难,但是我有信心把海鸥表做成中国奢侈品,它的技术非常好。

2010年我就开始海鸥项目调查,当时不能投就是因为国资不能投。我想改制后就能投了,所以一直等改制,包括以后怎么做、怎么发展,规划都做了。平安开始对海鸥项目也是支持的,说:"哎呀,这个项目这么好!"后来它不是把家化打包 40 亿元卖了个信托产品嘛,里面海鸥项目都有的。好,最后说不做了!

记者:什么原因呢?

葛文耀:他们要管我,一开始他们说,我们不会管你的,到后来他们什么都要管。他们说项目要报他们审批,当时我并不知道要报批,他们跟我讲的时候,章程什么的,都没写(要报批)。在这之前,我尽职调查已经做好,都准备投了,他们没跟我说过要报呀! 所以海鸥项目一直是我自己跟海鸥那边谈的,改制后也是。他们就说我违规,要向他们汇报。

后来我叫他们来听项目汇报,平安集团总部管投资的负责人亲自来听项目汇报。听了汇报后,他们说不能投。不投就不投! 后来又说可以投,放在上市公司里投,你们自己个人出 10%,我也答应了。后来又说不能投,要开临时董事会,他们又发通知说不能投。不投就不投,现在是你们的资产,我帮你们赚钱,你们不投我省力一点,可以专心搞好家化。

记者:很多媒体报道说,海鸥项目是您和平安方面闹僵的最主要原因,是这样吗?

葛文耀:不是的,外面把这件事作为主要的矛盾,其实不是的,只能算是其中一件事。

第三件事情更加严重了,真正的分裂是从这件事开始的,外面都不知道。

2012 年夏天,当时上市公司现金流越来越好了,我们上市公司董事会当时有个规定,3 亿元做理财。上市公司做理财要董事会通过的,那么开董事会前要修改章程,当时家化已经有 10 多亿元的现金,就想把理财份额从 3 亿元扩大到 7 亿元,把投资的权限也从 3 亿元扩大到 7 亿元。

当时,我们董秘每次都把会议议程发给平安派来的监事长 Z 某某,结果这次 Z 某某出去休假,两个星期没上班,董秘就把打印出来的议程放在了她的办公桌上。

我们开董事会那天，Z某某回来了，她盯着我说："这个平安没通过，你不许开"。就拦着我不让我开董事会，那我火大了，我把公司法搬出来，我说我不是代表大股东利益，我是代表全体股东利益，你不许我开我就不开了？你不能阻止我开会，我不是你们平安派的，我是大家选出来的！

然后呢，童恺在电话里跟我吵起来，我说是你们自己不来（指Z某某休假。——记者注），我怎么不能开会？家化是国企时，我们每个项目都是认真做的，不会乱花钱的呀！而且上市公司你跟我说好不管的。童凯当时（指收购前。——记者注）讲的，集团公司董事会他们派3个人，我们2个人，上市公司董事会他们不派人也不管，童恺讲好的！

就这件事情以后，童恺觉得上市公司要控制，所以他派人跟我谈，要派2个董事进来。这个我不开心了，我在微博上写了一条，就是说我是董事长代表全体股东，这个没错的，我是全体股东选出来的，中国的股市，就怕你只代表大股东利益，这个是决裂的开始，这是最主要的。

记者：后来平安就派人进了上市公司的董事会？

葛文耀：后来他们就进来了呀，就是进来一个独立董事，一个执行董事。（开董事会时）他们派来的董事我投了反对票，其他董事我叫他们不要参与，让他们都投赞成票，我自己投了反对票。一票反对，不影响结果，但是我要表明我自己的态度。因为童凯讲好上市公司不派人的，已经安排了监事长，你还要派董事，我就不高兴。

记者：平安说不派人，当时是口头说的，还是写在协议里的？

葛文耀：口头说的，我当时太自信，至少平安不守信用，他们进来前讲得多少好！这件事是分水岭。

从葛文耀本人的叙述中，可以理出事件的发展脉络：双方矛盾的积累从隐性到显性，大致发生在2012年的3月到11月间，而且最主要的矛盾，不是媒体所说的海鸥表项目，而是因为平安单方面违背当初的口头承诺，插手家化集团的上市公司——上海家化的运营管理，这超出了葛文耀对平安种种干预的心理承受底线,成为双方矛盾激化的直接导火索。

突然"变脸"

但是,仅仅因为这些矛盾,就让平安这家世界500强的大集团公司,甘冒被人指责背信弃义的骂名、置企业前途和股东利益于不顾、自损形象、贸然罢免一个优秀的企业家吗?

这是一个有些模糊的事实,外人不解,葛文耀自己也没料到,大股东会以这样一种粗暴的方式让他出局。在他看来,双方是有矛盾,但还没到不可调和的地步,况且,他在努力缓和同大股东的关系,怎么就突然变脸了呢?

葛文耀感受到平安的"突然变脸",来自童恺的态度。

童恺时任平安信托的董事长,也是家化集团董事会中,平安方面派驻的三个董事之一。童恺给葛文耀的印象一直不错,有牛津大学的教育背景,人很儒雅,年轻有为,在平安收购家化前,两个人就有过多次接触。

2012年2月,当时双方还处在"蜜月期",平安集团董事长马明哲,曾在上海浦东的香格里拉酒店和葛文耀一起吃饭,童恺作陪。葛文耀回忆说,饭桌上,当马明哲听童恺讲,平安信托派了两个董事常驻家化集团时,立即态度鲜明地对童恺表示,他相信葛文耀,当时马明哲的语气很坚决。

葛文耀:他当即对童恺表示,他怎么讲?他说我相信老葛,你把里面人全部撤回来,讲了三遍,你把人都撤回来,把人都撤回来。

后来,童恺还真问过葛文耀,要不要把平安派驻家化集团的两个人撤回来?葛文耀说,他当时太自信了,自认为既不贪污也不做假账,不怕平安监督,就跟童恺说"算了",没有要求撤回平安的人。

这件事至少说明,合作伊始,平安集团的老总马明哲,对葛文耀还是信任的。

但两个月后,因为卖资产和海鸥项目的事,葛文耀和童恺双方都有些不快。葛文耀曾跟童恺建议,如果一定要卖家化集团的资产,希望能够保留外白渡桥边上、天潼路上的集团办公大楼,还有三亚的万豪酒店,其他的资产卖掉,他都没意见。

天潼路家化集团大楼,前为外白渡桥,左侧是上海大厦,右侧红顶白墙建筑是俄罗斯联邦驻沪总领事馆,中间灰色建筑是浦江饭店(原礼查饭店)。

天潼路家化集团旧址,前身为邮局,1996年拆除建新大楼。

家化集团办公大楼所在地,最早是一间邮局,后来成为上海打字机厂,20世纪90年代初,成为上海家化办公大楼,是上海家化发展历程的一部分。重新修建的集团办公大楼,地理位置优越,与上海外滩地标性的建筑上海大厦遥相对应。站在家化集团19楼的小会议室里向外眺望,整个外滩和黄浦江两岸景色尽收眼底,视野非常开阔;大楼外墙醒目的家化LOGO很远就能看到,成为家化的象征。

海南三亚的万豪酒店,则是家化集团的现金"奶牛",每年的利润非常可观。

对葛文耀已经做出让步的建议,当时童恺的态度模棱两可,以一句"再说吧",打发了葛文耀。

2012年6月29日,平安信托不仅否决了海鸥项目,同时也否决了葛文耀提出的关于卖资产的折中方案,这让葛文耀心里有些郁闷,便对童恺抱怨了几句。

葛文耀:我就对童恺说,你们进来后和进来前表现完全不一样,我也没什么劲了,但我还要为员工打工,所以等到2015年员工股权激励到期了,我也68岁了,我就退休了。

这话在童恺听来,颇有些"威胁"的口吻,心里自是不快。

2012年的中秋节前,为了调和双方的关系,已经离开平安信托到平安基建投资部任总经理的陈刚,专程从北京赶到上海,把葛文耀和童恺约出来一起吃饭。那顿饭气氛很轻松,大家都坦诚相待,葛文耀表现出相当大的诚意,当场答应童恺,2012年家化集团上缴给平安信托2亿元以上的利润,还表示海鸥项目不做了,集中精力把家化的化妆品业务做好。当时,两人还互送了礼品。这之后,至少在葛文耀看来,"大家的心结解开了,大家关系很好了"。

但没过多久,童恺对葛文耀的态度突然发生变化,葛文耀用"形势突变"来形容平安的"变脸"。2012年10月23日,童恺让平安信托的一个副总告知葛文耀,要在上市公司派两个平安的董事,这让葛文耀大为不解,不是说好不派的吗?

他找到当初改制时平安的谈判代表陈刚,质问为什么要违背承诺?陈刚去找童恺沟通,但没有任何结果。

之后,矛盾开始升级,最后一发而不可收。

第四节　压垮骆驼的最后那根稻草

对平安的突然"变脸",葛文耀一直不解,觉得一切都不符合逻辑。

葛文耀自认为,他已经在努力缓解和平安方面的紧张关系,也有了初步的效果,平安又是世界500强的大集团,不可能像小公司那样随意做决定。

那么,最后压垮骆驼的,到底是哪根稻草?

最后的那根"稻草"——"谣言"

2018年,在葛文耀离开上海家化5年后,他从家化集团自己原来的旧部那里,听到了这样一种说法:最后导致平安下决心罢免他的真实原因,是误信有人编造的一个谣言,说他葛文耀要掏空上海家化,留给平安集团一个空壳。

兹事体大!

这个"谣言说"的大致内容是,传葛文耀有一天在上海家化的高管会议上说,平安这么不讲信用,那就给股东多分利润,留给平安一个空壳。

多年以后,葛文耀才知道在他和平安之间,有过这样一个"谣言"存在,还是一个杀伤力极大的谣言!

2019年5月的一天,在上海黄金城道步行街上的一家日式茶馆里,葛文耀同记者详细地讲述了"谣言说"的前因后果。

记者:您是什么时候知道这件事的?

葛文耀:我是去年才知道的,现在我才明白,为什么平安下决心要换掉我,这个谣言是非常厉害的。家化集团有一个中层干部G某某,他与家化上市公司的许多高管有联系,他对平安的人说,他从家化上市公司高管那里听到,说我因为与平安有矛盾,就在上市公司高管会议上讲,要留给平安一个空壳。当时家化股票涨得特别厉害,利润出来,我要10送5,童恺不同意,好像我为了员工的股票,要把家化掏空了。

记者:您讲过这句话吗?

葛文耀:我没说过掏空,我是对童恺讲过,说你们进来以前和进来以后,做法和态度都不一样了,我也觉得不太有劲。我说这样,我呢,做到2015年6月,我们员工期权就到了,到那时候,我就把家化交还给你们,我就退休了。我是这么讲的。

说掏空家化的话,我肯定不会讲。第一,家化是我毕生的事业,任何情况下,我都不会损害家化;第二,假如当时我这么讲,我无法领导这些高管;第三,我离开后,家化的业务和资产都是实实在在的,上市公司389亿元市值,还有20亿元现金和80亿元可变现的非化妆品资产,没有一点虚假。

记者:您的信息来源准确吗?

葛文耀:肯定准确,我跟陈刚核实了嘛,陈刚知道的,我问他了,陈刚说听到过,就是这个意思。

记者:陈刚证实平安罢免您的真实原因,是因为他们听说您要把家化掏空这件事?

葛文耀:对。

记者:这大概是什么时间发生的事?

葛文耀:大概是2012年的10月份,平安突然要派人,我就觉得很奇怪,因为当时讲好,集团董事会他们派3个人,我们2个人,上市公司董事会他们说好不派人,为什么突然要派人呢?我当时真的不理解,他要给我派人,我不大高兴,你们讲好不派人的。而且那时候童恺已经对我有看法了,我当时很奇怪,童恺怎么一下子就对我态度不好了?

我记得当时给他们计划,上市公司2015年做10亿元净利润,结果2013年我就能做到10亿元。(2012年)11月初开董事会,我跟童恺讲,"你看我提前两年净利润做到10亿元"。结果童恺说,"给了你那么多股份!"意思是给了你那么多的股份,你还不应该做上去吗?哎呀,态度不好!现在看,这一切都符合逻辑了。

按照葛文耀的说法,因为葛文耀曾对童恺说过"做着没劲""为员工打工到2015年,股权激励到期后就退休"之类的话,童恺对"掏空家化"的"谣言"深信不疑,立即汇报给马明哲。

平安的"驱葛"行动,就这样开始了。

第五节 被逐家化

2013年4月,平安信托突然派审计清查家化集团和上市公司的账目。这次清查的重点是集团退管会的账,用葛文耀的话讲,清查过程搞得像"阶级斗争一样",一个一个地找人谈话,谈话时手机收掉,气氛极为紧张。

平安信托将这次的清查解释为,是因为3月份以来,陆续接到上海家化内部员工举报,反映集团管理层在经营管理中,存在设立"账外账、小金库"的问题,并且还真的查出有两笔钱没有入账,这两笔钱被平安指为"小金库",并成为后来罢免葛文耀的主要理由。

被指"小金库"

这究竟是两笔什么钱?为什么会被指责为"账外账、小金库"?记者就这个问题专门询问过葛文耀。

记者:他们主要查您什么?

葛文耀:主要查退管会的账。

记者:就是"小金库"?

葛文耀：其实不是"小金库"，他们说是"小金库"。这个我在平安进来以前，就跟童恺、陈刚讲过，我说家化有两笔钱，是你们没有买的，不在行政资产里面。第一笔是我给退管会的，大概有五六千万元；第二笔在工会里面，有两千多万元，员工出去旅游花这个钱，不花行政的钱。我跟他们讲好的，其实他们也知道，所以他们（是有目的地）来查退管会的账。他们后来的逻辑就是，你不在行政账就是"小金库"。

当时我不让他们查，没给他们。我说你们又没买我这个，有什么理由查账？

记者：后来让他们查了吗？

葛文耀：当时Z某某（平安派驻家化集团的副总经理。——记者注）讲，整个套账在集团大的账目里面，退管会在套账里面。后来我们家化集团分管集团财务的副总过来问我，她说，Z某某讲套账在集团的账里面，问我该怎么办？我说那么就不要放在套账里，把它划到上市公司工会。结果，Z某某就拿这件事跟平安虚报，说葛文耀要转移资产。

接下去的事情令人瞠目。

2013年的4月9号，平安信托取消了葛文耀的签字权，发通告说：即日起，家化集团公司所有涉及财务、资产的事，都由集团副总Z某某签字才能生效。最让葛文耀感到好笑的是，Z某某竟然拿着一个面粉袋，很粗暴地把集团财务部的20几个公章、印鉴章，统统装进面粉袋给"抢"走了。

葛文耀被彻底架空！

深耕家化多年的葛文耀也不示弱，在微博上公开叫板平安管理层背信弃义。

紧接着，2013年5月9号，平安信托副总、家化集团董事Q某某电话通知葛文耀，让他自己"主动"辞去上市公司上海家化董事长的职务，这样就可以保留葛文耀在家化集团公司董事长的职务，包括工资、期权、办公室、用车等所有的待遇，否则就送他进监狱。

"你要么辞职,要么送你进监狱!"Q某某的口气完全就是"最后通牒"。

被下"最后通牒"

其实,平安的这个"最后通牒",原本是让陈刚去同葛文耀谈的,但被陈刚一口拒绝了。

陈刚:我直接拒绝了,我说这种事情你自己去说,我不说,我丢不起这个人!叫我跟葛总谈下最后通牒,我说我不谈,我直接拒绝了,太欺负人了,我肯定不干!

听到要送自己"进监狱"这样的威胁,葛文耀自然不会妥协——妥协就等于默认自己有问题,况且让他放弃上市公司到集团做个"傀儡",葛文耀的性格哪里受得了这个?

罢免不可避免,但平安信托在上市公司上海家化中只占有27.5%的股份,无权罢免葛文耀上市公司董事长的职务,能罢免的,只能是平安信托拥有100%股份的家化集团董事长的职务。

看到平安"驱葛"决心坚决,对葛文耀深感愧疚的陈刚,5月11日连夜给平安信托的董事长童恺发了一条长长的"短信",不惜以"辞职"为砝码做最后的努力,希望童恺能收回成命。

陈刚当初是马明哲亲自招进平安集团专门拓展投资业务的,又是童恺"点将"让他负责家化的收购项目。也许,在陈刚的潜意识里,是希望两位老总能念在他为平安鞍前马后、做过很多成功的投资项目的份上,能网开一面,对葛文耀动些"恻隐之心"。

以下是短信节选。

……

本想当面和您交流深谈,看来只有深夜短信将我的想法写给您:我不知道这个事情背后真正深层次原因是什么,我不知道最后触发的导火索是什么,我想这个时候已经不重要!公司内部没有人和我讲关于家化的任何事情,可能都明白我的立场……我的全部信息来于一个快70岁的老人,一个没那么完美的老人,一个当初对我们莫大信任的老人,一个过去一周瘦了四斤的老人……这个时候再谈谁对谁错已经没有意义,我真的是深深后悔,如果当初我不去规划未来的蓝图,如果我不去全面访谈研判企业价值,如果我不去凌晨加班煎熬苛刻条款,会不会他能够平稳顺利安享晚年!

……

我终身都是投资人,这是我自己的人生期许,不是信托不是平安不是金融,是投资,我认为这个世界最好玩的事情!但投资最重要的事情就是选择跑道和选手,重视研究关注人和。这样的结果与我投资理念不合,这样对待一个70岁老人与我做人原则不合,我每天晚上梦中想的都是我心中的歉意。抱歉,我无法接受!我选择离开,离开我已经不认识的公司,或者离开我不能理解的您!

……

看得出,陈刚在信中用词恳切,甚至婉转地暗示童恺,当初尽职尽责、不辞辛苦地制定收购家化方案,是为了给企业规划一个可期许的发展蓝图,如今这样对待"一个当初对我们莫大信任的老人",既不仁也不义。

其实,陈刚内心还是蛮尊敬童凯的,他认为,在平安的高层中,童恺是一个很难得的职业经理人,处理任何事情都是出于公心,不夹带私心,但是人太单纯,容易被人利用。

从后来事情的走向看,这封"辞职信"已无力回天,丝毫没有打动童恺。

被缺席罢免集团董事长

2013年5月11日,平安信托召开上海家化集团公司临时董事会,却没有通知身为董事长的葛文耀。在董事长缺席的情况下,余下的4位董事投票一致通过了罢免葛文耀上海家化集团公司董事长职务的决议，4位董事中，3位是平安方面的董事，1位是家化方面的董事。

5月13日傍晚，家化集团发布罢免葛文耀董事长职务的公告，由平安信托副总经理、家化集团董事张礼庆接任董事长一职，即本书开篇的一幕，顿时舆论哗然！

2013年5月13日这天早上，在发布公告前，家化集团就先在集团内部公示了罢免葛文耀集团董事长和总经理职务的公告，这也是为什么当天上海家化股价动荡的原因。葛文耀一到集团，就被通知立即交出集团公章、集团配车，腾出办公室，停发工资，并追缴当月已发的工资。这种有点"赶尽杀绝"的做法，不论是社会舆论，还是家化内部员工，都认为实在是做得有些"离谱"。

丁逸菁：这件事弄到后来，我觉得就有些离谱了。这个我相信也不是平安高层做出的事，比如说把你的办公室给封了，把你的车给收了，要追缴你多少多少钱，停发你的工资啦。我觉得这不会是平安高层做出的决定。平安高层可能只是说，哎呀，葛总如果这样子就算了吧。他们可能就是说了这样一句话，下面的人就开始变本加厉地执行这个东西，恨不得用各种手段把你弄走。所以这件事情就很尴尬，弄到后来外面看就很难看。

丁逸菁是上海家化前副总经理、总会计师和财务总监，因为是葛文耀的旧部，在谢文坚的任上被迫辞职，此事后文会有交代。

就在葛文耀被罢免的第二天，2013年5月14日，陈刚愤而辞职，毅然离开了他服务了6年的平安集团。陈刚是重庆人，骨子里有着很深的袍哥情结，人在江湖，义气为先。他丢下一句话："开玩笑，哪能这么干！"

那段时间，葛文耀内外交困，精神上备受煎熬；对外，社会上不知哪里冒出来的一篇篇匿名微博，又捅出吴江厂一事，剑指葛文耀涉嫌1.5亿元的利益输送，大有葛文耀不进监狱谁进监狱之势；对内，曾经信任的下属开始站队，遭人背叛的滋味犹如雪上加霜。在不到1个月的时间里,葛文耀的体重从 88 公斤降到 81 公斤,骤减 7 公斤!

被劝辞职

罢免事件在社会上引起巨大漩涡,要知道,这可是上海第一例国有资本全部退出的国企所有制改革试点案例,而且是拿了最好的企业投石问路,范本意义不言而喻。结果不到两年,创始人就被大股东强行罢免。

葛文耀去找上海国资委,上海国资委官方的态度是:既然国资已经从上海家化全部退出,政府不便再作干预。

后来事态越闹越大,舆论众说纷纭,社会影响极坏。为控制事态的负面影响,上海市政府有关方面,将平安集团的相关领导约请到市政府,表明了三点意见:第一,上海家化的改制,不能在社会上造成坏的影响;第二,葛文耀是上海的优秀企业家,希望你们不要整他;第三,我们希望看到家化改制后发展得好。

上海国资委的一个处长也委婉地劝葛文耀:"你年纪这么大了,66 岁了,也有钱了(葛文耀持有的家化期权当时已增值六七倍。——记者注),就不做了吧?"

这期间,还有一个"内幕",葛文耀从来没对外讲过。

平安罢免葛文耀家化集团董事长的目的,是为了逼他交出上市公司董事长的职位,彻底从家化出局,但平安信托只持有上海家化 27.5% 的股份,罢免董事长必须召开股东大会。当时,基金和股民的态度支持葛文耀的居多,上市公司董事会中,家化管理层团队的董事席位又占多数,真要投票罢免葛文耀,平安方面无法掌控局面。社会上又舆论纷纷,僵持下去难免骑虎难下。同时,葛文耀写给已经离沪到京履职的一位领导的一封信,此时也转到了当时的保监会,虽然这位领导并没有在上面批示,保监会还是约请了平安集团的负责人面谈。

如此种种,都让平安感到了压力。

这种情况下,2013 年 6 月的一天,平安集团总经理任汇川从深圳飞到上海，亲自找葛文耀面谈，希望他"主动"辞职。任汇川承诺葛文耀，如果他能"主动"辞职，不仅可以把上海家化的期权全部给他，还可以按照葛文耀提出的补偿条件给予补偿。

葛文耀：任汇川问我要什么补偿条件，要补偿给我钱我都没要。他答应不再搞我，还答应把期权全部给我，当时他是求着我走的。我当时是这么想的，你们这么搞我，也没有什么意思再做下去，我就答应走了。但是我说，你们举报搞出来这么多事情，我要等这些事情了了，我才能走。

葛文耀所说的"这些事情"，指的是平安罢免葛文耀集团董事长的公告中，提到的"小金库"和一封家化员工的实名举报信。信中举报葛文耀和吴江的"沪江日化"厂，存在1.5亿元的利益输送。

这封实名举报信，落款是"C某某"。此人是上海家化的一名驾驶员，按照葛文耀的说法，"他大字不识几个"，况且从未接触过家化的业务，根本写不出这样内容的举报信。那么谁写下了这封信，是明摆着的一件事。

当时，这封举报信被平安信托以家化集团的名义，分送到上海市公安局、检察院、上海市纪委和证监会，证监会和上海市公安局经侦大队正在介入调查，葛文耀不愿意背着"黑锅"离开家化，希望有结论后再辞职。同时，他还向任汇川提出个"苛刻"的要求。

葛文耀：任汇川找我，我说，为了家化的安定、发展，你要把Q某某和Z某某弄走我才走，我答应我走，但是你这两个人必须先走。为什么？这两个人总是搞事，我走了以后，希望家化能够好，任汇川答应我了。

在葛文耀与平安信托矛盾发酵的过程中，有两个关键人物，即葛文耀上面提到的平安信托派驻家化集团的董事Q某某和派驻上海家化的监事长Z某某，这两个人承担着大股东和管理者团队之间的沟通协调职责。换句话说，平安上层对家化集团和上市公司信息的来源，基本来自这两个人的渠道。从整个事件后来的走向看，这两个人所起的作用可想而知,因此,也就不难理解,葛文耀为什么会提出这样"苛刻"的条件。

葛文耀说,当时任汇川答应他,会让 Q 某某和 Z 某某两个走人,但直到当年 9 月,这两个人没走,葛文耀也没有主动辞职,任汇川急了,再次找到葛文耀。此时,证监会和上海经侦大队调查组都已撤离,问题基本查清,没有立案。

葛文耀:我说,你们无非是到上市公司再查我的问题,如果到年底查不出我的问题,Q 某某、Z 某某两人必须离开家化。我想用自己走,换来家化的安宁和发展。

是时候离开了,葛文耀去意已决。

告别上海家化

由于涉及上市公司信息披露问题,葛文耀没有对任何人透露准备辞职的消息,包括总经理王茁,只是一个人在办公室里默默收拾东西,将物品逐一归类。

最先发现端倪的,是公司负责打扫董事长办公室的保洁阿姨。

已经连续几天,保洁阿姨发现,葛总一直在整理办公室的个人物品,她每天都要清理出一些葛总不要的东西。2013 年 9 月 17 日一早,保洁阿姨像往常一样去给葛总打扫办公室。打开门后,她看到葛总书橱里的书大部分都已清空,放进了一个个纸箱,很多物品也放入纸箱中,虽然没打包,但都集中摆在角落里。保洁阿姨从董事长办公室出来后,见人就问:"葛总这几天在整理东西,是不是要走了?"

葛文耀清理办公室物品的消息,在上海家化不胫而走,事情一下子变得严重起来:如果在董事会公告前透露出董事长辞职的消息,那性质就变了,得到消息的人抛售股票,就是内部交易。葛文耀立即在 9 月 17 日当天递交了辞职报告。

2013 年 9 月 17 日下午 3 点,股市收盘后,上海家化发布公告称,董事长葛文耀因"年龄和健康关系",申请退休。舆论再次哗然。

公告发布后，葛文耀向闻讯前来送别的六七个高管做了一个简短的告别。他先解释了一下为什么要走，他对几个高管说：证监会和上海经侦大队调查组的调查已经结束，正式的回复是"不予立案"，"这样，我也算有个清白了"。接着，葛文耀告诉他们，他已经跟平安方面达成了一个口头协定——他本人离开家化，但一定要保持家化管理团队的稳定。他跟大家讲，"我走了没什么，你们所有人都要保护好自己，一定要把家化做好！"

2013年8月，在离开家化前的最后一次品牌发布会上接受媒体采访。

丁逸菁：他跟我们讲，"我走了没关系，我把家化交给你们了，你们一定要坚持下去，你们要把公司保护好"。

葛文耀是在下午5点下班的时候离开保定路公司的，离开时他坚持不让人送。

当时的上海家化财务总监丁逸菁对葛总说，"不送怎么行啊？那些东西总要有人搬啊！"丁逸菁担心叫其他人会有不便，便叫了同在上海家化工作的自己的先生，还有行政部的经理，总经理王茁也坚持要送。几个人帮忙把葛总的东西搬下楼，装上车，洒泪告别。

这一次，葛文耀彻底告别了倾注了他一辈子心血的上海家化。作为上海国有企业改革的一面旗帜，并有着深深"葛氏"烙印的上海家化，至此进入平安执掌的"后家化"时代。

第二天，上海家化股票应声跌停，报收于 48.35 元。自此以后，直到 2020 年 8 月本书截稿时，上海家化的股价，始终也没能回到那一年 76 元的高位。

值得一提的是，在葛文耀辞职后，Q 某某和 Z 某某先后从平安离职，原因不详。

"我的至暗时刻"

葛文耀：我记得 2013 年 4 月 17 号，上海家化开股东会，当时我给大家道歉，说我没处理好和大股东的关系，股票让大家损失了，我说我会处理好这件事情。开始以为事情过去了，然后 4 月 20 号匿名微博满天飞，说"小金库"、个人账户什么的，主要讲吴江，说我跟吴江厂有 1.5 亿元的利益输送。当时我就用自媒体啊、公司声明，当时我还在上市公司，发了好多声明，说我没有多拿一分钱，家化跟吴江厂之间肯定没问题。

2013 年 5 月 13 号前，Q 某某（平安信托副总、家化集团董事。——记者注）来找我说，要么我自己辞职，因为上市公司他没法动我，如果我自己辞职的话，他就给我保留集团所有的职务和待遇，意思是要我在集团当个傀儡，否则就送我进监狱。那你要送我进监狱，我还跟你妥协？我就不理他。

5 月 12 号他们开董事会，那时我还是董事长，他们没叫我。所以是在我缺席的情况下他们开的董事会，也没给我申辩的机会，什么都没有，就把我免职了。

那时候媒体铺天盖地，全中国都知道。在郑州、包头那样的小地方，包括黑龙江农场的朋友，都看到了，网络铺天盖地，对人的压力是很大的。

上市公司股权激励有个条件,证监会规定,你财务审计报告如果有保留意见,你期权就全部取消。当时我怕取消这个期权,我压力很大,真的取消了,家化员工都会怪我的,我没法面对他们。

从5月13号开始,一直到6月6号,20几天我瘦了7公斤,我免疫系统出问题了。每天还是忙,工作要抓,要跟平安斗,要应付各种各样的事情。我每天回到家很累,晚上睡觉,每天早上两三点钟都要醒过来,一身虚汗。当时5月份,天气不是很热的,我全身衣服都湿掉了。

我当时主要的压力就是怕期权取消,我自己有没有问题我心里有数的,我就怕(员工期权)已经赚的15亿元没有了,真的没办法面对大家。直到6月6号,证监会给我们第一批期权解禁了,解禁我就放心了。

到2013年底,Q某某也没查出我的什么问题,然后,平安高层就让他走了。他本来是家化集团董事,我走了以后,他变成家化集团董事长、党委书记。

第二章

"后家化"时代的人事纷争

本章提示：新任掌门人连炒管理团队骨干，是改革所需，还是清除异己？井水不犯河水，他为何坚持要将前任送上法庭？掌管家化3年，利润创历史新低，谢文坚惨淡离场。女掌门临危受命，张东方将如何收拾残局？基因不同，"平台＋职业经理人"的模式能否一劳永逸？资本时代，没有企业家精神的企业能否走远？硝烟散去，这场战争究竟谁是赢家？

第一节　上任三年，谢文坚高调"治理"家化

在百度词条中，谢文坚的职务身份是：前上海家化董事长兼总经理，美籍华人，原强生医疗中国区董事长。执掌上海家化，是他最后的职务身份。

2013年10月15日，也就是在葛文耀辞职1个月后，前强生高管、职业经理人谢文坚，被平安集团"空降"到上海家化。这一天，上海家化收

到第一大股东家化集团的"董事候选人提名函",提名谢文坚为上海家化联合股份有限公司第五届董事会董事候选人。

大股东"空降"人选,上海家化自然是要履行必要的程序。2013年11月,经上海家化董事会全票通过,谢文坚正式出任上海家化联合股份有限公司第五届董事长兼首席执行官,正式开启了没有葛文耀的"后家化"时代。

"空降"上海家化

作为被平安集团高层"钦定"的上海家化新任掌门人,52岁的谢文坚是带着满满信心来到家化的。

有媒体报道说,在谢文坚履职之初,家人、朋友、职场同仁,都不看好他这次的选择。撇去资方与创业者团队持续一年的纷争不说,医疗器械和化妆品行业隔行如隔山,这样大跨度的职场"跨界",不是单靠信心满满就能胜任的。但谢文坚不这样认为,相反,"如果别人都认为成不了的事,我做成了,那就证明我很了不起"。

媒体形容彼时的谢文坚,"身形消瘦、声音洪亮、笑声爽朗、语速极快,典型的外企职业经理人派头。"[1]

谢文坚的信心,除了来自履职强生时值得"炫耀"的业绩,还有他背后平安集团的鼎力支持。他曾对采访他的媒体记者说过,平安集团高层领导告诉他,家化对于平安来讲,已经不是盈利不盈利的问题,而是面子问题,平安一定要把家化管理得比葛文耀在的时候好。[2]

一个想证明自己"很了不起",一个想证明家化离了葛文耀地球也能照样转,殊途同归,都是憋着一股劲,想把已经改换门庭的上海家化推上新台阶。所以,不论是谢文坚,还是平安高层,都没有理由不想把家化搞

---

[1] 崔玲,谢文坚.本土公司里的洋教头[N].中国企业家,2014(24).
[2] 李磊.风口浪尖的谢文坚[N/OL].凤凰财经,2014-6-23.

好。

说谢文坚"空降",还有一个因素,就是在到家化履职前,谢文坚对上海家化几乎是一无所知。他曾对采访他的媒体记者表示:"坦白说,在平安让我担任这个职位之前,我根本不知道上海家化具体是做什么的。"[①]

尽快熟悉上海家化并尽早进入角色,是谢文坚到职后的当务之急,与上海家化管理团队的沟通,自然是他要做的第一项工作。

在王茁的描述中,谢文坚是一个注重外在形式、又有些过于自信的人。他清楚地记得,谢文坚与家化新下属的第一次集体见面会,反复纠缠于要不要请外企顾问策划、摆不摆长条桌、站着还是坐着这些枝节当中,完全忽略了见面会的重点——如何取得前任旧部的信任。

谢文坚在到上海家化前,和葛文耀从来没有照过面,两人也没有过任何交集,从常理讲,他对葛文耀应该没有主观恶意。但是,上海家化内部人士告诉记者,谢文坚完全是戴着有色眼镜来看上海家化的,在谢文坚看来,上海家化的成功,只是偶然遇上了中国化妆品市场的爆发式增长,不过是运气好而已。

谢文坚在对媒体记者评述葛文耀执掌的上海家化时,曾说过这样一段话:"问题根源就是企业管理层在做大过程中,所依靠的是个人思想、个人魅力和当初的创业环境,没法融入市场经济中,没法跟国际巨头竞争。这一点,上海家化必须要改变"。

谢文坚对上海家化过往骄人业绩的不以为然,以及对葛文耀的否定,让上海家化原管理团队的人感觉很不好,他们大都是跟着葛文耀在市场的风风雨雨里闯过来的。

不过,谢文坚的"有色眼镜",或多或少地给了一些人心理暗示,有些人开始投其所好,人性的弱点在此时暴露无遗。

王茁认为,那些讨好谢文坚的人,给了他许多错误的信息。

王茁:怎么说呢,他是带着一个光环、一个使命、一个错误的假定来

---

① 崔玲.谢文坚.本土公司里的洋教头[N].中国企业家,2014(24).

的,他看很多问题都有偏差,先入为主,都是别人告诉他的一些印象。

据家化内部的一位经理讲:"谢总的行事风格与葛总完全不一样,两个人虽然都很强势,但葛总的强势是建立在讲道理的基础上的,如果你的意见和他相左,而且真的是你的意见正确,葛总意识到后是会修正自己的意见的。但谢总的强势是说一不二,根本不会让你在他面前把你的意见讲下去——如果你的意见和他相左的话。"

"你要做的只是服从,难道这就是外企文化?"这位"老家化人"感到极不适应。

"空降"上海家化一个多月,在同家化50余名中层以上的管理者一对一的谈话沟通之后,之前对日化行业知之甚少的谢文坚,就开始大刀阔斧地对业绩斐然的上海家化进行"治理",从企业文化、公司机制、管理模式、产品线、市场策略等多方面,进行大幅度的修正和"改革",用家化员工的话讲,"整个就是一个文化重建"。

谢文坚的"去葛化"

媒体后来将谢文坚在上海家化的"文化重建",解读为"去葛化"。

其一,取消陈列室。

在上海家化保定路的办公大楼里,有一个"百年家化"的陈列室,这里记录了上海家化百年发展脉络,它告诉每个新入职的员工,今天的家化从哪里来(传承),未来的家化往哪里去(愿景)。当然,这个脉络里少不了葛文耀的印记:7个国家领导人先后来访、10个国际大公司签约合作,几乎每张照片中都有葛文耀的身影。

上海家化历史陈列室(已被拆除)

谢文坚到保定路办公后，不仅命人摘下公司墙上前任董事长葛文耀和国家领导人合影的照片，还下令取消陈列室，理由是"不搞个人崇拜！"

其二，清理管理层。

谢文坚2013年10月15日"空降"上海家化，11月接任董事长。两个月后，也就是2014年的1月份，公司年度考核，他给时任上海家化总经理的王茁评了个C，最差。给出的理由是，作为总经理，王茁要为上海家化内控不合格负责，而此前，王茁每年的年度考核都是A。

2014年5月的一个上午，葛文耀的两个旧部、上海家化的总经理王茁和总会计师兼财务总监丁逸菁，被先后叫到谢文坚办公室，告知了同样的内容：自己主动辞职，会有一个不吝溢美之辞的对外公告，感谢他们为家化所做的贡献，并可以拿到不菲的赔偿和期权；如果不肯辞职，董事会就会罢免他们的一切职务并发布开除公告，这样他们就会名声扫地。

两个人都被要求中午12点前必须答复，结果是，总会计师丁逸菁选择"主动"辞职，而总经理王茁则选择了不接受"被"辞职，并自此走上了一年多的诉讼之路。

自此，谢文坚入主后的上海家化，开始出现频繁的人事变动：继王茁、丁逸菁之后，技术总监李慧良、设计总监袁宗磊、董秘冯珺、副总经理方骅相继离职，接着就是电商总经理王荔杨带领电商团队集体辞职。

其三，修改企业标识、修正战略布局。

上海家化的LOGO和宣传语，是葛文耀1994年，请世界著名广告公司奥美集团旗下的子公司奥美时尚进行整体设计的，当时负责企业形象推广的是品牌经理王茁。淡雅的粉、灰搭配的LOGO，和公司的宣传语"精致优雅"相得益彰。这个已经深植消费者心中20年的品牌标识，被谢文坚用大红大黑的色彩和"从心遇见美"所取代。

同时，谢文坚否决了葛文耀已经开始布局的时尚产业战略发展思路，重新布阵了上海家化运作多年的生产、销售系统，砍掉了高端品牌"双妹"和药妆品牌"玉泽"等尚在培养期的产品，让其"休眠"，增加了洗

上海家化原 LOGO　　　　　　上海家化现在的 LOGO 和宣传语

衣粉等大众洗涤产品。这符合平安给家化制定的发展目标——成为国际一流的综合日化企业。

2014年6月10日,谢文坚携一份上海家化新的五年发展规划亮相媒体,宣布到2018年,公司销售收入要突破120亿元,市场份额从目前的第10位进入到前5位。如果分解这120亿元目标,20亿元将由外延式并购带来,内生式增长则将聚焦五大核心品牌。即超级品牌"六神"和"佰草集",主力品牌"高夫"和"美加净",新兴品牌"启初"。有媒体计算过,要在4年间完成120亿元销售收入的增长目标,上海家化每年的复合增长率必须达到23%,几乎超过整个市场增长率1倍。[1]

其四,起诉葛文耀。

2014年11月21日,谢文坚旧事重提,以涉嫌侵占工会1700万元的事由,将葛文耀告上法院,但在他的任职期内,并没有等到开庭。

大兴土木,花钱过度

葛文耀执掌上海家化时,公司资产优良,现金流充沛,这让继任者谢文坚,实实在在体验了一把"有钱就任性"的感觉。

其一,大兴土木,腾挪办公场地。

位于上海市虹口区保定路527号的上海家化办公大楼,是20世纪

---

[1] 王娟娟,郭璐庆.'掌门对掐'风波骤起 上海家化困局谁之过?[N].第一财经,2016-11-28.

30年代第一个民族化妆品牌"双妹"的生产旧址,这里是上海家化的"祖脉",被前董事长葛文耀称为"风水宝地"。30年前,这里还只是一个生产工厂,1995年,葛文耀将其改建成集科研、销售、行政多功能的综合办公大楼,生产工厂则迁往青浦。

上海家化青浦中央工厂外景　　　　上海家化科研中心外景

上海家化科研中心内景

上海家化青浦区徐泾镇的"中央工厂",曾是双妹、佰草集、高夫、玉泽等品牌的主要生产基地,紧邻"中央工厂"的上海家化技术中心科研大楼,占地约10 000平方米,拥有500平方米的化妆品中试车间和1 000平方米的药业科研与中试基地,是具有国际水准、智能化与现代化的企业技术中心,荣获"国家级技术中心"称号。科研大楼由美国知名设计公司设计,设计理念十分前卫,体现了科学与艺术的交融,2015年被拆除。

谢文坚接任后,把上海家化的行政办公搬迁到了江湾五角场,据说一年租金加上物业管理费大约1亿元的费用,租期6年就是6亿元,还没算上装修费用。葛文耀说,就是重新造一栋楼也用不了6亿元。而保定路旧址,15 000平方米的办公楼被敲成了空壳,所有的办公家具全部被扔掉,员工们看着心痛不已。有人估算,仅办公场地的一进一出,就要花费掉4亿到5亿元。

上海家化保定路大楼国际会议厅(1995年建成)

第三任董事长张东方接任后,这里被改建成上海家化的科创中心,并于2018年9月正式启用。①

其二,投巨资,建高标准新厂。

上海家化新的跨越工厂2014年立项,2015年动工,2018年落成投产。新厂落址青浦工业园区,总投资13.5亿元,总占地面积209.5亩,是原中央工厂的2倍,产能是原厂的5倍。按照上海家化的官宣,高标准建设的新厂,实现了运营管理的数字化、精准化、信息化和自动化,全面提升了生

---

① 邵未来. 上海家化:让产品有3—5年前瞻性——科创中心回归保定路促研发升级提速[N]. 劳动报,2018—9—20.

产能力、供应保障能力及智能制造水平,树立了行业创新和品质的标杆。

但在家化员工看来,轻资产一直是上海家化的优势,现在一下子投入这么高的成本,如果销售跟不上,就会给企业带来危机。员工们的担忧不无道理,据悉新厂开工一年多,产能利用率极低,很多生产线空置。

其三,薪酬"改革",高薪招人。

谢文坚曾对媒体记者说过,与市场化企业对标,上海家化的薪酬要低30%到60%左右。谢文坚在家化推行的薪酬改革,除了大幅度提高董监高的薪酬外(他本人的年薪从400多万元提高到600多万元),还从社会上高薪招聘"国际企业背景人才",其中广为流传的故事是"百万年薪聘记者做新媒体"。而葛文耀在任时,上海家化总监的月薪也不过3万元。

谢文坚大张旗鼓地招兵买马,使得上海家化的员工数量,从2013年的1176人猛增到2015年的2080人(数据来自上海家化2015年年报),几乎整整翻了一番。而且谢文坚对新进人员和老员工实行的是两种工资制度,这无形中让新老员工之间产生了芥蒂。

2013年,葛文耀离任前,上海家化董监高的薪酬总额为469.7万元。谢文坚在家化3年,董监高的薪酬总额连年攀升,2014年、2015年、2016年分别为994.28万元、1 686.68万元和1 614.95万元(数据来自上海家化历年年报)。与其鲜明对比的是,3年中上海家化的净利润从2013年的8亿元锐减到2016年的2.16亿元,尤其是第四季度,净利润不但为零,还净亏2亿元。[1]

其四,营销费用激增。

根据《第一财经周刊》的报道,上海家化历年年报显示,2012年、2013年公司的差旅费分别是858万元和916万元,到了谢文坚主导家化的2014年、2015年,公司差旅费已经激增到2 355.43万元和3 368.54万元。[2] 2016年的双十一,谢文坚豪掷1亿元拿下了天猫双十一晚会独家

---

[1] 于德江.上海家化去年四季度亏2亿 葛文耀预测竟成真[N].证券时报,2017-01-19.
[2] 郭苏妍.撇开两任董事长掐架 谢文坚在上海家化三年干的怎么样[J].第一财经杂志,2016-11-30.

冠名权，但从后来的成交额2亿元看，这笔钱花得性价比不高。

葛文耀那一代的创业企业家，秉承的是勤俭节约、艰苦奋斗的美德。他掌管上海家化时，多年来一直严格执行现在看来有些"苛刻"的差旅费标准，尽管家化后来已经不差钱。销售人员出差，动车只能坐2等座，飞机只能坐经济舱；住宿只能是3星标准，一线城市如上海、北京，报销标准是一天360元，一般的省会城市一天280元。很多销售员抱怨说，宁可住浴场也不要住酒店，但是葛文耀就是坚持着，没有提高一分钱的差旅标准。

没想到前人栽树，后人"伐木"。看到自己积攒的"家底"被挥霍，葛文耀曾经在微博里心痛地表示：谢文坚在家化3年，花钱如流水，3年花掉50亿元不止。

葛文耀：他这么大兴土木，是不合理的。假如我做，我会找个地方做科研中心，保定路这里不用搬，五角场那里根本不用去，或者把科研和工厂放在一起，这是最合理的。他把中央工厂生产能力扩大了三四倍，但销售没增长，所以现在一大半生产线都空着。他总的投资我算算，中央工厂投资15亿元，五角场那里租费跟物业管理费每年1亿元，装修跟家具花了4 000万～5 000万元，保定路全部拆光，重新装修又是一大笔费用。他固定资产花了大概有20多亿元。有数字可以对比：我离开家化时（2013年），家化的固定资产不到两亿元，我一样做这些销售，利润8亿～9亿元，你投了20亿元，现在利润只有1亿多元。

不知道世界上是不是真的有因果，履职家化3年后，谢文坚同样以"被辞职"的方式，离开了他曾经表示"死也不离开"的家化。

2016年11月25日，上海家化发布公告称，谢文坚因个人原因申请辞去公司董事、董事长、董事会下设各专门委员会委员、首席执行官、总经理等相关职务，辞职后不再担任公司任何职务。

这距离他豪掷1亿元冠名天猫晚会，仅仅过去了2周！

谢文坚辞职3天后，2016年11月28日，葛文耀在微博中实名举报，称谢文坚有重大侵蚀公司利益嫌疑，建议有关部门严查。

王苴说过,"我从他对待家化历史、对待葛总的态度上,我就认为他在家化走不远"。

一语成谶!

第二节　王茁的故事

王茁怎么也没有想到,自己是一个如此"短命"的 CEO。

王茁 1991 年毕业于复旦大学新闻系国际新闻学专业,大学毕业就进入上海家化,任高夫品牌经理,是上海家化第一批品牌经理人之一。入职短短两年后就升任上海家化品牌管理部经理,统管所有的品牌经理人,足见葛文耀对他的赏识。

在 20 世纪 90 年代的出国留学热潮中,王茁 1994 年、1997 年两次出国深造,第二次时间长达 6 年半之久。他先在美国纽约圣约翰大学读 MBA,2000 年获得圣约翰大学工商管理(MBA)硕士学位,之后又在美国工作了 3 年多。

2004 年,王茁回到上海,本想自主创业,但被爱才的葛文耀劝回家化,委以上海家化副总经理重任,主管公司战略、市场营销和信息化建设工作。2012 年 12 月 18 日,王茁被葛文耀选作自己的接班人,正式出任上海家化联合股份有限公司总经理职务。

2013 年 11 月,在葛文耀辞去上市公司董事长职务 2 个月后,王茁与上海家化签订了《无固定期限劳动合同》。2014 年 5 月 12 日,在葛文耀遭平安罢免家化集团董事长职务整整一年后,王茁也没能摆脱相同的命运:上海家化发

上海家化前总经理王茁

公告称解除其总经理职务，并提请公司股东大会解除其董事职务；同年 6 月 12 日，上海家化召开股东大会，通过了罢免王茁董事职务的议案。

那一年，王茁 46 岁。

"清理门户"

2017 年 5 月 10 日，在上海市肇嘉浜路 798 号坤阳国际商务广场的写字楼里，记者见到了已经自主创业、开展化妆品企业股权投资的王茁。从 2004 年至今，兜兜转转，王茁再次离开家化，回到了自主创业的原点。

"如果那时创业，现在就是另一番天地了"，王茁笑着对记者说。

王茁中等身材，戴着一副眼镜，书生气质，额头眉心处有一个很大的"福痣"。在公司的小会议室里，谈到 3 年前与谢文坚的那场"人事之争"，虽然已成过往，但王茁仍能清晰地回忆起每一个细节。

王茁告诉记者，其实在谢文坚正式走马上任之前，平安集团就曾安排过一次他和谢文坚的见面。两个人一个是时任上海家化的董事、总经理，一个是即将上任的董事长，平安方面的意图很明显，是希望两个人能紧密合作，共同把上海家化带进一个新时代、带到一个新高度，用事实证明，没有葛文耀的上海家化，依旧能再创辉煌。

但这第一次见面，谢文坚留给王茁的印象就不好，主要感觉有两点：一是浮夸，好说大话；二是武断，自以为是。谢文坚上任后的"去葛化"和对家化公司治理的否定，让两个人的矛盾开始加深。

王茁还给记者讲了一件关于发票报销的事。

谢文坚到上海家化一个多月后，让秘书拿了两张他个人消费的大金额旅行社发票，让王茁签字报销。这两张发票，一张是 10 万元，一张是 1.89 万元，理由是去美国探亲。因为上海家化此前从未有过探亲报销一说，王茁就让谢文坚的秘书把平安同意谢报销的协议拿来看一下。王茁后来没有看到这份协议，自然也没有在报销单上签字。之后不久，王茁的年终考核被谢文坚评了个 C。

评 C 和"发票事件"是否有关联,他人无法判断。王茁认为,这是两人矛盾的导火索。

谢、王之间的不睦,除了一些拿不上桌面的原因以外,站在谢文坚的角度,他认为他这个董事长和总经理之间,在诸多问题、特别是管理理念上完全达不到一致。外资企业职业经理人出身的谢文坚认为,家化原有的管理模式,代表了一种落后的体制,靠的是个人思想和个人魅力,其愿景、理念和行为模式,都与现代企业制度格格不入。他请来贝恩战略咨询公司为家化制定未来发展战略,试图用西化方式来改造国企家化,进一步与国际大集团接轨。

但王茁认为,上海家化最大的价值,正是葛文耀的企业家精神,以及几十年来,家化自身积淀下来的企业文化和应对市场的管理机制。谢文坚行业经验缺乏,他曾经从事的医疗器械行业与化妆品行业相隔甚远,尤其是他不尊重化妆品行业、特别是高端化妆品行业的特点和规律,他的价值判断,忽视了化妆品行业的独特性,这势必会给上海家化目前的困境和未来的发展埋下隐患。

董事长、总经理之间,双方想法相去甚远。谢文坚把王茁视作他推行新政的阻力,"清理门户"在所难免。

遭威胁式"劝辞"

按理说,上市公司罢免一个总经理,只要理由充分、程序合规,也无可非议。但罢免王茁的过程,竟然与当初罢免葛文耀时如出一辙,最后演绎得更像一场"宫斗戏"。

王茁向记者详细地讲述了当日"被辞职"的整个过程。

记者:谢文坚是什么时候跟您谈罢免的事的?

王茁:2014 年 5 月 12 号,他上午 9 点半左右找的我。先是找了董秘,他是绕过董秘办的这件事情嘛,最后一个让董秘签字。签好字他来找我说,因为你犯了错,董事会决定开除你,如果你不想被开除,那么你可以选择主动辞职。他说,"我已经征得董事会其他董事同意了,他们都签字了"。

记者:签字给您看了吗?

王茁:签字都有,但内容没有,就是一张白纸,上面签了很多人的名字,不是正式文件,就是一张白纸。

记者:您是说没有正文?

王茁:给我看的时候没有正文,他是跟董事会说,我让他们俩(指王茁和丁逸菁。——记者注)走人,你们同意就签字。他实际上是偷梁换柱,董事会并没有说要开除我,董事会是说我辞职了,董事会感谢(我)为公司做出的贡献,然后是8个人同意签字,正文是这个。其实这是不合法的,因为董事会都没开,他就让其他人签了字。

记者:您是说谢文坚以"开除"来威胁您,要您"主动"辞职?

王茁:谢文坚跟我说,如果你不辞职,董事会会罢免你的职务;我说,那就罢免。他说,不仅要罢免你总经理职务,还要罢免董事职务;我说,董事职务你要开股东大会的;他说,那我就开股东大会。然后他说,不仅要罢免你的董事职务,我还要开除你!我说,开除我?我是无固定期限劳动合同,不能开除的!他说,这个我不管,我还是要罢免你的总经理职务,罢免你的董事,还要取消你的股权,开除你!他就这么威胁我。

记者:如果您接受辞职呢?

王茁:他说,你辞职的话,你的第二期股权我可以给你;另外给你赔偿,我不是有10年的工作年限嘛;然后给你一个禁业协议,我每个月再给你多少钱。

记者:有具体补偿数额吗?

王茁:有啊,股权是几百万吧,当时股价是38元,二期解锁15万股,大概500多万元吧;另外赔偿我80几万元吧,还有20多万元的禁业协议,就是股权之外还有100多万元,加在一起700多万元。我说那好,你这些条件让我带回去跟太太商量一下。他说不行,不能带出这个房门。

我说那我也得回去商量一下,他说,你中午前必须给我回复的,说晚上开会,下午律师要准备文件。我说,这样吧,如果我中午不回复你,我就是坚持不辞职。

当天中午,王茁和太太商量后,夫妻俩达成共识:不辞职!

王茁的太太也是个知识分子,经常翻译英文书籍,自己也写过书。了解他们的人说,这夫妻俩是"丁克"家庭,没孩子,休息日两个人常常在咖啡厅里一坐就是一下午,各看各的书,很潇洒。在对待"被辞职"还是"被罢免"这道选择题上,夫妻俩都没有犹豫,几分钟内就做出了决定。

据说,王茁的回复完全不在谢文坚预设的结果中,这多少有些打乱了他"劝退"的节奏。5月12日当天的整个下午,上海家化的管理层像走马灯似的,轮番上阵为谢文坚当说客,从董事会的几个董事到人力资源总监、市场总监等,各层次的人都有,都是劝王茁"好汉不吃眼前亏",接受辞职。甚至第二天上午,在公司发罢免公告之前,家化集团的两个副总还在劝说王茁,希望他能在最后时刻回心转意,答应辞职。

说客们劝说的内容无非两点:一是接受辞职,会拿到一大笔补偿,个人没什么损失;二是被开除分文没有,名声又难听,出去后难以找到工作。还有人说葛文耀这个人不好,不值得为他牺牲。

记者:当时为什么一定要坚持不辞职?

王茁:因为我不能接受的是,为什么如果我辞职,家化内控不合格的包袱就不用我背,而不辞职,就得我背?

记者:这是谢文坚说的原话吗?就是您辞职了,这些事情就跟你无关,不辞职就有关?

王茁:是的,原话,辞职就没有任何处分嘛,所以我就不认这一条。我太太不认的是禁业协议,就是你不能禁我业。

记者:禁业协议怎么规定的?

王茁:就是一年内你不能到竞争对手那里去。不能到日化行业其他对手那里去。

记者：开除的话，您个人损失很大呀。

王茁：对呀，但是这不是我考虑的范围，正因为个人损失我不考虑，才有后来被开除的命运。所以接下来就变成轰动舆论的一个事情了。

记者：当时做这个决定，有没有想到后果？

王茁：应该说都想到了。因为碰到一个数百万元财务利益放在面前，可以忽视它，就顺着自己内心的想法来做决定的人，在中国不是那么好找的，尤其是在上海的环境中，这个是很少很少的。我本人永远是个异数，永远是个意外。

记者：您骨子里就是个知识分子，有知识分子的特质。

王茁：葛总就是这么说我的。这里面还有一个最大的变量，就是发生这种事的时候，我只找了一个人商量，就是我太太，而且我太太是百分之百毫无保留地支持我。如果这种事情发生在其他人身上，他一定会找一大堆人商量，除了老婆以外，父母啊、朋友啊、同学啊、亲戚啊，这样一商量，肯定不会选择这条路。

记者：您当时为什么只找太太一个人商量？

王茁：因为找别人我知道结果啊，比如说找我爸，我爸就会说，哎呀拿钱走人吧，干吗和钱过不去？我太太就跟我说了一句话，"不接受！宁可赤脚地皮光（沪语，宁愿一无所有的意思。——记者注）！"我说拿不到股权什么都没有，她说"没有就没有！"所以我们是个异数，再也不会有我们这样的人了。

王茁骨子里的那股知识分子"认死理"的拗劲（用马一浮的话说，叫作"契理不契机"），让他情愿个人损失数百万元，也要为自己讨个说法。

2014年5月13日下午，上海家化发公告称，董事会解除了王茁总经理职位。谢文坚立即让人封了王茁总经理办公室，令其移到一个狭小的地方暂时"蜗居"，等待召开股东大会，履行罢免他董事职务的程序。

致投资者的公开信

2014年6月9日,在上海家化股东大会召开的前几天,王茁对媒体发表了一篇《致投资者的公开信》,信中回答了他为什么会放弃补偿、坚定地选择不辞职。

在这封公开信中,王茁回顾了29年上海家化所走过的历程,庆幸家化能有葛文耀掌舵,是历史给予的眷顾——让家化和一个有卓越产品感知力的企业家相遇。他客观、冷静地分析了大股东和家化团队之间产生纠纷的深层次原因,对大股东忽略企业家精神、放大"平台"和国外战略咨询公司的作用,给上海家化带来的隐患表示出深深的忧虑。

致投资者的公开信(节选)

尊敬的各位投资者:

大家好!

再过几天,到本月12日,上海家化就要召开临时股东大会,审议罢免我的董事职务,这可能是我为这家企业工作的最后日子。作为在24年前就在这家公司实习的一名老员工,作为十多年来与这家公司共同成长的一名管理工作者,作为依然在履职的这家公众公司的董事,我想利用这最后一段为家化、为大家工作的时间,来谈谈自己的一些看法,我希望包括大股东在内的投资者把这种交流看成是真诚和富有建设性的,能够有助于大家更好地认识上海家化的过去,更好地判别上海家化的现在,更好地创造上海家化的未来。

……

一、上海家化为什么有今天的幸运?

历史往往会给不同的成功企业以不同的眷顾,有的生逢其时,有的独霸资源,有的手握特权,有的成本无敌……29年前的上海家化无疑也得到了一种眷顾——一个有卓越产品感知力的企业家。

1985年，38岁的葛文耀来到了这家固定资产只有400万元的小厂，近30年来，他以极其敏感的市场洞察力推动了一个又一个战略性品牌的诞生，从1980年代曾遥遥领先、位居市场第一的美加净，到与跨国公司竞争最艰难时期诞生的六神，再到公司内外交困时扶植的佰草集以及其他一系列基于市场嗅觉和实验精神进行布局的品牌，在这些品牌从概念、研发到市场推广的过程中，葛文耀的强力介入都起到了关键性的作用，他会直接指定品牌经理，也会不拘一格地给普通研发人员委以重任，甚至会因为一个瓶盖的造型重新返工所有产品，他也能平衡好现代市场操作方法与经验洞察的关系，往往能准确识破市场研究中的"白色谎言"，让产品直指消费者的内心需求……

众所周知，在上海家化所在的行业，企业的产品力和品牌力是至关重要的，也是一个企业家应该而且必须最为关心并承担起最大责任的经营问题（没有之一）。企业家的领导力越来越体现在对公司产品创新的持续推动和产品力的迭代提升上，今天大量酷公司的崛起，都体现着这样一个道理，昭示着这样一种趋势。我们固然知道任何企业都需要企业家的更迭延续，但我很难想象，一个缺乏行业市场历练、缺乏企业家精神的职业经理人能够望其项背。

葛文耀有那一代人浓重的国家意识和不服输的奋斗精神，作为一个上海企业家，他有为中国人生活得更加"精致优雅"而"全心以赴"的强烈冲动，这些精神激发了整个上海家化的管理团队，我们不忍心中国的化妆品市场完全成为、永远成为跨国公司的跑马场和掘金地，不甘心中国的化妆品企业永远龟缩在价值链的低端。正是因为在过去几十年时间里，立志做一个虽然资源有限、但是勇气无限的挑战者，正是因为有着这种挑战者的精神，上海家化才可能在多年前的困难时期就以超前的眼光和惊人的勇气推出并储备了一批中高端品牌（从六神到佰草集，再到双妹和玉泽），才可能有公司今天这样强大而完备的品牌阵容。

上海家化在整个管理团队多年的努力下，在改制前就已经初步奠定了富有特色的竞争力系统——通过接近跨国公司的市场管理架构和流程使家化从中国诸多缺乏活力的国有企业中脱颖而出,通过促进研发、国际合作以及规范运作和转型升级使家化与诸多野蛮生长的民营企业相比具有更加稳健的系统优势,而通过对中国哲学、医学、美学在品牌、产品和营销推广方面的全面运用,又使家化有别于诸多以洋制华的跨国公司,形成了独特的差异化竞争优势。在过去近30年时间里,家化通过占据利基市场(指那些被市场中的统治者/有绝对优势的企业忽略的某些细分市场。——记者注)的战略细分和定位系统、比较接地气的决策和执行系统以及事半功倍的预算和花费管理系统,初步建立了公司的现代经营体系和市场竞争能力。

我在这里回顾历史,并不是想说明家化的历史有多值得骄傲,而只是为了表达我的一家之言:上海家化的最大价值到底是那些已经创立了的品牌还是创造这些品牌的企业家精神和文化系统?如果我们认为是前者,那我们的确应该为历史骄傲,但我们需要了解这个行业大量失败案例的教训,在我们这个行业有很多的曾经让人自豪的品牌在并购后数年时间就灰飞烟灭了,如果上海家化现在不能把工作重心放在快速培育新产品和新品牌上,那么也很可能会在不远的将来面临行业新物种的颠覆性挑战。

二、上海家化与大股东之间的关系何以至此?

不断有人问我,为什么上海家化出现今天的复杂局面,很多人认为这是因为"门口的野蛮人",还有人认为这是资本和职业经理之间的冲突,也有人认为这是职业经理取代第一代创业型企业家之后的必然趋势。然而,作为一个整个事件的相关者和过来人,我认为这些思考都属于浅尝辄止,不应该成为定论。未来的企业家、投资家和管理学者都需要一种更深入的反思,共同为明天的中国企业界寻找有益的启示。

我个人的看法是,在家化问题上,大股东的成功文化主导了其职业经理阶层的价值判断（其实未必代表其企业家的判断）：首先，由于自身所在的是一个高速成长的行业，大股东对自身的掌控能力和能够推动家化进入高速成长的管理能力过于自信；其次，认为家化所在的行业只要推动管理的职业化和现代化，未来的高速增长就是大概率事件；还有，大股东尽管认为前董事长对家化发展有一定贡献，但却认为其更多地代表了一种落后的体制，其愿景、理念和行为模式与现代职业经理人格格不入，因此进行改朝换代就是势在必行的。在这些价值判断的背景下，大股东忽视了不同行业属性之间的巨大差异，忽视了化妆品行业本土品牌在崛起过程中的大量失败案例，尤其忽视了企业家在推动战略性产品推出和推广过程中的关键作用，这样的认知和价值判断为上海家化目前的困境和未来的发展埋下了隐患。

在家化与大股东关系这个案例中还有一个应该引起特别注意的问题，那就是，大股东的职业经理团队在投资后、在双方企业家之间所扮演的沟通角色，由于他们并非专业的投资价值发现者，这些经理人往往有自己的利益、立场、思维方式、理解能力和表达能力，有体现其自身认识水平和价值观的行为方式，他们使用MBA教程式的价值判断逻辑，难以接受或容忍企业家的个性和对品牌的偏执……他们认为自己代表了先进的管理模式，只要按照大股东的成功逻辑，只要打造出一个换谁来做董事长都一样的平台，然后请战略咨询公司来梳理战略，去聘任背景光鲜的职业经理人，推行一整套关键绩效指标KPI考核和风险控制措施之后，就大功告成了，所投资企业就一定会高速增长。他们甚至全面否定前任领导人的做法，实际上采用一种前任赞成就反对、前任反对就支持的不客观、不适当、不自信做法，从上至下地清理门户，在人事和文化上进行全面的改朝换代，以期待迎接所谓"大一统"和"大发展"的"新局面"。这样的几个职业经理人，这样的指导思想，这样的价值判断，使得大股东的企业家与家化的企业家之间原本惺惺相惜和开端良好的关系被遗憾地破坏了。

就像多数人的民主可能产生"多数人的暴政一样",完全靠资本的权重来说话不一定能带来最正确、最合理的长期决策,如何避免资本的傲慢和短视,既鼓励长期创新的守卫者,又防止"贪婪的管理层",这是上海家化这个案例应该深入思考的问题。

三、上海家化如何走向未来?

上海家化的未来战略首先取决于企业家的企图心,取决于企业家的愿景和价值主张,也取决于这种企图心和愿景下整个团队推动一代又一代酷产品的能力。

家化不管走什么样的战略路径,都离不开以产品为中心打造的几个关键能力,首先是洞察力(眼力)——对变化着的中国市场和中国消费者的深刻而独到的理解和领悟,其次是创新力——既包括产品和营销概念的创新也包括技术创新,再次是推广力——不仅要有中国好分销、中国好终端还要有中国好传播(内容为本,内容为先,内容为急),还有整合力——使品牌、产品、渠道和终端以及传播相互匹配、相互支持、相互提升的能力,最后是坚持力即"定力"。

上述能力和任务的主体和担纲者是而且必须是由企业家带动的团队,上海家化的战略企图心和战略执行路径都不可能通过外包采购来实现。历史上的上海家化也从来不是一家仰望或膜拜跨国公司的企业,我们尊重和学习这些对手,但更多地视他们为挑战的对象和超越的目标。将战略思考进行外包,尤其是彻底向一家国际咨询公司外包的做法已经改变了上海家化思维和文化的基础,使得公司的战略从森林一般的有机生长变成了盆栽艺术的嫁接雕琢,公司文化中原来的嘲笑对象变成了今日要崇尚的偶像,这种管理文化和经营作风的逆转将给上海家化管理团队的智商造成极大的错乱,足以动摇家化团队的理论自觉和实践自信,足以让上海家化从此变成一家思想和战略都同质化的平庸公司。

今天的上海家化最急需的是一代接一代酷产品的推陈出新,需要通过营销想象力和执行力来快速地、极大地扩大市场份额和发展空间。但是，由于挤走了老董事长，大股东必须为这一举动找到合理依据，于是其代理人就千方百计地论证原有的管理不规范，把治理规范当成了家化事实上的首选行动目标，致使从去年年底到现在家化的管理团队在这方面消耗了大量的时间和精力，严重地影响了更加重要的产品开发、营销推广和供应保障等战略性工作。今天的家化，正在失去品牌挑战者的精神和想象力，这个没有了企业家和企业家精神的家化真的令人忧虑。

尽管葛文耀先生也有这样那样的局限，但是，不论在家化还是在别的企业，完美的职业经理人都代替不了有缺点的企业家，正如鲁迅先生所说的那样："谁也没有发现过苍蝇们的缺点和创伤。然而，有缺点的战士终竟是战士，完美的苍蝇也终究不过是苍蝇。"

四、家化董事会和公司治理如何走向未来？

历史中我们听惯了这样的谎言：只有天下一统，消除杂音，就有人愿意为各种错误成本买单，就能取得大发展。然而，各种历史教训和学术研究都表明，一个独立的反映各方意见的董事会，比那种董事们（包括独立董事）只知道对大股东三呼万岁的董事会更具有治理效率，经营业绩更好。据美国学者对266家公司在1970年、1976年和1980年董事会的结构和公司业绩的研究证明：公司董事会的独立性与公司业绩存在正比例关系。近年来，更有学者发现强有力证据，认为公司经营绩效与董事会的独立程度尤其是独立董事的独立性成正向关系。

一个独立的能自主思考的董事会之所以重要，是因为这种董事会能向管理层传递正能量，会让他们坚持市场的本来规律，而不是靠琢磨大股东的意图来展开工作。一家公众公司的大股东需要有一个边界来约束其随心所欲的控制欲望，这个边界，往往就是独立董事和其他董事的独立性，然而在今天中国上市公司的治理现实中，大股东为何能如此轻易地控制董事会，为何独立董事的所谓"屏障"经常变成"花瓶"，显得毫无作用，为何包括某些机构投资者的角色也如此被动，这些都是值得各界深思的问题。我相信,只要我们不带侥幸心理地认真思考和解决这些问题,主动地、建设性地维护自己的利益,保护"公众投资者的利益"这个理想最终就能够实现。我们期待终有一天,各方的诉求能够通过协商和妥协达成,中国先哲们倡导的"君子和而不同"的理想也能够在家化和更多企业不断迈向治理文明的董事会中出现。

……

王茁
2014 年 6 月 9 日

公开信发表后,王茁的岳母特意把王茁叫到家里,劝他不要去参加罢免他的股东大会了,"该说的都说了,也没有什么其他好说的了,你还去干吗呢?"

股东大会:一首诗和一则寓言故事

2014 年 6 月 12 日上午 9 点半,上海家化临时股东大会在保定路的公司办公大楼里如期召开,会议议程只有一项:罢免王茁公司董事职务。

谁也没料到的是,书生气十足的王茁,在股东大会上仅有的两分钟的发言时间里,他读了一首诗,讲了一个寓言故事。

王茁读的这首诗是国学大师马一浮的《赠国士》:

> 昔闻六国重连横,
> 谁见春秋致太平?
> 壮士不还同逝水,
> 佳人一顾已倾城。
> 黄金台上三千客,
> 赤壁风前百万兵,
> 终古山河仍带砺,
> 唯应谈笑取公卿。

马一浮的这首诗,是在抗日战争胜利后写给国共两党领导人的,希望双方为了中华民族的利益放下干戈。王茁解释说,他读这首诗的核心,是在最后两句:"终古山河仍带砺,唯应谈笑取公卿。"就是从历史长河看,即便采取野蛮的方式,也留不下任何痕迹,只有用文明的方式才是明智的。

王茁讲的一则寓言故事是"鹦鹉救火"。

一只鹦鹉,飞到一座山上,和山中的飞禽走兽相处得很好。鹦鹉想:虽然很快乐,但这不是我长久居住的地方,于是就离开了。后来,过了几个月,山中燃起了大火,鹦鹉远远地看见了,就飞入水中,沾湿自己的羽毛,飞到山上,洒下羽毛上的水,帮助灭火。天神看到了,说:"你虽然有意志,但是力量哪里足够呢?"鹦鹉回答说:"即使我知道没有灭火的能力,但是我曾经在这座山里住过,山里的飞禽走兽都对我很好,都是我的兄弟,我只是不忍心见他们遭遇火灾罢了。"天神觉得鹦鹉义气可嘉,就立即帮鹦鹉把山火灭掉了。

王茁说:"对于家化,我愿意做一只这样的鹦鹉。"

这就是王茁,一只明知不可为而坚持为之的鹦鹉。只是,寓言中的鹦鹉最后感动了天神,现实中的王茁却未能感动在场有投票权的股东们。尽管与会小股东大多表示出对平安及谢文坚的不满,一度谢文坚还怒言"把骂人的扔出去!"让人们对这个受过国外文化熏陶的职业经理人,竟然有如此修养感到大跌眼镜,但王茁还是没能摆脱被罢免的命运:股东大会最终投票通过了罢免王茁董事职务的议案。

谢文坚随后取消了王茁持有的上海家化两期股权,并将其予以除名。

此后,王茁走上了长达一年半的诉讼之路,最后赢了官司,却还是丢了在家化的工作。

2015年9月25日,上海市第二中级人民法院对上海家化联合股份有限公司前任董事、总经理王茁与该公司劳动合同纠纷案做出终审判决,要求上海家化恢复与王茁的劳动关系。同年10月11日,王茁收到了上海家化给他"度身定制"的最新工作安排——"中国文化应用研究员",月薪为6 000元。这个安排,显然已经将他排除在管理岗位之外,当时上海家化人均月工资是13 460元,而王茁此前作为上海家化总经理的月薪为54 495元。[1]

在"中国文化应用研究员"的岗位上"赋闲"了几个月后,2016年3月7日,王茁正式辞职,离开了承载他青春和梦想的上海家化;同年5月自主创业,同时著书立说,大学里经常和葛文耀"联袂"授课,倒也自在。

2017年1月24日,张东方接任后,上海家化解锁了王茁第二期股权共计15.75万股,余下第三期15.75万股仍未解锁。

王茁说:"先放着到时候再说吧,交给未来解决。"说罢朗声大笑。

第三节 张东方接棒,上海家化能否触底反弹

2016年11月25日,上海家化召开第六届临时董事会,在宣布谢文坚"辞职"的同时,正式聘用张东方为公司首席执行官兼总经理;同年12月,在上海家化第六届九次董事会上,张东方当选为新一任董事长,成为上海家化有史以来的第一位女掌门。

1962年出生的张东方虽然也有国际背景,在此之前,她是维达国际控股有限公司的执行董事兼首席执行官;再之前曾任芬美意集团北亚日化香精副总裁及大中华董事总经理。不过她不像谢文坚那样自命不凡,上任的第一天,她就亲自登门向上海家化的创始人葛文耀虚心求教,此举颇得葛老的好感:"这个人人品不错"。不久,张东方撤销了前任对葛文耀的起诉。

---

[1] 赵晓娟.昔日总经理今成"研究员"上海家化给王茁月薪六千[OL].新浪财经、界面,2015年10月11日[2020-9-1]. https://www.jiemian.com/article/401311.html.

面对一副"烂牌"

张东方面对的,是谢文坚留下的一副烂牌:优质的资产被出售;稳稳贡献业绩的花王代理权到期;豪掷1亿元冠名天猫狂欢夜,给四季度业绩留下巨大亏空;公司的研发、销售人才流失;持续的人事纷争扯不清道不明……

上任几个月后,2017年3月21日,上海家化公布了2016年度业绩报告,营收和净利都毫无悬念地呈"双降"态势。数据显示,2016年上海家化实现营业收入53.21亿元,相比2015年同期下降8.98%,归属上市公司股东净利润2.16亿元,同比下降90.23%!

曾经是中国日化行业的翘楚,优质的上市公司,短短3年就一落千丈,让很多熟悉家化的人都为之惋惜。媒体和投资者此时最关心的是,张东方究竟会使出什么招数,能让上海家化触底反弹、走出阴霾?

年报发布两天后,张东方面对媒体做了她上任以来首个战略演讲。"不同于其前任谢文坚一上任就发布了五年的战略计划和业绩目标,张东方此次的'首秀'表现得较为保守,对于公司的未来她并未做过多具体描述,只是表示家化未来依旧会做到行业领先的龙头企业,并称对当前行业趋势持乐观态度。"[①]

其实,辩证地看,业绩落到谷底,对张东方来说未必是件坏事。物极必反,最坏的时代就是最好的时代,因为此时只要向前迈出一步,就是正数,一手烂牌也可以反转成好牌。

三份"成绩单"

2018年初,张东方交出了第一份"成绩单"——2017年年报。

2018年3月20日,上海家化披露了2017年年报。年报显示公司全年营收为64.9亿元,调整后的收入同比上升8.8%,归属母公司的净利

---

① 刘晓颖.上海家化独家代理英国母婴品牌 称未来加大渠道铺货[N/OL].第一财经 2017-03-23.

润为 3.9 亿，调整后同比上升 93.9%。其中第四季度业绩尤为亮眼：上海家化实现营业收入 15.4 亿元，同比增长了 48.9%。

第一份"成绩单"看上去很美，净利润同比增长 93.9%，与 2016 年同比下降 90.23% 形成强烈反差。但明眼人都清楚，这"得益于"上一年的基数太低。

上任第一个"财年"，张东方"埋头做事"，先是对公司的组织构架进行了扁平化调整，成立了品牌办公室，恢复了被谢文坚"雪藏"的高档护肤品牌双妹和家化第一款药妆品牌玉泽，后者是葛文耀时期，上海家化联合上海各大医院皮肤科的权威医学专家联合研制，历时 6 年时间完成了 1 386 例临床观察，在充分验证了产品的安全性和功效性之后才推出的。

这一年，中国平安以每股 38 元的价格，溢价 23.42% 要约收购上海家化 20% 的股权，豪掷 51 亿元力挺张东方，将平安集团持有上海家化的股权份额，稳稳地提升到了 52.02%，成为绝对大股东，也将上海家化牢牢地打上了平安的印记。这一年，张东方在大股东的支持下，以近 20 亿元的价格，从家化集团手中将英国 Cayman A2 公司收入囊中，独家代理该公司著名的婴幼儿护理品牌汤美星（Tommee Tippee）。希望以此填补失去花王代理权落下的营收空缺。

紧接着第二个"财年"，张东方交出了第二份"成绩单"——2018 年年报。

2019 年 3 月 12 日晚，上海家化发布了 2018 年年度报告：2018 年公司实现营业收入 71.38 亿元，同比增长 10.01%；归属上市公司股东的净利润为 5.40 亿元，同比增长 38.63%；归属上市公司股东的扣除非经常性损益后的净利润为 4.57 亿元，同比增长 37.82%；经营活动产生的现金流量净额为 8.95 亿元。

值得一提的是，2017 年末上海家化收购的英国著名婴幼儿护理品牌汤美星（Tommee Tippee），在 2018 年开始发力，全年实现营业收入

16.33亿元,净利润7 528.09万元,扣非净利润7 454.06万元,而收购时卖方对2018年度净利润的承诺是2 555.99万元,几乎是承诺的3倍,填补花王一年10亿元营收的亏空富富有余。

背靠"不差钱"的东家,张东方采取的是一种"捷径"走法:通过加大对优质标的收购,快速壮大上海家化的实力。毕竟,复活前任品牌吃力不讨好,培育一个品牌耗时太长、成功概率不高。虽然上海家化对外宣传,这两年是通过内生增长和外延投资实现"双引擎"增长,但从年报看,内生增长远不及外延投资,家化的自主品牌、特别是曾经的利润担当佰草集,营销仍无太大亮点。

也许正因为此,自张东方入主家化后,已经两年多没在微博中提及家化的葛文耀,在2019年3月13日的微博中,转发了一个券商分析师发给他的上海家化2018年报分析表,"我很惊讶,化妆品的净利润才2亿元左右,净利率3%左右",葛文耀在微博中说,5年前他离开时,家化的化妆品净利润是8.5亿元,净利率是21%。"主业的造血功能越来越差,产品不断提价,毛利率还下降,科研、供应链拿回扣很厉害,销售上虚假方法用了5年,经销商库存很大了,销售净价越来越低……"

当然,葛文耀只是就事论事,并未把矛头指向张东方,而是把问题归结为谢文坚对家化的破坏力太大了。

2020年2月19日,张东方交出了第三份"成绩单"——上海家化2019年年报:营业收入75.97亿元,同比增长6.43%;净利润5.57亿元,同比增长3.09%,但主营业务利润和经营性现金流双双下跌16%,是她执掌上海家化三年来最差的一份"成绩单"。

第三份"成绩单"出炉两个月后,2020年4月22日,上海家化的股票在沪市早盘开盘后突然拉升涨停,很多散户不明就里:这股票从葛文耀2013年离开家化后,就从来没有涨停过,这得多大的利好,才能让这支低迷几年的股票,一开盘就牢牢封死在涨停板上?

当日收盘后,谜底揭晓:上海家化董事会发布公告称,张东方辞任公司董事、并将于2020年5月5日辞任公司首席执行官、总经理及下属企业相关职务。辞任后,张东方将担任公司首席顾问;同时,上海家化董事会提名欧莱雅前高管潘秋生为新任董事候选人,并聘其为公司新任首席执行官、总经理。

同日,上海家化公布了2020年一季度业绩:实现营收16.65亿元,同比下滑14.8%,实现净利润1.19亿元,同比下滑48.89%。

第四节　资本时代:没有企业家精神的企业能否走远

2015年,中国股市经历了大起大落,一场股灾在人们毫无防备之时悄然降临。6月12日,上证指数从最高点5178.19点断崖下跌,在不足一个月内,直线跌落到了3507点。

这场股灾,给了一个叫姚振华的投资人一个机会,此人因为增持万科,后来引发了中国资本市场的一场巨震。

这一年的7月,为了救市,保监会的一纸通知,将保险公司投资单一蓝筹股票的比例,由占上季度末总资产的5%调整成为10%。2015年7月10日,姚振华的宝能系,利用刚成立3年的前海人寿建仓万科,"开始了叠加使用保险资金和高杠杆资金集中控制目标上市公司的新形式冒险"。从7月10日前海人寿第一次举牌,直至2015年12月24日,宝能系持股万科高达24.26%,成为远超华润的万科第一大股东。

宝能系强势收购万科,资本市场再起"罢免"风波

为阻击这次"野蛮人"的收购,王石和万科管理层团队"拼死"护城,多方求援,最后和国资背景的深圳地铁达成重组协议。

2016年6月26日晚间,宝能提议罢免王石,并提请召开临时股东大会,罢免当时万科的所有董事,引起舆论哗然。

直到2016年12月3日,时任证监会主席的刘士余,突然公开发声痛

批"野蛮人",指出用来路不正的钱,从门口的"野蛮人"变成行业的"强盗",挑战了国家法律法规的底线,也挑战了做人的底线。"当你挑战刑法的时候,等待你的就是开启的牢狱大门。"[①]证监会主席用如此严厉的措辞,在整个证监会监管历史上也甚是罕见。

具有讽刺意味的是,刘士余在卸任证监会主席后的2019年5月,因涉嫌违纪违法"主动投案"。同年10月,受到留党察看2年处分,撤职降为一级调研员,被终止党的十九大代表资格,收缴违纪违法所得。

2017年6月,这场历时近两年的"宝万之争",在深圳市委、市政府及"上层"的强力协调下,最后万科和深圳地铁重组成功,深圳地铁以持股29.38%,正式成为万科的第一大股东。王石也于当月发微博称,主动辞去万科董事会主席的职务,将接力棒交给了他一手培养起来的接班人郁亮。

本来,上海的家化和深圳的万科风马牛不相及,而且两家的社会资本进入方式、性质也截然不同:上海家化是主动"联姻",深圳万科是被动"出嫁"。但是,因为宝能罢免王石和万科管理层的提议,让媒体再次联想到,3年前平安信托罢免上海家化创始人葛文耀的那场风波。

《上海观察》的记者就宝能罢免万科管理层一事,曾问过葛文耀这样一个问题。

《上海观察》记者:您预测一下,如果王石走了,万科会怎么样?

葛文耀:不管怎么样,从公司的发展角度来看,王石和他的管理团队应该留下,因为企业文化听上去虽然虚幻,但是在公司治理与发展上却是影响深远的。所谓企业文化,就是慢慢形成一个团队,比如万科,核心人物是王石和郁亮,然后是中层、基层,一层一层形成了一种共同的理念和工作方法,公司运作顺畅,就比较稳定。企业文化不是一朝一夕形成,真的要花几年、十几年、二十年的时间才能形成。

[①] 马元月.刘士余狠批野蛮人强盗式收购,警示挑战刑法等"你"的是牢狱大门[N/OL].北京商报,2016-12-03[2020-09-01]. http://finance.sina.com.cn/roll/2016-12-03/doc-ifxyicnf1467734.shtml.

2016年葛文耀谈宝万之争

回过头来，再看上海家化管理层和平安集团大股东之间的这场纷争，是资本霸凌，还是创业者团队居功自傲？是大股东生性多疑，还是企业家的性格悲剧？

问题到底出在哪呢？

基因不同，成功难以复制

平安集团直投部原总经理陈刚认为，每一家企业都有自己独特的基因，基因不同，所形成的企业文化也完全不同。做化妆品出身的上海家化和做保险出身的平安集团，企业基因和企业文化的差异性，更是差之千里。

陈刚：所有企业都只有一个基因（DNA），就是自己怎么发展起来的DNA。你想既把自己的经营做好，又把投资做好，那太难了！所以这个事，我自己至今认为，平安的投资思路、打法，就是前台、中台、后台。他是把投资当流水线，前台就是去跑项目的，中台就是做风控的人，后台就是做投后管理的人。所以他的思路和打法，都是从保险那边来的，保险就是这么干的，这是平安的DNA。

所以，千万千万不要相信，很多对未来盈利的预测，都是在EXEL表上弄出来的，而且千万千万不要相信，自己在一个行业能做出来，就认为所有行业的经验都是一样的，绝对不是！毕竟隔行如隔山，两码事，要尊重专业的力量。

在陈刚看来，平安的"平台文化"，使平安集团的管理团队过于相信流程、规范、程序、关键绩效指标法（KPI）等模式化管理，强调的是管理和服从，忽略了化妆品行业需要有挑战精神和想象力的专业属性。职业经理人出身的谢文坚，就曾表现出对专业的"不屑"。他在接受记者采访时，对外界质疑他以"外行"身份接任家化时，他回答，"我作为一个高级管理层，80%的领导力其实和行业以及产品没有关系。在一个行业被证明是一个好领导，另外一个行业同样能做好。"①

正因为谢文坚过于相信管理的力量而忽略专业的属性，使他一到家化，不是先抓产品、市场，而是抨击葛文耀依靠个人思想、个人魅力管理企业的模式，对家化原有管理体制、机制进行大刀阔斧地"改革"。在2014年6月12日罢免王茁的股东大会上，他还慷慨陈词：上海家化要成为一家真正的民族企业、成为一家真正成功的国际一流的企业，必须按照国际一流企业的方式、方法、制度、文化来建设，如果不能按照现代化的管理，大吹民族企业走向世界是不可能的。

平安集团，是中国保险、金融领域里的佼佼者，但成功是不能复制的，隔行如隔山，忽略了行业的差异性和专业的力量，也许是平安在这次收购中犯下的第一个错误。

资本时代，有钱也不能太"任性"。

忽视企业家精神

有学者著文称，上海家化和平安信托的"联姻"，是一场"强势资本侵

---

① 崔玲.上海家化喝下洋墨水[N/OL].中国企业家，2014-12-31[2014-12-31].CBO化妆品财经在线.

蚀企业家精神的改制"。①

上海家化前总经理王茁认为,大股东对企业家精神的"践踏",才是对家化最大的伤害。

何谓企业家精神?

有关企业家精神的定义有多种说法,综合起来,企业家精神涵盖着创新、冒险、执着、敬业、不甘平庸、自我超越和社会责任感等特质。2017年9月25日,《中共中央国务院关于营造企业家健康成长环境弘扬优秀企业家精神更好发挥企业家作用的意见》正式公布,这是中央首次以专门的文件,明确企业家精神的地位和价值。媒体称,意见用36个字对弘扬优秀企业家精神提出要求,即"弘扬企业家爱国敬业遵纪守法艰苦奋斗的精神、创新发展专注品质追求卓越的精神、履行责任敢于担当服务社会的精神"。

王茁认为,上海家化之所以会有今天的幸运,就是因为有了葛文耀这样一位"有卓越产品感知力的企业家",以及他那种充满个性的永不服输的挑战精神。

王茁对平安入主家化后的一系列做法并不认同,他认为,在家化问题上,大股东的成功文化主导了其职业经理阶层的价值判断。首先,由于平安自身所在的是一个高速成长的行业,由此产生了盲目的自信,自认为有足够的掌控能力和管理能力,能够推动家化高速成长;其次,盲目认为家化所在的行业只要推动管理的职业化和现代化,未来的高速增长就是大概率事件;最重要的,是大股东虽然承认葛文耀对家化发展有一定贡献,但更多是认为他代表了一种落后的体制,其愿景、理念和行为模式与现代职业经理人格格不入,因此进行改朝换代就是势在必行的。

正是在这些价值判断的背景下,大股东忽视了不同行业属性之间的巨大差异,忽视了化妆品行业本土品牌在崛起过程中的大量失败案例,

---

① 黄文锋.企业家精神[M].北京:中国人民大学出版社,2018.

尤其忽视了企业家在推动战略性产品推出和推广过程中的关键作用。这样的认知和价值判断，导致平安无视企业家精神、甚至是践踏企业家精神，也许是平安在这次收购中犯下的第二个错误。

制度缺陷：制衡机制缺失

上海国资委原主任杨国雄则认为，在这场看似完美的"联姻"中，因为没有制衡机制，从"根"上就留下了隐患。

杨国雄：葛总当初对平安是太信任了。要改制，其实很简单的，像家化这种企业，经营者团队要保留一定是前提，必须是前提！不管怎么样，一个国家，一个地区，一个企业，乃至一个家庭，总是要有核心的，你没有核心的话，一盘散沙是做不成事的。而且核心形成以后，它有工作的连续性，这个是很简单的道理。

当然，如果完全按照传统模式的话，企业肯定搞不好，必须要有社会资本进来。那么，这个社会资本不能一股独大，如果进来的社会资本只有相对大股东，没有绝对大股东，都是10%左右的股权，然后几个10%形成了100%，就可以互相制衡，不是只有一家大股东有话语权。你看平安，我出51亿元，就是我说了算。所以，在经营者团队和资本团队抗衡的时候，经营者团队是无能为力的。

杨国雄认为，在家化这个国企改制的案例中，应该汲取的教训就是，到底什么样的体制设计会更合理、更有利于企业的良性发展？他比较赞同当下推行的国有企业混合所有制改革，混合所有制可以由多方组成，互相制衡，这样的机制，可能更利于尊重经营者团队的创造力。

杨国雄：混合所有制，就是我们过去所说的天使基金，它是看长远的，不是急功近利的，这种基金在混合所有制的比例中要占一部分。所以，风投、天使和其他社会资本投资混合起来，很重要的一点就是不要一股独大，应该由无数的小资本组成。那么，这些人要统一思想来对付经营者是很难的。

如果上海家化当初的改制采取混合所有制，有多个相对大股东组成董事会，大家都有话语权，就绝对不会出现大股东肆意妄为、说一不二的局面，经营者团队就不会轻易遭否定，葛文耀也就不会被随意罢免。

"家化就是在我手上改的"，提到当初的改制，杨国雄说，"当初的本意是觉得，葛文耀是家化的灵魂人物，企业发展离不开他，希望他多做几年。"

"唉，不说了……"杨国雄叹了口气，摆摆手，没有就这个话题再谈下去。

第五节　硝烟散去，没有赢家

从2013年到2020年，时间已经整整过去了7年。这7年，上海家化和葛文耀的勾连渐行渐远，无论是消费者还是家化员工，人们已经开始接受上海家化烙上的那个平安印记。再过几年，年轻一代可能根本不会知道上海家化曾经的辉煌。

只是，7年前那场纷争带来的伤害，让当事人都难以忘怀，因为，这场"战争"，没有赢家。

平安：虽赢犹败

上海家化是平安集团在上海参与国企改制收购的第一个项目，在平安集团原本的计划中，收购上海家化仅仅是投石问路，第二个目标就是上海医药，接下去还有第三个、第四个……

收购上海家化不久，平安集团董事长马明哲就曾带着王佳芬一起来到上海国资委。王佳芬是上海光明乳业有限公司原董事长兼总经理，当时的身份是平安信托的副董事长。

接待他们的，是上海市政府的一个副市长和时任国资委主任的杨国雄。杨国雄回忆说，他们来的主要目的，就是提出要收购上海医药。

上海医药集团股份有限公司也是一家上市公司（股票代码601607），是上海国资委控股的国有企业，也是上海发展生物医药产业的龙头企业。

"他们提出要收购上海医药，我和马明哲说，你先把上海家化做做好。"杨国雄的话虽不多，但对方听起来却很有分量。据说他们后来私下里提到杨国雄都说，"这个主任说话蛮厉害的，不留情面。"

在杨国雄看来，平安刚刚收购上海家化，紧接着又想收购第二家，作为国资委主任，他需要观察一段时间，看看这第一个改制案例效果到底如何。不久后，就爆出平安违背承诺的"罢免事件"。

杨国雄说，尽管平安当初的很多承诺都是口头的，合同上没法制约它，但惩罚它的最好的办法，"就是下次我不跟你玩了！"

平安集团直投部原总经理陈刚也证实，在平安内部，的确已经将上海作为平安集团的第二总部，他曾跟马明哲一起去拜会过上海市委的主要领导。当时，上海还有几家和上海家化类似的国资背景的上市公司，平安高层甚至都具体讨论过，有哪几家是可以继续"拿下"的。

陈刚：如果那时候，我们跟葛总这单做得很好，是有机会在上海拿下更多的收购项目的。当时平安在上海一年纳很多税，发展确实非常好，上海政府层面，上上下下对平安还是很好的。

上海家化的改制，不论是对上海市政府，还是平安集团，都有着"投石问路"的意义。显然，平安的这块"石头"投歪了，继续参与上海国企改制的这条路，肯定会受到负面影响。

杨国雄的看法更为直接，他说，大股东和经营者团队之间意见有分歧，甚至想换人，都很正常，不能说谁对谁错。但是有一点，你不能把人往死里整，完全可以人性化操作。

杨国雄：我们常说好聚好散嘛，谈得拢就谈，谈不拢散伙也可以，你不能像搞阶级斗争一样，把人往死里整，这是没有人品的表现！

葛文耀：壮志未酬，无奈出局

2013年的5月13日和9月17日，是葛文耀一生中，最让他五味杂陈的两个日子。这两个日子，一个是他被平安罢免家化集团董事长和总经理职务的日子，一个是他被迫辞职彻底告别家化日子。

2017年9月17日，葛文耀发了个微信朋友圈，用了一张当天的日历照片，照片上写了两行文字："1.26,8.19,6.17,3.28,9.17,这些日子都是我人生中重要节点，或者说新的开始。"后面附了个愉悦的笑脸。

3.28，是葛文耀1985年3月28日进家化厂当厂长的日子；9.17，正是葛文耀2013年9月17日离开家化的日子。上海家化前总经理王茁在这条微信下留言："4年前的今天，含泪送您离开办公室，记得一直送您到楼下……"

一个一生叱咤风云、功成名就，本该以鲜花和掌声谢幕的优秀企业家；一个敢与外资抗衡、打造国货品牌，本该被人们铭记的标杆性人物，却被以这样的方式黯淡出局，为自己呕心沥血耕耘家化28年的辉煌历程，画上了一个并不圆满的句号。他为家化集团描绘的转型时尚产业的美好愿景，也随着他的出局戛然而止。壮志未酬身先离，这样的结局，不论是对葛文耀本人，还是作为上海培养起来的优秀企业家，都实在是有些悲壮。

时间，可以让一些东西沉淀下去。6年后，再提当年的"平安事件"，葛文耀说："平安事情我有责任"。

葛文耀：我这个人从来就是做事情敢做敢当，不赖账的，我承认的，平安事情我有责任，是我没处理好，我对员工、对国家都有责任。

没处理好的原因有很多，当然这里面有我的责任。

第一，一开始我不懂基金。整个改制方案是我提的，包括我跟政府说不要基金，就找了几个实体企业，都是我的意思。当时找我的基金有25个，中国有名的基金都来找我，我对基金不看好，认为基金进来都要走。现在想想当时错了,基金进来后走没有关系,它进来能够改变你的机制、支持你发展就可以了。假如说有5个基金进来,如果你做得好,他们一定是会保证你做下去的;如果做不好,那你就应该下来。是我自己选择错了。

第二,谈判时我太自信。当时平安承诺了很多条件,我都没要求他们写下来,包括我走的时候给我的承诺,承诺期权全部给我,也都没写下来,我太自信了!还有,我可以要求在董事会章程里增加一条"一致性通过"的条款。董事会通过决议有三种形式:一种是全数通过,一种是2/3通过,一种是一致通过。家化集团董事会是第二种,2/3通过,但他们是三,我们是二。我假如防备他们,就应该写一条章程,规定公司重大问题必须一致通过,那么没有我的同意你就通不过,这样他们就撤不了我。当时摩根士丹利买了我三亚万豪酒店25%的股份,1/4,他们就给了我9个一致通过的条款。这样,机制就会改变,就不是你说了算。其实我懂的,但当时我觉得没必要,这么多年做下来,我太自信了!

第三,出了事情后,我自己没有处理好,我没有想到直接和马明哲沟通。假如当时我能和他沟通得好一点,可能不会有那么多的误解。当时发微博也是他们逼我的,那时候他们已经在搞我了,不然我怎么会发微博呢?当初讲好不派人的,突然说上市公司董事会要派两个人,那已经不相信我了。然后就开始派人审计,搞得我很恼火,我就发了条微博,说你们只能管集团,马明哲很不高兴。

所以这件事情是我没处理好,跟我自己性格也有关系。我比较清高,我一没做过假账,二没贪污过钱,我怕你们查?当时应该去找找马明哲,交流一下就好了。这个事情我从来不推卸责任,我在国企碰到过那么多的问题和挫折,我是过五关斩六将,但最后在这个事情上,走麦城了……

上海家化:昨日翘楚,风光不再

在场风波中,受到伤害最大的,是上海家化这家曾经的中国本土化妆品行业的翘楚企业。

2013年葛文耀离开上海家化时,上市公司市值达到389亿元(家化集团还有30多亿元非化妆品资产),年度销售收入50多亿元,年度净利润10亿元,上缴税收超过7亿元,在上海所有制造企业当中排名前20位。有评论说,上海家化是中国唯一一家能与国际大公司进行正面竞争的化妆品公司。

2019年,平安收购家化集团6年后,在出售了家化集团和上海家化价值50多亿元的非化妆品业务的资产后,上海家化的化妆品利润却下降了70%,市值下降了50%,相继被销售规模不足上海家化1/3的广东丸美公司和2016年才创立的民营企业珀莱雅超过。被誉为"民族瑰宝级品牌"的佰草集,品牌优势被透支,研发、销售人才大量流失,6年间人才流失300多人,公司经营质量和造血功能都在急剧下降。

一个曾经优质的上市公司,现在每每被人提及,都会摇摇头叹道:可惜了!

2016年11月28日,葛文耀发了一篇长微博,实名举报谢文坚,称其仅用3年时间就"掏空"了上海家化这一优质企业。

第三章

一辈子只做了一件事

本章提示：中国最大的化妆品厂，脏乱差像个"煤球厂"；上任7天，他对上海市领导说："我想做得好的"；5年后，他交出了一张满意的答卷；合资时他留了个"心眼"，多年后留下的青山郁郁葱葱；不忍国货凋零，他坚决请辞庄臣；"田忌赛马"，从低端市场发力；"移植"来的品牌经理人制度；"毛利"让企业可持续发展；花巨资买回的美加净，又为何徘徊10年缓步不前？从六神到佰草集，中国本土化妆品牌如何成功逆袭？非典"催生"出来的家安；一波三折的药妆玉泽；离开前1个月，他推出了最后一个品牌启初。

1984年10月20日，党的十二届三中全会通过了《中共中央关于经济体制改革的决定》，这个决定的重大意义在于，首次突破了计划经济与商品经济对立的传统观念，第一次明确地指出，中国的社会主义经济不是计划经济，而是以公有制为基础的有计划的商品经济。

尽管中国正式提出"社会主义市场经济"是在8年后，但在当时的历史条件下,能够明确地指出社会主义经济是有计划的商品经济,已是相当大的突破。特别是,"决定"强调整个经济体制改革的重点是城市,增强企业活力是经济体制改革的中心环节。

正是在这个《中共中央关于经济体制改革的决定》精神的指导下,1985年,以城市体制改革为重点的经济体制改革,在中国大地全面展开。

第一节 弄堂里起步

1985年,是20世纪80年代承前启后的一年。改革开放后冲破思想禁锢的中国人民,把80年代活成了敢想、敢说、敢做的年代。

这一年,中央电视台可以为当年春晚的失败,放下身段在《新闻联播》中公开向全国观众道歉。这是央视第一次、也是截至目前唯一的一次,为春晚失败公开道歉。

这一年,时任中央军委主席的邓小平宣布,中国政府裁军100万人。以经济建设为中心,成为全党、全军、全国人民的共识。

这一年,9月10日被确定为中国第一个教师节,尊重知识、尊重教育、尊重人才蔚然成风。

走马上任

1985年的上海,相对南方经济建设大潮的风起云涌,这个"共和国的长子",仍旧封闭在计划经济体制下。城市建设滞后,物质紧缺依旧,十里"洋场"南京路和城市中心人民广场,随处可见人们运输、载客的主要交通工具——三轮车,上海人将其称为"黄鱼车"。

这一年的3月28日,位于上海虹口区保定路527号的上海家用化学品厂(上海家化联合股份有限公司的前身,以下简称家化厂。——记者注),迎来了一个戴着眼镜的文质彬彬的青年。工人们没有想到,这个骑着自行车来报到的瘦弱青年,就是他们的新厂长。从这一天起,葛文耀走马上任，开始了他28年的家化生涯。

那一年，他38岁。

原家化厂的一名员工，还清晰地记得葛厂长刚上任时的样子。

原家化厂员工：走进屋内，看见一位身着藏青色中山装的青年人，戴着一副秀郎架的眼镜，微笑着，我当时心想，可好，来了一介白面书生！与其说是厂长，还不如说更像宣传科长，太文质彬彬了，做得久吗？几个月后说不定又要换人！

20世纪80年代，中国提出了干部队伍的"四化"方针，即革命化、年轻化、知识化和专业化。在此背景下，有着大专学历的葛文耀，从上海日用化学品公司计划科副科长的位置上，直接被任命为家化厂厂长。当上级领导征询他的意见时，葛文耀一秒钟都没犹豫，立即说："我可以的。"

年轻时的葛文耀，比较敬佩的企业家是张瑞敏。1985年，海尔集团还没成立，张瑞敏刚刚出任濒临倒闭的青岛电冰箱厂厂长不久，拎着把大锤怒砸76台质量不过关的冰箱，给葛文耀留下深刻的印象。多年后，这把铁锤被国家博物馆收藏。2019年，新中国成立70周年献礼片、电视连续剧《希望的大地》，把这一桥段移植给了剧中主人公马尘，只不过冰箱换成了电视机。

而此时，小他4岁的王石还在深圳卖饲料、卖仪器，靠"倒买倒卖"赚得第一桶金；长他3岁的任正非从工程兵复员转业后也到了深圳，南海石油后勤服务基地的工作，显然让他难以施展抱负，2年后他创办了华为。

上任第7天，上海市的一位领导带着外宾来到家化厂参观，满目所见是破烂的厂房，整个工厂都被生产车间填满，行政办公场地都挤在车间边边角角搭出来的阁楼里。没有仓库，原材料和装化妆品的玻璃瓶全部堆在马路边上，整条保定路靠家化厂的一边堆满了玻璃瓶，小孩子在玻璃瓶堆里打闹嬉戏。

这位市领导是第一次来家化，他怎么也没想到，全国最大的化妆品生产厂,条件会这么差,这让他觉得在外宾面前很没面子。临走时,市领导在电梯里很不满意地问葛文耀:"你搞得好吗?"葛文耀轻声回答:"我想我做得好的,我才来了7天。"

20世纪的80年代,人们还生活在物质紧缺的计划经济的影子下。当时日化用品被分为三大类,牙膏、洗衣粉、肥皂是生活必需品,属于一类大商品,生产资源向一类大商品倾斜;化妆品可有可无,被划入三类小商品。十年"文革"期间,化妆品被戴上了为"帝王将相""才子佳人"服务的帽子,劳动人民不需要化妆品。所以,尽管家化厂是专门生产化妆品的,在当时却不能叫化妆品厂,只能叫"家用化学品厂"。当时的家化厂只生产一些低端的面霜和花露水,主打产品就是雅霜和友谊。

葛文耀走马上任时,位于保定路东余杭路路口的家化厂,只有一栋方方正正的6层厂房,固定资产400万元,年产值1亿元,销售收入9 000万元。

葛文耀:当时400万元固定资产是什么条件?公司里生产场地把仓库挤掉,仓库把办公和生活场地挤掉,没有食堂,没有洗澡的地方,办公室都搭在阁楼里,工人们管负责基建的副厂长叫"搭阁楼厂长"。我去的时候,我的办公室就在阁楼里。

葛文耀回忆起刚到厂里时的情况连连摇头。当时家化用来做膏状化妆品的均质机,全部是用搪瓷材料的,而此时国外化妆品企业用的均质机,早已采用不锈钢材料的了。

王洮是中国恢复高考后第一批毕业的大学生,20世纪80年代初被分配到家化厂做技术员。她曾经撰文回忆当年刚到家化厂报到时的失落。

暑假过后,我拿着通知兴冲冲地来到久负盛名的家化报到。找到东余杭路口,首先映入眼帘的是那幢灰蒙蒙、破旧不堪、摇摇欲坠的旧楼。虽然有点怀疑自己是否找对了地方,可是那块白底黑字的牌子,分明写着上海家化。进了大门,仿佛一脚踏进了煤球店,脏兮兮的过道,呈黑灰色的白墙,阴暗的光线,不断有身穿油黑制服的工人们,推着装花露水的小车进进出出,哪里像化妆品厂啊?分明是煤球加工厂嘛!门卫让我去四楼的人事科报道,登上那陈旧不堪的木楼梯,不停地嘎吱嘎吱的作响,我小心翼翼地一步一步向上爬,生怕踩断了木板,掉下楼去。以后要在这儿工作一辈子?心里一阵茫然。

——王洮《家化的一点回忆》

即便如此,上海家用化学品厂还是当时全国最大的化妆品厂,厂里的三条生产线开足马力三班倒生产雅霜,还完不成生产计划,要靠外面的9个加工点补充产能的不足。葛文耀第一次到加工点去,看到的情景,像一帧画面一样定格在他的脑海中:里弄的阴沟上搭了个简陋的工棚,生产化妆品用的膏状半成品,就放在一个个塑料桶里,上面盖着塑料布,风一吹,塑料布被掀起,桶里落了一层灰。

原来,销往全国各地的护肤品雅霜、友谊,就是在这样的环境中生产出来的!

刚刚上任的葛文耀,面对的是一个成本失控、质量失控、计划失控的局面。

"机会成本"和"边际收益"

除了生产落后和管理失控,葛文耀面对的,还有人们头脑中根深蒂固的"左"的观念。

1985年的国有企业,还没有市场经济的概念,"政治第一"仍是企业领导秉承的管理"法宝"。那时候,厂里每周都要组织政治学习,大会小会不断,生产给学习让路。高音喇叭里,时常传来嘹亮的政治口号。

"政治第一"还体现在生产资源的分配上。厂里朝南又大又亮的办公室是属于保卫科的,而厂中心实验室却被安置在阁楼间,所有的技术人员挤在一个狭小的空间里,进出都要把椅子推进桌子,侧身才能通过。

整个实验室,只有一个自来水龙头。

偶尔有外国公司来厂里技术交流,外宾接待室里一定坐着保卫科科长,每次会议一结束,保卫人员立即拿走所有的样品并收管。一次,一位技术人员和外国工程师直接用英语交流了几句,立即被保卫人员制止,"你怎么可以和外国人说外语啊?想里通外国?"随后,这位技术人员就被取消了见外宾的资格。

同时,"文革"的派系影响还在继续。在家化厂,原党委书记、厂长也分成两派,从上到下,为了一些观点不同,两派依然斗得不亦乐乎。新厂长来了,自然成为两派的"拉拢"对象,争相给新厂长灌输一些自己的观念。所以,葛文耀一到企业,就有20多个干部预约找他反映情况。

新官上任后的第一次职工大会,葛文耀对全体职工说,"谁都不要到我这里来告状,我没有精力、也没有能力来处理以前遗留的纠纷,我们要把所有的精力花在发展企业上"。

职工们发现,这位年轻的新厂长讲话和以往厂领导不一样,没有一句口号,也没有一句大话空话,都是应该如何发展生产等实实在在的内容。职工们第一次听到葛厂长讲产品、讲品牌、讲市场,而不是像以前的厂领导那样讲大道理、讲空洞的目标,感到格外新鲜。

没过多久,职工们就看到了变化:保卫科搬进了那又小又窄的阁楼间,中心实验室则从阁楼间搬进了保卫科的大办公室;对外交流,再也见不到保卫人员那双炯炯有神的眼睛;喧闹刺耳的高音喇叭也安静了下来;生产环境得到改善,员工的食堂、浴室相继建起;全厂大会,听到的不再是空洞的口号,取而代之的是现代企业经营理念和市场、销售分析。

家化厂的员工第一次知道,原来企业可以这样来管理!

葛文耀在就任家化厂厂长之前,一直从事行政工作,既没有在公司下属工厂挂职的经历,也从未搞过具体的经济工作。但好学的葛文耀接受了很多西方经济学的理念,懂得用机会成本和边际收益来为厂里的生产谋篇布局。

机会成本,指利用一定资源获得某种收入时所放弃的另一种收入,目的是使有限的资源得到最佳配置。机会成本是经济学原理中一个重要的概念。

当时家化厂总共只有两个大专生,这些概念,对于那些只有初中文化的科室管理人员来说,如天方夜谭,根本听不懂。葛文耀就深入浅出、耐心地一遍遍做着启蒙和说服工作。

当时厂里对生产现状形成两种意见:一种意见是,家化厂每年给国家交了那么多的税,应该伸手问国家要钱增加生产线;另一种意见认为,国内化妆品都是这样生产的,没必要大动干戈花钱改造,外面加工点做做好了。

这两种意见都遭到葛文耀的否决。当时国家改革开放刚刚起步,经济建设欠账太多,家化厂又不属于国计民生行业,国家不可能有富余的钱给你去改造生产线。如果继续维持现状,企业根本无法发展。他提出了两个调整:调整产品结构、调整生产布局。

他给厂里算了一笔账。

葛文耀:当时雅霜三条生产线、三班倒生产还不够。我就用西方经济学的"机会成本"概念跟大家讲,我们场地有限,而且我们的工资、奖金总额是限定的,当时国家规定,工资、奖金、加班费加在一起,家化厂一个人一个月的收入不能超过60块,你加班拿了加班费就没有奖金。我们做雅霜这么忙这么累,还要加班,质量还管不好,从"机会成

20世纪80年代上海家化保定路老厂美加净发乳生产线

本"来说不划算。而且在厂里生产雅霜,100元利润,我们只能留利3.29元,但是拿到外面联营厂去做,我们留利可以拿到32%,增加10倍!

把厂里的主打产品雅霜"丢给"联营厂生产,让厂里的很多老人想不通,科室里的人也颇多微词。葛文耀苦口婆心、用了20多天说服了厂里的管理团队接受他的理念,将价格低的主打产品雅霜、友谊,从加工点转到联营厂——也就是当时的乡镇企业生产,同时将厂里的3条生产线解放出来,增量生产很受市场欢迎的美加净银耳霜、露美等在当时来说相对高端的产品。

当时,上级对下属企业的管理,还没有脱离计划经济的观念,流行"鞭打快牛"的做法。所谓"鞭打快牛",就是如果企业今年的销售增长较快,明年上级给你定的指标就会跟着"水涨船高"。所以,很多企业管理者在上报数据时都会有所保留,"藏"着一块留给下一年,以保持每年都有不同程度的"增长"。

但在葛文耀看来,企业的管理者应该是对市场负责,而不是对上级负责。况且,按照经济学中"边际收益"的原理,企业只有做得越大,效益才会越好。

"边际收益"是厂商分析中的重要概念。所谓"边际收益",指增加一单位产品的销售所增加的收益,即最后一单位产品的售出所取得的收益。企业总收益随销售量增加而同比例增加,也就是说,产出越大,销售越多,效益就越好。特别是在知识依赖型经济中,随着知识与技术要素投入的增加,产出越多,生产者的收益呈递增趋势就越明显,这就是"边际收益"的递增规律。

尽管1985年的中国,尚未提出"市场经济"的概念,但接受了很多西方经济学理念的葛文耀知道,"有计划的商品经济"同样会面临市场竞争,而且随着改革开放的不断深入,中国的市场竞争一定会越来越激烈。因此,葛文耀对待市场份额的态度从来就是绝不保守,能抢占多少就抢占多少。

葛文耀：我到家化20天，第一次做报告就讲，企业最重要的就是产品。我们每个品牌先要做到1 000万元，再做到5 000万元，再做到1个亿。我们一定要有单个品牌过5 000万元的产品，这样，我们才会有强大的市场竞争力。

那时的葛文耀，已经有了初步的市场经济和品牌的概念。

利用联营厂淘到"第一桶金"

联营厂即定点生产的代工厂，现在通常称之为OEM。在改革开放初期，联营厂多为乡镇企业。

上海家化的联营厂在20世纪80年代末，最多发展到7家。葛文耀后来在总结联营厂模式的经验时，将其归结为两大优势：第一是"轻资产"，企业不用添加生产场地和设备，减少了固定资产的投入成本；第二是优化人员结构，企业不需要养更多的工人，腾出有限的资源可以招收市场经济需要的人才。这两大优势，让家化厂在众多包袱沉重的国有企业中，难得地做到了轻装上阵，赢在了起跑线上。

同时，联营厂享受的优惠的政策，也让家化厂淘到了"第一桶金"。

20世纪80年代，国家为了扩大企业自主权，给了联营厂留利的税收优惠政策。产品100元的利润，在家化本厂生产，要上交国家所得税55元，增值税40.1元，还要上交日化公司生产基金、福利奖金等，最终只能留利3.29%；在联营厂生产，可留利32%。从3.29元到32元，几乎整整多了10倍！联营厂的低成本、高留利，为上海家化积攒了可自主支配的第一桶金。

企业第一次有钱了，但年轻的葛厂长，没有像当时同样靠联营厂税收政策翻身的日化公司其他厂一样，躺在留利上小富即安，而是拿赚来的第一桶金开发新产品，拓展销售渠道，也就是抓两头：科研和市场。葛文耀知道，国家的优惠政策总有一天会取消，他必须居安思危，练好企业内功。

1988年，葛文耀对工厂建制的家化厂原有的生产型结构进行了改革，只设一个生产部，不再招收生产工人，厂本部只招管理人员和技术人员，并且下大力气引进企业未来发展需要的白领科研人员。家化厂在国有企业当中，最早建立起市场部、审计部和法律部，人员结构从原来的"棒槌型"（科研、市场人员比重小、生产工人比重大。——记者注），做到了科研、市场两头大的"哑铃型"。也就是后来通常所说的，在"微笑曲线"的两端——研发和营销上发力。

多年后，葛文耀在谈到企业设立市场部的作用时，将市场部概括为两大功能：第一，不要失去市场机会；第二，在市场发生变化时，可以及时调整策略、应对变化。

葛文耀：如果我做50亿元销售，能够及时发现企业存在的问题，我就会很坦然，因为这样可以及时纠正问题，就会做到100亿元。所以，我们每年年会就解决两个问题，第一看看有没有市场机会，第二看看自己什么地方做得不好，做得不好也是机会。如果发现不了问题，我就会很迷惘。我们市场部有专业的机构、专业的人才、专业的业务流程，它会帮助你去应对市场变化。

到2013年葛文耀离开上海家化时，公司的生产工人仅占全体员工比例的百分之十几，而市场部已经发展到了100多人。

兑现承诺

这一时期，葛文耀搭准了市场的"脉"。

改革开放后，人们口袋里开始有钱了，都市女性开始注重美了，而此时境外化妆品还未进入中国市场，国产化妆品仍是"刚需"。

家化厂把重点放在研发适合都市需求的中高端化妆品上，陆续推出了美加净系列产品，创下了多个中国第一：中国第一款摩丝——美加净护发定型摩丝；中国第一款护手产品——美加净护手霜；中国第一款香水——美加净香水；中国第一款防晒霜——美加净防晒霜；中国第一款二合一洗发香波——美加净香波。"在 20 世纪 80 年代,美加净成为中国化妆品第一品牌。不可否认,它对中国人追求美的生活方式产生了重要影响"。[①]

1989 年的夏天,葛文耀刚上任时视察过家化厂的那位市领导再次来到保定路上的家化厂,看到了一个完全不一样的景象:一幢新的大楼拔地而起,周边环境整洁有序,马路边上一堆堆的玻璃瓶早已不见踪影,大楼的 6、7 两层是家化公司的科研中心,宽敞的走廊上铺着地毯,整幢大楼全部装着空调,进进出出的大多是科研和管理人员。这样的办公环境,完全颠覆了当时人们对国有企业的印象。短短几年时间,家化厂呈现出跨越式发展,产品品牌从主打的雅霜、友谊,到后起之秀美加净、露美、六神等,上海家化的品牌矩阵雏形初现。

4 年前电梯里那段简单的对话,言犹在耳——"你搞得好吗?""我想我做得好的。"

葛文耀兑现了当初的承诺。

从 1985 年葛文耀接任厂长,到 1991 年家化与美国庄臣合资,这个时期是家化厂发展最快的时期。此时,家化的竞争对手还只是国有企业和乡镇企业,葛文耀领先的市场观念和方法,很快就把竞争对手远远抛在了后面。1990 年,家化厂的固定资产,已经从 5 年前的 400 万元增加到 6 000 万元,销售总额从 9 000 万元增加到 4.5 亿元,把排在第二位的、年销售额 1.5 亿元的上海日化四厂,甩开了三分之二的距离;全年利税 1 亿元,在全国所有的

1990 年参加家化公司职工运动会时拍摄

---

① 李飞,薛镭.上海家化成功之道[M].北京:机械工业出版社,2012.

企业中排名 200 多位。

1985 年,葛文耀在上任后的第一次职工大会上,他曾对全体职工说,家化一定要有"单个品牌过 5 000 万元的产品",他做到了。在全年 4.5 亿元的销售额中,有近 3 亿元是美加净贡献的。

企业发展了,员工的收入也增加了。家化厂的年人均工资,从 1985 年葛文耀刚接手时的上海轻工业局最低,一跃成为全局最高,1990 年人均年收入达到 5 000 元。要知道,当时人们普遍的月工资还不足百元!

值得一提的是,这些经济数据的背后,折射的是人的观念和企业生存法则的变化。

当年与葛文耀同时到家化厂就任的,还有一个从上海洗涤剂厂调来的党总支书记。当时家化厂 700 多员工,就有 20 多位脱产的政工干部。党总支书记带着一帮脱产的政工干部,每年要搞许多形式主义的学习,到了年终总结工作,政治学习的成效就是"企业的业绩上去了"。葛文耀非常反感这种"贴标签式的思想工作",一直强调思想工作的落脚点是要提高人的素质。由于观念不同,党政总会有些矛盾,但葛文耀抱着"不争论"的态度,集中精力去抓业务。企业快速发展了,员工生活明显改善了,葛文耀再潜移默化地做思想工作,让事实说话,许多政工干部都转变了观念。

葛文耀:到一个新的单位,你要把 95% 的精力放在业务上。业务发展了,95% 的人际关系就迎刃而解了,你只要处理 5% 的人际关系就可以了。反过来,如果你一开始就去关注人际关系,就会陷进去,最终一事无成。

从 1985 年到 1990 年这 5 年间,葛文耀不仅是在物质上改变了家化,更重要的是改变了人的观念,让一个计划经济体制下的传统、僵化的国有企业,提前接受市场的摔打。在人才、观念、运作方法和企业财力等方面,为家化在即将到来的开放的市场中参与外资竞争,做了全方位的准备。

"我的品牌观念来自市场观念"

葛文耀:中国化妆品迎来黄金时代,是在改革开放以后,因为改革开放以后老百姓有钱了,以前吃都吃不饱,还用什么化妆品?每次有外宾来参观,我都讲这句话。

我的品牌观念是从市场观念中一点点来的。刚到家化时,很多政工干部跟我搞,我不跟他们搞,我把业务做好了,我就有发言权,员工就都拥护我。家化的固定资产从 400 万元到 6 000 万元,只用了 5 年时间。那个时候我增长最快了,我没对手呀!

后来发现,联营厂这个模式对我来讲太好了!为什么?关键是人员结构对家化有很大帮助,我不要养这么多工人,我的人员结构比外资都好。我 1988 年开始计划控制不招工人,就是招管理人员,以后我的人员结构就像领导讲的哑铃型,我就是两头大——科研和营销两头去做。

我对科研、市场很重视,一般管理人员很少,这样价值曲线就很好了,否则你是低端的嘛。家化为什么高毛利?就是人员结构好。我用联营厂的生产基地来做,生产计划我来给,质量我控制,他们赚了钱就添设备、添厂房,我工人几乎不增加了,资产结构也比较轻。

这段时间,家化开发产品非常领先的,我赚了钱赶快拿来发展,就是固定资产投资和产品开发,开拓销售。美加净当时是我的中、高端产品,销售非常好。

我 1988 年就成立了审计跟法律部门,加强内部控制,加强内控是国际上的企业管理理念。说老实话,央企 2005 年才成立审计部门,我比他们早了多少年!1989 年我就成立了市场部,但那时的市场部只是收集信息,不算是真正的市场部。

第二节　留得青山在

改革开放初期,中国的经济建设百废待兴,利用外资,是当时中国对外开放的举措之一。彼时的中国,正处在从计划经济向市场经济转轨的过程中,国有企业产品单一、设备陈旧、技术落后、资金紧缺。一方面,是中国的大部分工厂里,还在使用着半个世纪前的机器设备,生产着几十年一成不变的产品;一方面,是中国的老百姓刚刚摆脱物质紧缺的阴影,随着生活的逐渐好转,消费市场难以满足百姓日益增长的物质需求。要解决这些紧迫的问题,引进技术、引进设备、利用外资,无疑是最直接、最快捷的方式,中外合资经营企业应运而生。

被美国庄臣"相中"

20世纪80年代末、90年代初,全国一片"合资潮",从中央到地方,引进外资成为头等大事,上海也不例外。

在这个大潮的裹挟下,美国的一家跨国公司瞄上了上海家化。上海社会科学院的学者、作家赵鑫珊在他的《走出忧患》一书中,曾有过这样的描述。

1989年盛夏的一天,一架国际航班的客机降落在上海虹桥机场,飞机上只有3位客人,这3位客人是美国一家销售额达30多亿美元的著名跨国公司美国庄臣父子公司的代表,他们在这个时候来到坚持开放的中国,要在上海这个最大的工业都市寻找合作伙伴,他们的眼睛紧紧瞄准了上海家用化学品厂,认定与该厂合作能在中国辽阔的化妆品市场上一展宏图。①

《走出忧患》书作者赵鑫珊　　1997年上海文艺出版社出版的《走出忧患》

---

① 赵鑫珊.走出忧患[M].上海:上海文艺出版社,1997.

此时的家化厂正处于上升阶段,年销售额已经达到 4.5 亿元,利税 1 亿多元,中国化妆品龙头企业的地位已经确立。正因为家化骄人的业绩,才会被美国庄臣父子公司看中。

面对美国庄臣抛来的"橄榄枝",上海市政府敞开了开放的胸怀。

1989 年访问美国庄臣(中立者为葛文耀)

但身为总经理的葛文耀,对合资却有些犹疑,因为,此时的家化已成为中国化妆品行业的翘楚,拿这样一个利润丰厚、有着大好发展前景的国有企业去和外企合资,葛文耀很是不舍。

还有一个原因,让葛文耀对这次合资并不看好。美国庄臣公司以生产腊制品和杀虫剂闻名世界,中国百姓熟悉的雷达杀虫剂、碧丽珠家具光亮剂和威猛先生家用清洁剂,就是庄臣的主打产品,化妆品并不是它的专长。1987 年,美国庄臣父子公司与上海日用化学工业开发公司(原上海日化三厂)共同投资,成立了合资企业上海庄臣有限公司,主要生产腊制品、皮鞋油、杀虫剂等。葛文耀认为,美国庄臣根本不懂化妆品。

由于葛文耀在合资问题上的犹疑,让当时的上海市政府主要领导有些不满。在一次全市大会上,葛文耀被市领导公开点名:"葛文耀为什么不想合资?"当时参加会议的上海轻工业局局长,坐在下面忐忑不安。

尽管不情愿,但处于中国改革开放、引进外资的历史大潮中,葛文耀身不由己。

谈判逸事

与庄臣的合资谈判葛文耀全程参与,那是一个相当繁琐、漫长的过程。

家化厂一个当年参与过合资谈判的技术人员,回忆过这样一个情节:一位美国庄臣公司聘请的律师,有一次竟然对家化谈判人员说了句侮辱性的脏话,葛文耀得知后,义正词严地让那位美国律师当面向家化的谈判人员道歉。

事情的起因是这样的,当时与庄臣的谈判已接近尾声,庄臣从美国聘请的律师提出,因为家化曾与法国的欧莱雅和日本的嘉娜宝有过技术合作,庄臣方面担心对方会有误解——认为庄臣公司与家化合资,是觊觎这两个国际化妆品公司的技术。他要求家化出个证明,证明美国庄臣公司与家化合作不是为了窥视这两家公司的技术。谈判的家化副厂长没辙了,打电话让葛文耀过去。葛文耀到了后对那位美国律师笑着说:"合作还没开始,如果我们出个证明,不是开门让庄臣偷技术吗?"葛文耀的意思是,如果家化一旦开出这个证明,等于一下免除了庄臣的所有责任,那庄臣不就是可以毫无顾忌地窃取欧莱雅和嘉娜宝的技术了吗?美国律师觉得葛文耀讲得有道理,便问应该怎么办?葛文耀说:"很简单,由家化行文给欧莱雅和嘉娜宝两家公司,说明'家化奉政府要求与美国庄臣公司合资,与贵公司合作的产品、资料、设备和有关人员都留在家化母体。如果15天内没有收到回复,就视作同意这个安排'。"

行文发给两家公司后,欧莱雅负责与家化技术合作项目的沙蒙马上回信,表示由于他们的原因,丧失了与家化合资的可能,深表遗憾。后来,他还特地派欧莱雅香港公司的总经理飞到上海,在希尔顿酒店送别葛文耀,并送了他一个水晶果盘作为纪念。

当时，庄臣公司为了方便谈判沟通，除了美国派来的律师团队，还在上海委托联谊大厦的一个美国律师，处理有关中国方面的法律问题。由于家化给欧莱雅和嘉娜宝的行文中，有感谢两家公司的礼貌用语，上海的这个美国律师看到行文的内容后，竟对家化的谈判人员爆出粗口："你们怎么像个婊子一样，要跟庄臣合资，还要讨好法国人和日本人？"在这个美国律师的眼里，认为家化合资是要高攀美国庄臣，他从骨子里就看不起中国的企业。

当时葛文耀并不在场，事后听说这件事，非常愤怒。第二天，他特意穿了一件很旧的 T 恤衫，跟着受辱的家化谈判人员，一起来到联谊大厦那家美国律师事务所。

因为以前没见过面，那个美国律师并不知道葛文耀的身份，只是瞟了他几眼。

葛文耀不动声色，让家化谈判人员送上拟好的两份给欧莱雅和嘉娜宝两家公司的行文。

那位美国律师翻了翻那两份行文，又说了一句："你们为什么要讨好法国人和日本人？"

葛文耀走上前去，厉声对他说"我也是律师，我认为你不配做律师！昨天你侮辱了我们，今天你必须向我们道歉，否则我保证，你做不了这单生意！"

尽管不知道葛文耀的身份，但葛文耀的气势震慑了这位美国律师，他立即红着脸点头哈腰地向葛文耀和家化谈判团队道歉，一连声地说"sorry"。站在旁边的对方的两个中国雇员，见此情形忍不住捂着嘴笑，可能平时这个老美对他的中国雇员也不够尊重。

过了一周，美国庄臣代表从香港飞到上海，见到葛文耀，说的第一句话是："对不起，那个律师讲的话，我们也反对。"

从那以后，那个美国律师每次见到葛文耀，都会远远地向葛文耀点头示意，态度无比恭敬。

强势条款:葛文耀必须"随嫁"

美国庄臣最初的谈判条件是,以 7 000 万美元将家化厂整体并入,包括买断家化所有的品牌。

但在谈判过程中,发生了一个小的"波折"。

前文提到的在葛文耀1985年上任之初问他能否搞好家化的那位市领导,5年后又来到了家化厂。此时的家化发展势头正猛,业绩连年翻番,那位市领导很开心,指示随行的政府各部门负责人,要支持、关心家化的发展。当时美国庄臣正在同家化谈合资事宜,那位市领导强调,"家化如果要合资,不能被外资吃掉。"

几天后,那位市领导在家化考察的讲话精神,被发在了政府工作简报上。

简报发出后,葛文耀突然接到那位市领导亲自打来的电话,要约他单独见面,并要葛文耀找个方便见面的地方。

市领导亲自打电话约私下见面,此举非同小可,一定是有重要的事情要谈。葛文耀提出,可以利用周末的时间,到家化在华山路的露美美容院理个发,那里有办公室方便谈话。

两人见面后,那位市领导说,他前几天在家化考察时讲过,"家化如果要合资,不能被外资吃掉",现在市委领导从大局出发,要打破外国封锁,欲引进美国庄臣公司,问葛文耀有什么两全其美的方法?

葛文耀想了一下说:"有一个办法,家化只拿出优质资产与庄臣合资,把家化两个大品牌露美和美加净给庄臣,家化保留部分母体,以图再发展。"

那位市领导犹疑了一下,问:"美国人会接受吗?"

葛文耀胸有成竹地说:"我知道美国庄臣需要什么,我保证能够说服他们。"

懂得外资企业心理的葛文耀,帮对方算了笔账:第一,家化厂年销售收入 4.5 亿元,其中有 3 亿元的销售收入是露美、美加净贡献的,其他品牌加在一起,销售收入总共只有 1.5 亿元。而且,友谊、雅霜这两个品牌,是放在联营厂生产的,国家有税收优惠政策,如果庄臣拿过来生产,就无法享受优惠政策,这样就要亏本。美加净、露美才是创造利润的主力。第二,如果让家化厂的母体留下来,庄臣可以少接收 300 名职工。家化厂当时有 900 名员工,庄臣只需要接收 600 人。

按照当时国家的政策,外资企业并购国有企业,必须全部接收原厂职工,人员问题是外资企业最头疼的问题。本来,美国庄臣看中的就是美加净、露美两个品牌和它们的销售渠道,葛文耀的这个方案,还能减少被动接受的员工人数,何乐而不为?没用葛文耀费更多口舌,美国庄臣方面的谈判代表就同意了他的方案。

葛文耀将合资方案的报告送交上海市政府,市政府同意了保留家化母体的合资方案。当时上海市的主要领导在合资报告上面批示:"根据葛文耀同志的报告看来,他不同意全部合营,而且似乎很有理由,因此我的建议,不勉强家化厂接受。不要勉强企业接受政府的行政干预,应该尊重企业根据实际情况做出的经营战略决策";"希望这个报告是真实的,要对这个行业负历史责任"。

几轮谈判下来,1991 年 1 月,上海家化以包括保定路新大楼在内的 2/3 的固定资产、大部分骨干职工和"美加净""露美"两个品牌,与美国庄臣父子公司合资组建了上海露美庄臣有限公司,合资公司落户浦东金桥,成为上海金桥开发区的第一个合资项目。

合资的合同中,美国庄臣附带了一条强势条款:葛文耀必须到合资厂,这一条无论如何不能退让。最后,经上级批准,葛文耀担任合资企业上海露美庄臣有限公司的中方副总经理,他是这家合资企业决策层中唯一的一个中国人。

真要感谢当时上海市委、市政府主要领导的开明,正是当年政府对企业意愿的尊重,上海家化的母体厂和雅霜、友谊及刚刚上市的六神等品牌,才能够得以保留。多年后,留下的家化母体厂这座"青山",已是满目青翠、郁郁葱葱。

同是1991年,青岛的张瑞敏,已经将青岛电冰箱总厂发展成海尔集团,完成了海尔集团的第一发展战略阶段——品牌战略阶段,第二个发展战略阶段——多元化战略的大幕,已徐徐拉开;深圳的王石,已完成了对万科股分化的改造,于同年1月29日正式在深圳交易所挂牌上市,由此踏上了万科万亿市值的伟大征程;同在深圳的任正非,这一年的9月,租下了深圳宝安县蚝业村工业大厦三楼,作为研制程控交换机的场所,带领50多名年轻员工,开始了充满艰险和未知的创业之路。两年后,交换机研发成功,价格比国外同类产品低2/3,为华为占领了市场,一步步把一家"山寨"公司变成了震惊世界的科技王国。

第三节　移植"品牌经理人"制度

和当时中国大多数国有企业一样,上海家化与美国庄臣合资的初衷,是希望通过外资企业雄厚的资本和先进的技术,以及国际化的现代企业管理理念,发展壮大国有品牌。但进入上海庄臣后,葛文耀发现,这美好的愿望显然是一厢情愿。外资在中国挑选有着行业领先品牌的合作伙伴,绝非是出于帮助你一起把中国民族品牌做大的善意,而是看中了中国品牌成熟的消费市场和销售渠道,这是迅速占领中国市场的一条捷径。同时,由于美国庄臣不熟悉化妆品业务,合资后的美加净、露美品牌没有广告投入,少量的生产仅仅是让两个品牌暂时还"活着",销售额猛跌了60%,葛文耀心痛不已!

重返家化

葛文耀在合资厂只待了17个月。

看到美加净、露美这两朵姐妹花日益枯萎,葛文耀萌生去意。1992

年4月，葛文耀放弃了美方安排他到美国学习8个月、并给他配备房子、车子的优厚待遇，正式向合资企业递交了辞职信，坚决要求离开上海庄臣，重回家化。

看到葛文耀去意已决，美方同意他离开，但希望对葛文耀新的工作安排能避开日化行业，在上海市轻工业局范围内考虑，以免葛文耀成为上海庄臣日后强大的竞争对手。当时美方的一位负责人给时任上海日化公司总经理的王玉全写了一封信，明确地表达了上述愿望。

亲爱的王玉全：

从上海庄臣有限公司总经理胡克明处得知，葛文耀已要求我们接受他自1992年5月1日生效的辞职。

很自然，我们感到非常吃惊；我们失去了他的天赋，我们理解他对这个决定是慎重对待的，因此如果葛先生认为这是最符合他心愿的话，我们不会反对他离开庄臣公司。

对葛先生在上海露美化妆品有限公司的第一年合资期间的领导作用我们表示赞赏，尤其是他在实施我们上海两个公司合并的工作中他做出了突出的贡献。

请以我们这封信作为接受葛文耀辞职的正式认可，我们可以在下一次上海庄臣有限公司董事会上对这一行为予以认可。

……

请转达我对葛文耀在上海轻工业局新任职务的诚挚祝愿。

从我们长远的利益看，葛先生的新任职务在轻工业范围内是很重要的，从而有利于我们上海庄臣有限公司不至于有太强的竞争对手，我希望您能促成这一愿望。

此致。

马屯信
1992年4月23日

这个近乎无理的要求,自然不会被理会。葛文耀离开庄臣后的新任职务,依旧是上海家化的总经理。

在葛文耀保存的资料中,有3张发黄的A4纸格外引人注目:一页用粗粗的签字笔写着"试看明日之域中,竟是谁家之天下";另外两页上,密密麻麻地签着75个人的名字,落款日期是1992年5月27日。这是当年跟随葛文耀一起进入合资企业的原家化厂的业务骨干们写下的,他们在得知葛文耀要离开上海庄臣重回家化后,自发聚在一起为葛总送行。

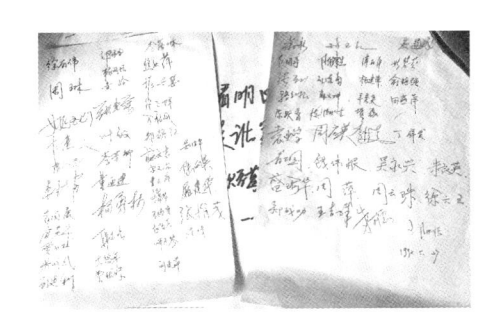

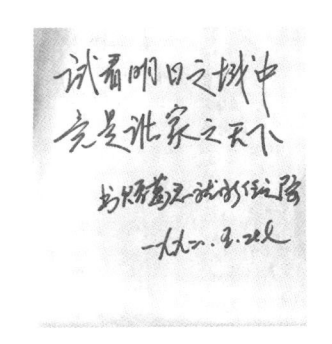

1992年葛文耀离开庄臣合资公司时,75名原家化员工联名写的赠言和签名

欢送会上,他们对葛文耀说,他们相信葛总回去后一定能把家化搞好,只要葛总一声召唤,哪怕是辞职,也要跟随葛总回到家化,并纷纷签名表达他们对葛总的信心。那一刻,不轻易流泪的葛文耀热泪盈眶,他郑重许诺:"我先回去把家化的基础打好,到时候一定叫你们回来。"

1992年的6月,葛文耀回到了离开17个月的位于上海天潼路的上海家化老楼,内心五味杂陈。由于美加净、露美两个品牌和保定路上的新大楼以及业务骨干都给了合资厂,留在天潼路老楼里的母体厂年销售额只有2亿元,骤降一半,从上海日化行业绝对老大的位置上跌了下来。曾经被家化远远甩在后面的国产化妆品牌霞飞、可蒙,年销售额已经跃升到4.5亿元。

差异化战略：田忌赛马

此时，中国消费品市场的环境也已今非昔比，1992年的上海，国有企业开始感到阵阵凉意。随着外企的大量涌入，国有企业的竞争对手从乡镇企业转为外资企业，化妆品行业的竞争更为激烈。英国的联合利华、德国的汉高、日本的资生堂和花王等全球领先的化妆品公司，都在抢占中国市场，这场双方力量悬殊的博弈，从一开始，就让众多国有企业蒙上了悲壮的色彩。

葛文耀：化妆品市场的开放度，在国内众多行业中一直是最高的。那时候，你只要走进南京路和淮海路上任何一家大型百货商店，你就会看到，几乎世界上所有的大牌化妆品品牌都有卖。世界前30位的名牌化妆品企业，90%在国内建了独资或合资公司。所以，国内的化妆品市场，特别是上海的化妆品市场，实际上已经与国际市场接轨，我们在家门口面对的竞争，就是国际竞争。

这一年，一系列有关经济体制改革的指导方针、政策陆续出台。

年初，邓小平发表著名的"南方谈话"，提出改革开放的胆子要大一些，敢于试验，看准了的，就大胆地试，大胆地闯。计划多一点还是市场多一点，不是社会主义与资本主义的本质区别。计划和市场都是经济手段。社会主义要赢得与资本主义相比较的优势，就必须大胆吸收和借鉴人类社会创造的一切文明成果，吸收和借鉴当今世界各国包括资本主义发达国家的一切反映现代社会化生产规律的先进经营方式、管理方法。

9月，中共中央、国务院发出《关于认真贯彻执行〈全民所有制工业企业转换经营机制条例〉的通知》。提出企业转换经营机制的目标是使企业适应市场的要求，成为依法自主经营、自负盈亏、自我发展、自我约束的商品生产和经营单位，成为独立享有民事权利和承担民事义务的企业法人。

10月，党的十四大报告明确提出了我国经济体制改革的目标是建立社会主义市场经济体制。

一句话,中国的国有企业必须脱离惯有的计划经济的庇护,学会在市场经济的博弈中如何求得生存。

葛文耀重新接手的家化母体厂,由于合资后上海露美庄臣为美加净、露美两个品牌每年返利给母厂1 500万元,加上厂里雅霜等低端产品的销售毛利2 400万元,厂领导小富即安,400多人坐享"小康"日子。厂里工人一天只上4个小时的班,而厂领导们则忙着跑联营厂(乡镇企业。——记者注)。葛文耀离开家化时给母体厂里留下了14部车,在他离开的一年半时间里,这14部车几乎每天都往联营厂跑,因为每次下乡都不会空手回来,一袋时令农产品和一条香烟,几乎成了联营厂给下来"检查"工作的厂领导和营销人员的"标配",他们称之为"打秋风"。厂里员工向葛文耀举报,因为疏于维护,14辆车有3辆车跑到发动机"烧瓦"。

葛文耀:我回去后你知道我怎么做?整整46天我没有离开院子啊!讨论什么?讨论品牌。46天,14部车子停在院子里,谁都不敢动!

一个半月,葛文耀坐镇家化,给中层以上的管理人员"洗脑"。

他提出了一个"两元化"市场的观点。

葛文耀先给大家分析中国的"两元化"市场:即高端市场和大众化市场。当时中国有12亿人口,10亿多都是低收入群体,中产阶级只有1亿多人。他认为,在中国的5大国际化妆品巨头——宝洁、欧莱雅、联合利华、资生堂和花王,它们瞄准的主要是中国的高端市场,中国企业难以与其抗衡;但在较为低端的大众化市场,中国的企业完全可以有所作为。家化应该走差异化竞争道路,避开在高端市场上与国际化妆品巨头正面交锋,集中优势争取最广泛的低端消费群体,等待羽翼丰满,再去争夺中、高端市场。这就是差异化竞争的"田忌赛马"策略。

葛文耀是提出中国"两元化"市场观点的第一人,多年后,上海家化成功的发展之路,证明了当初葛文耀对中国市场的预判,具有高度的前瞻性。

葛文耀把从合资企业学到的品牌管理制度，一字一句地讲给大家听，带领中层以上的管理人员和业务骨干，对家化现有品牌雅霜、六神、清妃、高夫、明星（原美加净摩丝）等，逐一进行讨论、分析、梳理，每个品牌应该侧重做什么，怎么做，市场应该如何培育……

"品牌是企业的灵魂"这句口号，第一次走进家化员工的心里。

品牌经理人制度

葛文耀曾经说过，做品牌最重要的一点就是市场观点。家化厂虽然在1988年就成立了市场部，但那时的市场部只是皮毛，真正的市场部的建立，是在1992年他重新回到家化后。他从庄臣公司那里学到了应该如何运作市场部。

这一年，上海家化为每个品牌配备了专门的品牌经理，在中国的企业中率先建立了品牌经理人制度。

这是上海家化脱胎换骨的开始，也是上海家化坚持真正的市场化运作的元年。

什么是品牌经理制？

所谓品牌经理制，就是企业为其所辖的每一个子品牌都专门配备一名经理，使他对该品牌的产品开发、销售以及产品的利润负全部责任，并由他来统一协调产品开发部门、生产部门以及销售部门的工作，负责品牌管理影响产品的所有方面以及整个过程。

品牌经理制最早于1927年出现在美国的一家制皂企业，至今已有81年多的历史，是国际市场上一种成熟的、充满竞争力的营销制度。实施品牌经理制，有利于推动企业管理水平的全方位提高，改善公司参与市场竞争的机制，使公司能够灵敏、高效地适应市场的变化。同时，也是企业决策民主化的重要措施。

但是，在20世纪90年代的中国企业中，几乎很少有人知道品牌经理制度，更别说是实践了。葛文耀在上海露美庄臣期间，充分体会到这种以品牌为核心的管理制度的优越性以及和市场的高度黏合性,回到家化后,他便把学到的这一先进管理理念付诸实践。

1992年,葛文耀在企业资金极度紧缺的情况下,咬紧牙先后从社会上招聘了200多名管理和科研人员,其中有20多名硕士、1名博士、3名博士后。在这些高学历的新进人才中,葛文耀挑选了一批平均年龄25岁左右的人担任品牌经理,亲手培养出了上海家化的第一代品牌经理人,也是中国化妆品行业的第一批品牌经理人。后来成为上海家化联合股份公司总经理的王茁,就是上海家化高夫品牌的第一代品牌经理。

品牌经理人负有两大职责:即为品牌制定营销目标并确保品牌营销目标的实现。这两大职责看似简单明了,实则涉及市场细分、品牌定位、产品开发、价格制定、渠道选择、营销策略等,需要协调公司方方面面各

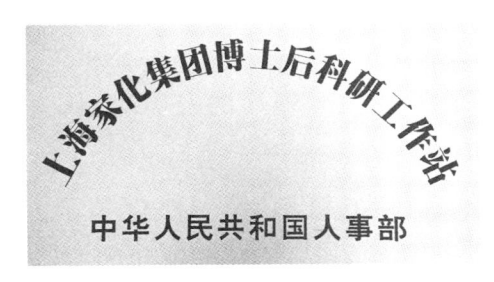

上海家化博士后工作站牌匾

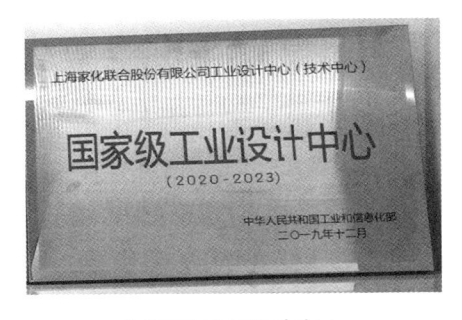

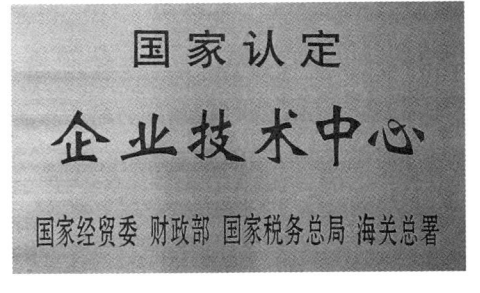

国家级工业设计中心 　　　　国家认定企业技术中心

个部门。为确保品牌经理人能履行这两大职责,葛文耀赋予家化品牌经理人三大权力:即产品开发制造权、市场活动组织权和产品价格制定权。

这种做法,给了品牌经理人相当大的权力,在当时是相当大胆的做法。因为,这无疑改变了传统国有企业高层集权的管理体制,是企业运作机制的重大变革,也是企业市场化的重要标志。

事实证明,这种以品牌为核心的分权管理,在应对瞬息万变的市场竞争中,不仅能提高决策的专业性,同时也大大缩短了决策周期,使得公司能灵敏高效地适应市场的变化。这一制度,后来成功地让六神、佰草集等品牌成为市场营销的典范。

直到 2001 年,上海才在整个轻工行业推广品牌经理制度,而此时,上海家化的品牌经理制度,已经实行了将近 10 年。

优秀企业家成功的因素各有不同,但善于学习借鉴并创造性地用于实践,是很多创业型企业家的共性。

多年后葛文耀在回忆这段合资厂的经历时,认为在庄臣的 17 个月,是他职业生涯中不可或缺的一部分。他第一次学到了什么是品牌管理制度,第一次接触到"毛利"的概念,第一次懂得了人才细分的重要性。庄臣的一个市场部,会设置 20 多个岗位,这和国有企业的"一岗多能"截然相反。这些过去从未听说过的先进的企业管理理念,让葛文耀受益匪浅。

"我真正悟出什么是市场经济是到庄臣以后"

葛文耀:1992 年我回到家化后,严峻考验就来了,我的竞争对手不是乡镇企业了,乡镇企业机制跟我一样,没人才,那时国企还有优势。后来外资全部进来了,还有民营企业也起来了,最严重的是 1994 年和 1995 年,上海许多企业惶惶不可终日,要么企业死掉工人下岗,要么合资。

家化的市场观念虽然比较早,1989 年我就成立了市场部,但是没有以品牌为核心,所以那个市场部不算是真正的市场部。我真正悟出什么是市场经济,是到庄臣公司以后。市场经济到底应该怎么做?非常重要的一点,我学到了品牌管理制度。真正的市场部应该是,以市场研究为基础、品牌管理为核心。

回到家化后,我把庄臣那套管理方法带回来,但在实际运用中结合了中国的实际情况,所以,家化的品牌经理制度是很超前的。中国品牌很少,有些低端品牌外国人不做,比如牛奶,光明、伊利都是国有的。像我们化妆品行业属于高度竞争的行业,外资要么吃掉我,要么打死我。很多化妆品企业都倒掉了,家化能够存活下来,就是因为家化是比较市场化的做法。

总结起来,在庄臣我学到了3点:第一是品牌管理制度,家化的市场部是我一手建立起来的,我培养了一批品牌经理,像王茁、金波是第一代品牌经理人;第二是毛利观点,非常有用,好多企业没有;第三是我懂得了人才细分,国外人才岗位分得很细,每个岗位延伸做得很深,把深的这些综合起来,外资企业就有竞争力。中国企业看看人员很精干,一个人做很多事情,它不懂得做深的。这就是计划经济,你没办法适应市场。

我学了这三点回来,非常有用。所以在改革开放的大潮中,家化才能够站起来。

第四节 "毛利"的概念

葛文耀在上海庄臣学到的另一个理念,就是"毛利"的概念。

在20世纪90年代初,中国的国有企业财务管理中,是没有"毛利"这个概念的。什么是"毛利"?简单地说,就是在企业净利润的基础上,再加上管理费用、财务费用及营销和科研的总费用。这是衡量一个产品或一家企业是否能够可持续发展的重要指标。

在计划经济体制中,一切都是按照国家计划安排生产,营销和科研显得无足轻重,国有企业大都把重心放在生产上,即中间生产大、营销和科研两头小的"橄榄型"企业。但在市场经济的海洋中，面对已经有着非常成熟的"毛利率"管控经验的外企，这些"橄榄型"的企业，瞬间就被冲得七零八落。

羊毛出在羊身上

一个品牌的培育，需要较长时间的营销和推广，同时还要依靠科研不断提升产品的内在品质。但市场推广和产品研发，包括吸引人才，都需要大量的资金，这些钱从哪里来？

葛文耀曾经十分羡慕外资企业的营销和推广，可以豪爽地大手笔花钱。20世纪80年代末90年代初，中国电视里铺天盖地的广告，大都是外资企业的消费品品牌，东芝、松下、诺基亚、摩托罗拉、西门子、欧莱雅、资生堂、联合利华、虎牌、嘉士伯……这些广告中耳熟能详的外资品牌，成了改革开放初期人们的集体记忆。

直到葛文耀去担任中美合资上海露美庄臣有限公司副总经理，他才知道，外资企业的财大气粗，其实是"羊毛出在羊身上"。在外资品牌产品的销售定价中，就已经包含了推广和研发费用，这就是"毛利"的作用。

在上海庄臣，葛文耀发现了"毛利"的重要性。

外方总经理的工作目标与中国国有企业完全不同，他们的工作重心，第一是市场占有率的提高，第二是毛利的增长。当时家化进入合资企业的美加净品牌，年销售额约3亿元，尽管提了价，毛利率也才30%；美方产品年销售额2亿元，低于美加净，但毛利率都在60%以上，贡献则高于美加净。

更直观的感受是，合资企业16个外籍高管，每人的工资福利是中国员工几十倍。请个外国老师上课，讲课费5万美元，一份教材100美元。庄臣公司财力雄厚的背后，是高毛利的回报。

葛文耀看到了"毛利"的巨大优势，它是一个企业可持续发展的重要基石。当时，许多外资企业中都有中国高管，唯独葛文耀悟出了毛利的重要性。

1992 年葛文耀离开庄臣回到家化时，2 亿元化妆品的年销售额，平均毛利率只有 12％，毛利额才 2400 万元。当时国有企业的产品定价，基本上还是依据计划经济体制下传统的成本核价方式，而且合资企业拿走了好产品，只留下一些低端品牌，产品毛利率自然很低，根本拿不出钱来搞品牌推广和产品研发，更别说吸引人才了。

葛文耀在国有企业中率先提出用毛利率来考核企业的经营效益，而非大多数国有企业的以利润来考核企业的效益。当时中国的财务制度中还没有毛利概念，直到 1994 年，中国的国有企业才试点与国际财务制度接轨。

葛文耀逢人便讲毛利对企业的发展如何重要，但在当时的历史条件下，国有企业的管理者中，少有人知道毛利的概念，根本听不懂他在说什么。在葛文耀的硕士学位论文答辩会上，就连论文指导老师也不理解，他为什么在论文中建议用毛利率来衡量企业经营效益，而不是用净产值？甚至有竞争对手借此攻击葛文耀，说他讲毛利是为了"产品提价损害消费者利益，把毛利用光，不出利润，损害国家利益"。

葛文耀：有一次，上海轻工控股集团的总裁徐逸波，让我给轻工系统的 10 几个大集团的老总讲课，我就给他们讲了毛利的概念和销售净价。后来徐逸波碰到我说，大家反映你讲的东西他们听不懂。

追求毛利额的最大化

葛文耀把从庄臣公司学到的"毛利"方法，运用得淋漓尽致。

从操作性角度，葛文耀总结了一整套企业如何提高产品毛利率水平的方法。首先，要做品牌和产品的升级换代，因为不论高端、中端还是低端产品，其基础的用料和用工是一样的，增加的是产品的附加值，所以高端产品一定是比中、低端产品的毛利率要高；其次，在产品设计开发阶段，要重视价值工程，不增加无用的成本；第三，降低成本比产品提价更重要,因为降低一元成本即增加一元毛利,而产品提价一元,还要扣除增加的税收和批零的差价;第四,最重要的是,在多产品、多毛利率的企业,产品结构的良性调整对企业毛利总额影响最大。

　　葛文耀用这套方法,首先是优化相对毛利率较高的产品结构,对不同品牌、品类的支持力度拉开差距。雅霜等低端护肤品毛利低,六神花露水的市场基础比较好,占有率高,市场推广力度就向六神倾斜。同时,对六神不同品类的产品,支持力度也有所不同:六神花露水和六神沐浴露的毛利贡献是不同的,花露水毛利率接近35%,沐浴露在成长期,毛利率比花露水高但是占有率并不高。公司就及时调整六神不同品类的市场策略,加大对沐浴露市场资源的支持力度,带来了事半功倍的市场效应。连续几年,六神沐浴露呈逆势增长态势,夏令季节销售均名列前茅,品牌的整体毛利贡献总额,连续多年在家化的品牌中排位第一。

　　1998年佰草集品牌上市,到2000年两年实际销售只有394万元,市场份额很小,但是佰草集的毛利率从一开始就超过70%。对这样高毛利的品牌,公司给予了充足的市场培养期和推广支持,最初几年,公司承担佰草集的全部营销费用,然后递减仅承担市场费用,要求佰草集的销售促销费用与毛利持平,最终达到整体品牌盈利的目标。到2006年,佰草集的毛利贡献增加额第一次超过了六神,2010年以后,佰草集的市场销售额超过了10亿元,品牌毛利率贡献此后始终排位第一!

　　追求毛利额的最大化,使得上海家化产品的附加值不断提升,步入良性循环轨道。当中国本土化妆品被外资品牌冲得七零八落时,上海家化已经夯实了基础,开始了本土化妆品牌的逆袭之路。到1995年,葛文耀仅用了3年时间,就让家化的销售总额从2亿元跃升到7亿元,平均毛利率从12%提升到30%,毛利总额从2400万元到超过2亿元;到2003年,销售总额达到14亿元,平均毛利率38%,毛利总额4.46亿元;到了2013年,销售总额45亿元,平均毛利率提高到68%,毛利总额近30亿元。

用毛利提升竞争力,是家化可持续发展的一个重要因素。

在国务院发展研究中心领衔编著的《上海家化成功之道》[①]一书中,对葛文耀的毛利额管理给予较高的评价:"葛文耀的'毛利额管理'思想,是对已有传统管理理论的创新,也是上海家化优势集群品牌形成的重要基础。"

第五节　六神的传奇

一瓶小小的花露水,占据中国市场的 7 分天下、上海市场的 85%,这个奇迹,是由上海家化自主品牌"六神"创造的。有专家说,六神花露水上市的那天,应该载入中国民族品牌发展的史册。

上海家化的六神系列洗护品牌,中国的消费者大多都不陌生,特别是上海市民。在 20 世纪的 90 年代,大多数住在石库门老房子里的人家,都没有独立的卫生间和热水器,每到炎炎夏日,晚饭后在弄堂里,摆上一个大大的塑料澡盆,注一盆清水,小朋友欢快地跳进去,任大人把六神沐浴露在身上打出满满的泡沫,洗好后再喷上一点六神花露水,清香的味道,清凉的感觉,是很多 80 后、90 后童年温馨的记忆。

来自中草药的灵感

六神之名,源于含有六味中草药的"六神丸",即:珍珠粉、犀牛黄、麝香、雄黄、蟾酥和冰片,传说康熙年间已有之,主要功效是清热解毒、消炎止痛,为居家百姓常用之药。它的发明者,就是百年老店"雷允上"雷氏家族。即使是现在,雷氏"六神丸"仍然是这家百年老店的镇店之宝。

花露水,则是中国特有的消费品,最早的一款花露水是清朝光绪三十四年(1908 年)上海生产的明星花露水。它既有去污杀菌、防痱止痒的功效,又有遮盖体臭的香水功能,因此有"中国香水"之称。生产明星花

[①] 李飞,薛镭. 上海家化成功之道[M]. 北京:机械工业出版社,2012.

露水的厂商,就是上海家化的前身——明星化工公司。

把中国传统的中草药古方和现代香水制作工艺融合在一起,推出有独特中国传统文化内涵的六神花露水,是上海家化的一大创举。

"六神"的灵感,来自上海家化厂的老厂长顾大元。

1985年葛文耀接任家化厂厂长,老厂长顾大元退下了来,那年他才50岁,便自愿到他自己创办的家化厦门联营厂去主持工作。当时厦门联营厂生产家化的上海牌花露水,企业效益不好。1988年,顾大元找到家化科研部的李慧良,说想要开发一个类似"六神丸"的花露水。

上海家化高级工程师、技术总监李慧良,有着"中国化妆品研发第一人"之称。这位1988年就进入家化厂的研发元老,是六神、佰草集、双妹、启初等中草药系列产品开发的大功臣。在谢文坚入主后的2014年,李慧良被迫离开了家化,和同样离职的原家化配方大师史青一起自主创业,创办了惠心化妆品公司。新工厂于2019年6月开工,他们邀请了老领导葛文耀出席开工典礼。

接受研发任务后,李慧良走访了许多中医师,详细了解六神丸的成分、功效,尝试用相同的六种名贵中药材进行花露水的配方试验。那时家化还没有与庄臣合资,厂里条件有限,他一人身兼数职,又要市场调研,又要研发配方。

针对上海夏季闷热易起痱子的特点,李慧良把研发目标锁定在祛痱、止痒、清凉的功效上,经过反复试验,终于拿出了一个较为满意的配方。在临床测试阶段,正值上海的三伏天,他骑着自行车往返于实验室和曙光医院、新华医院,通常是大汗淋漓。

六神花露水配方的秘诀在于"六神原液",就是六味中草药的萃取液。尽管珍珠粉、犀牛黄、麝香、雄黄、蟾酥和冰片这六味中草药不算什么秘密,但萃取液最核心的关键是每种中草药的配比。"六神原液"的配方,至今仍是上海家化的"最高机密"。

1989年,第一批六神花露水在厦门联营厂投产。看到样品后,葛文耀眼睛一亮,他断定这个产品市场前景一定很好,便"横刀夺爱",很"霸道"地不让厦门联营厂生产,直接拿过来作为公司的一个重要品牌推向市场。

当时,六神花露水的商标注册也遇到了一些周折。材料送到上海工商局,开始说不行,因为商标有个"神"字,有封建迷信之嫌。后来家化厂补充了很多材料,详细解读"六神"是六味神奇的中药,工商局这才同意注册。

1990年,上海家化的第一代六神花露水上市。与以往花露水只讲究香味不同,六神整合了中医药理和香水的工艺,将传统中医药六神丸的配方植入现代花露水,"祛痱止痒,提神醒脑",开了功能性花露水之先河。这种秉承中国传统中医药理念的产品,天然地把国外化妆品巨头堵在了门外。而它的目标消费者,清晰地定位于中国最广大的家庭,上到老人、下至儿童,"六神有主,全家无忧"。在上海市民的眼里,六神,就是夏天的味道。产品一推出就供不应求,生产线24小时不停运转,家化厂门口经常是停满了等待拉货的车辆,花露水产品下了生产线不用进库房,直接就被经销商拉走,这样的景象在今天是难以想象的。

葛文耀:六神花露水1990年上半年的订货会出样,反应非常好。花露水原来是讲究香味的,由此开始变成功能性的产品了。1994年我碰到财大一个副校长,那时居民家里还很少装空调,他说,"六神花露水好呀,每天晚上洗完澡,身上抹上花露水,全身就凉快了,马上就睡着了"。

六神花露水品牌做大后,生产六神丸的中药厂心有不甘,告到工商局,说家化的六神品牌侵权。但因为中国的商标法是分类别的,花露水和六神丸属于不同类别,因此没有影响到家化六神品牌的发展。后来那家中药厂也模仿推出了一款"六神丸花露水",由于不懂营销,很快就销声匿迹了。

1991年,家化厂与美国庄臣合资,在葛文耀的力主之下,保留了部分母体厂,新产品六神花露水因刚刚问世得以保留,今天看来,这真是上海家化的幸事，也是中国民族化妆品品牌的幸事。

伤十指不如断一指

1992年6月，葛文耀从庄臣回到家化母体时，由于当初合资输出了两个好品牌，母体厂的年销售额只有2亿元左右，基本上是花露水、摩丝、低端护肤品友谊和雅霜三分天下。

两年前推出的六神花露水，尽管仍占据中国花露水市场第一的份额，但年销售额只有7000万元左右，毛利只有9%，当时银行存款的利率都有10%。

虽然六神是首创的功能性花露水，但此时国内花露水市场，已经有20多个仿效的功能性花露水品牌在竞争。其中有一个叫"八仙"品牌的花露水，它的宣传语毫不遮掩、赤裸裸地直指六神："八仙过海，六神无主"，可见当时的竞争有多么激烈。

葛文耀把家化现有品类的产品做了详细的市场分析，得出的结论是，六神最有基础做大，完全可以做成夏季中国家庭必备的第一洗护品牌。

伤其十指不如断其一指，葛文耀狠下心来，当即做了两项决策。

第一项：全力扩大六神花露水的市场份额。葛文耀把公司有限的资源集中向六神倾斜，在公司资金紧缺的情况下，专门给六神批了300万元的市场费用。

第二项：六神两年不提价。当时，一家花露水生产企业的负责人找到葛文耀，说花露水的效益太差，希望能和家化联手一起提价。这家企业生产的"金银花露"功能性花露水，市场份额仅在家化的六神之后。

葛文耀敏锐地觉察到，这是一个发展的机会。根据边际效益理论，谁规模大，谁就有竞争优势；规模越大，效益越好。他拒绝了那个厂长一起提价的建议，决定六神两年不提价，通过对内自我加压，向规模要效益，向降低成本要效益。

没过两年，市场验证了葛文耀当初决策的正确性。国内市场上20

多个功能性花露水品牌,除了隆力奇,其它的都销声匿迹了。连续 20 多年,六神花露水稳坐中国花露水市场第一把交椅,年零售额基本稳定在 10 亿元以上的规模。

2013 年葛文耀离开家化后,平安执掌的上海家化,将六神花露水的售价提高了 90%。虽然这在葛文耀看来不尽合理,但市场能够接受,足见其品牌力的强大。

拓展六神大"家族"

将六神品牌从花露水延伸到夏季个人保护用品,是上海家化绝佳的品牌延伸案例。

20 世纪 80 年代末,联合利华的"力士"洗护品牌进入中国市场,不仅有"力士"香皂,"力士"洗发香波,还有"力士"沐浴露。

沐浴露对那个年代的国人来说,还是个新概念,因为那时候人们洗澡还是香皂为主,记得当时最受欢迎的香皂叫"舒肤佳","力士"则更高端些,颇受都市白领青睐。上海是接受时尚最快的都市,既然"力士"的系列洗护用品受欢迎,为什么不把"六神"的品牌延伸到洗护领域,让品牌的价值最大化呢?

最初开发的六神沐浴露,上市后始终销售不畅。葛文耀和研发团队一起分析原因,发现六神沐浴露和外资品牌宝洁、联合利华的沐浴露,同

六神花露水　　　　　　　　　　六神沐浴露

样都是采用表面活性剂,但六神是主打夏季产品的,炎炎夏日,使用表面活性剂沐浴露,用后会使身上滑腻腻的,很不舒服。葛文耀提出,如果改为皂基性,就不会有这种滑腻感,会更符合六神的夏季洗护用品定位,满足顾客的舒适需求。

这么一改,果然一炮打响。1996年,"六神"系列沐浴露正式上市,消费者反映,用六神沐浴露洗澡,不仅凉爽舒适,而且容易冲洗。

文化的认同和舒适的体验感,再加上亲民的价位,使得"六神"沐浴露后来居上,在没有投放太多广告的背景下,六神沐浴露只用了两年时间,就做到了中国沐浴类产品夏季(5月—9月)市场份额第一名,把联合利华、宝洁等国际大牌的夏季沐浴露产品,远远甩在了后面。

这个成功的案例让家化人明白了两点:一,后进入市场的产品,一定要靠差异化取胜。当时,宝洁、联合利华的沐浴露已先行一步,抢占了中国市场的先机,迟到的六神沐浴露如果步其后尘,推出同类产品,就只能捡它们的"残汤剩饭",一定不会有今天的成功。二,品牌定位一定要清晰。六神只做夏季产品,它的市场目标是中国夏季个人保护用品第一品牌。尽管其间六神品牌曾多次想开发冬季产品来扩充产品线,都被葛文耀否决了。他认为这样会动摇六神的品牌定位,使得消费者认知中的品牌形象变得模糊,得不偿失。家化是个多品牌公司,冬季产品完全可以用其他品牌来做。

随着六神沐浴露的成功,"六神"洗发水、香皂、痱子粉陆续推出,2002年、2003年,"六神"先后获得"中国驰名商标"和"中国名牌"称号。

步入新世纪后,中国母婴产业发展迅速,每年以30%的速度高速增长,上海家化瞄准了这个有着巨大市场空间的机会,用3年时间研制出"六神宝宝"基础护理系列。

六神宝宝同样是打中草药牌,它采用的"汉草幼护方"源于本草幼护古方,针对宝宝体质特点,由太子参、珍珠、金银花、薄荷、黄柏、地肤子同样是六味幼科本草精华科学配制而成,有平衡去热、柔润补益的功效,并

2003年度上海市卓越品牌特别贡献奖　　　　2005中国企业商标50人奖杯

经过复旦大学附属华山医院、附属金山医院和上海交通大学附属瑞金医院三家权威医院功效验证。2011年上市第一年,六神宝宝水类产品的销量,就名列婴童花露水类产品市场第二位,显示出强劲的市场竞争力。

如今,六神品牌大家族已经根深叶茂,产品线全面铺开,洗护系列达100多种。2005年,六神品牌的销售收入超过10亿元;2012年,六神花露水已累计卖出超过15亿瓶;2013年,六神系列产品年销售额突破19亿元,一年销售2亿多件产品,也就是说,一年有2亿多人次使用六神品牌。六神品牌走进千家万户,撑起上海家化销售的半壁江山。难怪联合利华最看中家化的六神品牌,几次想向家化买断这个品牌。

2012年,在上海家化三亚年会上,葛文耀提出要用5年时间把六神打造成一个超级品牌,2012年正是这个"5年计划"的第一年。只是外人并不知道,此时的家化看似平静,实则"暗流涌动",改制后的上海家化,大股东与创业者团队之间的矛盾,已经箭在弦上,一触即发。

第六节　美加净的起起落落

在上海家化所有的化妆品品牌中,美加净的命运最为坎坷。

1995年4月27日,《解放日报》的头版头条刊登了本报记者裘新、何洛先撰写新闻报道：《上海家化公司好气魄,1200万元买回美加净》,引起社会舆论的广泛热议。这篇报道让曾经的中国化妆品行业第一品牌的美加净重回人们视线,并获得了当年度的中国新闻奖二等奖。

1996年3月28日,敬一丹采访上海家化美加净专柜,王茁陪同

美加净原本就是上海家化的品牌,因合资"嫁"到庄臣,上海家化为什么又要花重金买回呢？

此事说来话长。

"一女多嫁"

1962年初春,一个叫顾世朋的青年美术工作者漫步在上海中苏友好大厦前,就是现在的上海展览中心。时值白玉兰盛开时节,看着美丽如画、洁白似雪的玉兰花,触发了他的灵感,美加净商标在他的笔下诞生。

最初,美加净并不是化妆品品牌,而是为牙膏设计的商标,当时归属于上海日用化学品公司。计划经济体制下,商标为国家所有,上海日化公司将美加净商标的使用权,分配给下辖的4家企业共同使用：上海牙膏厂生产美加净牙膏类产品；上海合成洗涤剂厂生产美加净洗衣粉类产品；上海制皂厂生产美加净香皂类产品；上海家用化学品厂生产美加净化妆品类产品。

这种"一女多嫁"的事情，在今天看来多少有些不可思议，但在以国家"分配"为主的计划经济年代，这种现象也不足为奇。

1978年的中国大地，开始沐浴改革开放的春风。这一年，美加净银耳珍珠霜在上海家化的前身、上海家用化学品厂面世，此时的葛文耀，刚刚从上海火柴厂调到上海市日用化学品公司党委办公司任科员。

1985年，葛文耀走马上任成为上海家用化学品厂厂长，把处于边缘产品的美加净做大做强，陆续推出了护肤、护发、护手等美加净系列产品，短短几年就把美加净推到中国化妆品第一品牌的位置。1990年，美加净达到了第一发展阶段的巅峰：那一年全国化妆品市场销售30亿元，美加净一个品牌就销售了近3亿元，占全国化妆品市场份额的1/10。

1991年，美加净和露美两个品牌合资并入上海露美庄臣有限公司，美加净年销售额一下子跌落到6 000万元。1995年，上海家化花巨资从庄臣手中买回美加净和露美两个品牌，这便是《解放日报》裘新、何洛先撰写的那篇报道的由来。

让很多人不解的是，上海家化在重金赎回美加净后，美加净却又在自家闺中徘徊10年，发展缓慢。

其中缘由十分复杂。

从合资企业庄臣公司回来后，有了强烈品牌意识的葛文耀，回到家化当年就推行了品牌经理制，但品牌经理人面对回归后的美加净，却显得有些尴尬。

此时的美加净品牌，仍然归属4家企业所有，其他3家牙膏、洗衣粉、香皂在境外品牌的冲击下，全部处于亏损状态，大大降低了美加净品牌的含金量。特别是，就在上海家化赎回美加净品牌的当年，上海牙膏厂与联合利华合资，美加净牙膏成为联合利华旗下的低端品牌，品牌含金量大打折扣。而且,万一拥有美加净品牌的上海合成洗涤剂厂生产美加净洁厕精,无疑对美加净护肤品品牌是极大的损害。

葛文耀曾经做过很多努力,希望能把4个品类的美加净品牌合并在一起,始终未能如愿。在此情况下,如果投入大量资金推广美加净,一个品牌4个品类,品牌定位模糊不清。这是葛文耀犹豫的原因之一。

其二,家化厂在合资后,所有优质资源全部划归合资企业,留下的母体大伤元气。葛文耀回归后励精图治,将有限的资金优先投入到六神品牌系列产品的拓展和新产品佰草集的研发上,难以腾挪出多余的资金关照美加净。90年代末,美加净的市场份额被六神超过。

1992年底,上海家用化学品厂更名为上海家化联合公司(以下简称家化公司),脱离日化公司直接归属上海市轻工局。有了较大自主权的家化公司一鼓作气,六神系列新品迭出,市场喜人。到了1998年,家化公司第一款定位中高档的化妆品佰草集上市,葛文耀用了6年时间,把家化带上了良性循环的轨道。

就在这时,一纸行政命令,家化公司奉命兼并曾经的上级公司上海日化集团,成为上海轻工系统"儿子"吃掉"老子"的改革典范。为了消化日化集团的负资产和冗员,家化公司先后贴进去5亿元。在精力和资金顾此失彼的情况下,回到娘家后的美加净"犹抱琵琶半遮面",一晃过去了10年。

就在这10年中,中国化妆品市场从40亿元增长到500亿元,美加净的销售额却一直在亿元左右徘徊。

复兴战略:打"天然"牌

王茁,是上海家化管理层中赞同复苏美加净品牌的人之一。作为上海家化的第一代品牌经理人和第一任品牌管理部的经理,王茁对美加净品牌价值的认知有独到的见解。2004年,他刚从美国回到家化,被葛文耀委以统管市场营销的重任。他认为,美加净是一个有着强大基础的核心品牌，它的意识份额远大于市场份额，品牌认知度高达 90% 以上。把这样一个有认知、有资产的品牌做活做大，风险要远远小于新创立的品牌。

家化公司开始重新对美加净进行定位，目标消费群体为大众消费市场，重点向二线、三线城市及广大的农村市场渗透，用现在的话讲这叫"市场下沉"。为复兴美加净，家化公司把美加净的营销预算一下子提高了 50%。葛文耀说，美加净的复兴战略将保持 10 到 15 年不变。

2004 年，美加净高调复出，频频在中央电视台亮相。随着美加净系列产品的推出，养颜产品推出蜂蜜、白睡莲、翠竹等"新天然"系列，护手推出芒果、石榴、覆盆子、椰子等果凝系列。这些强调天然、保湿、润泽功效的产品，符合 21 世纪人们对绿色天然产品的诉求。

2009 年，美加净品牌厚积薄发，面霜和手霜两大当家产品，因主打保湿功能赢得消费者认可，以每年 20% 的增速驶入发展快车道。

2012 年，在美加净品牌诞生 50 周年之际，它的销售增速达到了 30%，销售额从 1 亿元增长到 5 亿元。美加净的明星产品"凝脂倍润护手霜"，在国内最具价值的网络互动时尚媒体《Only lady 女人志》发起的护肤品评选中，出人意料地将欧舒丹、露得清、妮维娅等进口品牌甩在身后，赢得"2011 年度手部护理天后大奖"，成为这一奖项第一支"封后"的国产护手霜。

第七节　风起东方佰草集

葛文耀对市场的前瞻性，在佰草集品牌的定位上体现得最为充分。

佰草集的研发、立项，最早始于 1995 年年底。此时的中国，成为外资企业竞相逐鹿的大市场。处于转轨期的国有企业，突然被断了"奶"，独自面对早已在市场经济海洋中娴熟戏水的外资企业，根本无招架之力。要么合资，要么破产，特别是竞争充分的消费品行业，用葛文耀的话讲,"一碰到外资企业,就摧枯拉朽般地一下子都倒闭了"。

夹缝中另寻出路

最为典型的就是上海可蒙公司。很多有点年纪的人,都记得当年有一款儿童护肤品叫"孩儿面",曾经是中国化妆品市场上儿童面霜界的霸主,这款儿童护肤品就是上海可蒙的当家产品。1992年葛文耀重回家化时,上海可蒙势头正猛,年销售额超过4亿元,超越了合资前有中国化妆品第一品牌之称的美加净(合资前年销售额3亿元。——记者注)。

但在1994年,德国汉高公司收购了拥有孩儿面品牌的上海可蒙公司,"孩儿面"摇身一变,成为汉高的品牌。在百度上搜索"孩儿面",跳出来的文字是:"'孩儿面'作为全球著名的德国汉高旗下明星品牌,以高瞻的市场战略眼光和专业的儿童护肤理念,致力于为每个中国孩子解决肌肤问题并提供专业的护肤知识。"如今,市场上婴幼儿护肤品琳琅满目,"孩儿面"早已风光不再,渐渐淡出消费者视线。

同年,中国牙膏工业的创始品牌、一直稳居中国牙膏市场第一把交椅的"中华牙膏",被来自英国的联合利华收购,"中华牙膏"品牌落入联合利华囊中。

20世纪80年代,外资化妆品品牌抢滩中国市场的初期,瞄准的是中高端消费群体。到了90年代中后期,外资企业开始纷纷调整战略,通过合资、并购的形式,向中国化妆品的大众化消费市场渗透。面对外资企业虎视眈眈地"要么吃掉你、要么打死你"的全面出击,葛文耀觉得,家化的产品如果单靠低端市场博弈,终究不是长久之计。既然外资品牌可以来抢占国内的低端消费市场,我们为什么不能抢占它的中、高端市场?

法国欧莱雅集团大众消费品部总经理无意中的一句话,刺痛了葛文耀。

法国欧莱雅(L'Oreal),是改革开放后较早进入中国市场的国际化妆品大牌。早在1987年,家化公司就开始与欧莱雅进行技术合作,葛文耀原本是和欧莱雅的香水美容事业部合作，但欧莱雅总部觉得中国的化妆品市场太低端，便把合作对接的部门换成大众消费品部。大众消费品部是欧莱雅集团旗下最大的一个部门，当时的总经理有一个中文名字：墨伟力。

一次，墨伟力应邀来到家化公司保定路上新落成的办公大楼，正好碰上周末公司员工在一楼大堂里举办交谊舞比赛。墨伟力的神情有些诧异，当时家化公司新大楼的装修，在上海国有企业中绝对是绝无仅有的，宽敞漂亮的大厅，铺着红地毯的7楼科研中心的走廊，足足有8米宽。墨伟力在办公大楼的咖吧落座后，突然莫名其妙地冲着葛文耀说了一句话："我们不怕你们的，我们产品可以在全世界卖，你们的美加净、六神只能在中国卖。"

尽管这句话有些没头没脑，而且墨伟力讲这句话时的语气很冲，但葛文耀是一个逆向思维经常反省的人。他知道，墨伟力讲的这句话并没错，家化的确是靠差异化的低端产品才得以生存的。

他暗下决心，要开发出一款属于家化自己的中、高端产品。

六神的成功，得益于中草药古方的独有性和中医药文化在国民中的深厚根基，上海家化要推出的第一款中高档护肤品，也必须打"中国元素"——中草药这张牌，而且目标最终是要走向国际市场。

葛文耀亲自带研发团队赴法国实地考察，发现欧洲的许多大牌化妆品企业，已经开始把从天然植物中提取有效成分作为重要的科研课题，而中国却还没有一家化妆品企业对中草药产品进行系列开发。考察的结果，更加坚定了葛文耀把中草药系列，作为敲开中高端化妆品市场"敲门砖"的信心。

1995年，家化公司派人远赴神农架考察中草药资源，年底，佰草集品牌研发正式立项。

三个重要"转折点"

当时，葛文耀组织家化公司科研人员开发了两套高端产品，一套是笛诗（Distance）香水，一套是佰草集。

葛文耀：这两套产品都是家化独立开发的，但笛诗是完全西化的化妆品，从香水开始做；佰草集是用西方技术做出的中国产品，我用了个比喻，佰草集是"用西方现代技术画的水墨画"。

1998年，上海家化迎来百年厂庆。经过近3年的孕育，这年的8月28日，佰草集在上海"低调"上市。

说是"低调"，是因为佰草集在推广上没有采用以往的电视广告明星代言方式。这款中高档护肤品定位于崇尚天然、健康的都市知性白领女性，这类人大多有独立精神，不会盲目迷信明星。但佰草集的"低调"却不失"奢华"，它的第一家专卖店选在上海黄金地段淮海中路上的香港广场，这家刚刚落成开业的高级商业商务楼，实行的是全港式管理，进驻商铺的全是国际大牌，场租之高可想而知。当时，尚不被人所知的佰草集跻身这些国际顶级品牌之中，足见家化公司进军高端化妆品市场的决心和底气。

但是，佰草集的成功之路并非一帆风顺，它曾经连续7年亏损，这期间，经历了3次重要的转折点。

第一次转折：从洗护到护肤。

佰草集最初的研发配方，是完全模仿英国的一个著名的化妆品个人护理品牌BODY SHOP。BODY SHOP的中文名称为"美体工坊"（也有称"美体小铺"），它的配方为全系列草本，强调产品的天然性和安全性，深受消费者的青睐。2006年，BODY SHOP被法国欧莱雅集团收购。

模仿BODY SHOP的佰草集，主打洗护产品，而且配方上也加入了很多香料。有一次，葛文耀在香港的商场里，偶然看到法国欧苏丹品牌在促销，香波、浴露2瓶套装只卖180元港币。葛文耀突然意识到，BODY SHOP不符合中国市场的需求。第一，它以香味产品为主，国外的消费者喜欢浓郁的香气，但中国人不是特别喜欢香味的化妆品，也正是这个原因，中国人对香水的消费远不及国外。第二，洗护产品毛利比较低,产品细分化程度也低,但护肤品则不然,细分化程度高,毛利也高。最重要的是,欧洲人香水消费高,美国人彩妆消费高,而中国人则以面部护肤品消费为主。因为,多数国人认为,脸远比身体肌肤重要。

佰草集护肤系列产品

回到上海,葛文耀立即找来家化公司当时负责佰草集品牌的黄震。他对黄震说,"洗浴产品没什么大的升级换代,东亚国家的护肤品消费,基本上要占到化妆品市场的50%。佰草集要朝着护肤品方向发展,可以不断地细分化,比如保湿、美白、抗皱。只有以护肤品为主,才能做高毛利。"

葛文耀否定了佰草集继续走 BODY SHOP 的香味路线,推动佰草集改变定位,开始主攻以中草药为主的细分化的护肤品。这是佰草集的第一次重要转折。

第二次转折:从植物精华到草本复方。

佰草集从1998年正式推出起,打的就是"中草药"牌,包括葛文耀在内的所有家化人,也都对佰草集的"中草药"属性深信不疑。直到有一次,前国民党将领陈诚的儿子陈履安来上海,看到专卖店里的佰草集,被它的"现代中草药古方"的概念所打动,希望能做佰草集的台湾地区总代理。

葛文耀让佰草集的品牌总监徐蕾跟陈履安谈代理事宜,过了3个月,不见有下文。

葛文耀就去问徐蕾:"陈履安的代理合同签了没有?"

徐蕾回答:"陈履安说,你们这个佰草集不是中草药,是植物精华。"

葛文耀:植物精华只是把中草药的原材料,按照植物精华的方法去提取,单味提取,就没有特点了,就是天然的东西。中草药的概念是复方的,"君臣佐使",就是以一味中药为主,其他几味中药为辅,这样才会发生作用,这才是真正的中医中药。

"君臣佐使"出自《神农本草经》,是中医药方剂配伍的基本原则,"君"为主药,其余为辅药,"君""臣"相佐,"主""辅"相成,才会产生功效。

葛文耀把科研和市场部的人找来,告诉他们,"护肤品全世界有几千套,成功的几百套,我们要做中国特色的护肤品,就要做真正的中草药!"

上海家化的研发团队在技术总监李慧良的带领下,经过多次攻关,最后推出了佰草集的太极系列,这是中国第一款真正意义上的中草药护肤品。

这第二次转折,是佰草集品牌的一次"革命性"跨越。

佰草集太极系列产品

集百草于一身,独特的中草药属性,使得佰草集在众多护肤类化妆品中独树一帜,抢占了差异化竞争的先机。尽管后来许多本土和外资化妆品企业,纷纷效仿推出中草药成分的产品,但都难免"东施效颦",只是在"植物精华"的圈里打转,始终无法超越佰草集在市场上的巨大成功。

第三次转折:从粗放经营到重视单产。

佰草集在上市之初,为了尽快占领市场,除了在上海、北京等9大中心城市设立自营店之外,销售上主要依靠的是特许加盟店和代理商制度,而且给代理商的折扣很大,最高时100元的销售额,家化公司所得销售净价只有25元。这种模式在佰草集发展初期,的确是起到了开拓市场的重要作用。

到了2005年,佰草集的销售增长开始驶入发展快车道,专卖店突破100家,代理商的问题开始显现。

发现代理商的问题,源自一次偶然。

2008年,佰草集的市场销售呈快速增长势态,公司管理层都很欣慰,上上下下一片报喜声。就在此时,葛文耀接连收到5个熟人希望加盟佰草集的请求,这5个人中,有自家亲戚,有原日化公司老领导的亲戚,还有黑龙江的知青战友。当然,葛文耀严格规定公司高管不得介绍业务,自己自然不会带头违反规定,所以一个也没接茬。

但葛文耀一向是居安思危,他脑子里划了个问号:销售从来就不是朝南坐,大流通业务就没有人来"开后门",为什么现在会有人托关系加盟佰草集?

他立即让家化集团和股份公司的审计人员对佰草集业务进行集中审计,又让当时佰草集在全国的各个网点把专柜照片拍回来。当时,上海家化的总经理曲建宁两次来找葛文耀,劝他不要搞这么大的动静审计佰草集公司,说"这么搞,会打击佰草集公司的积极性的,影响佰草集的业务"。

审计报告出来和专柜照片拍回后,回答了葛文耀之前的疑问。原来，代理佰草集利益巨大，比代理六神、美加净的利润要高出7到8倍！由于给代理商的返利太高，导致佰草集销售净价太低，影响了产品利润。

专柜照片则显示，这些代理商为了跑量拿奖励，热衷于发展二级代理，并没有把精力放在专柜上，店头专柜摆放随意，缺乏统一标识，不利于佰草集品牌形象。

就在发现问题的当年(2008年)，葛文耀连出三记"重拳"，整顿佰草集销售模式：第一"拳"，取消佰草集的二级代理商模式，只保留一级代理；第二"拳"，改变对代理商的交易对价和激励政策，当时家化给代理商的开票价是"四二扣"，也就是100元的零售价，代理商只付42元，家化再补贴给代理商销售费用17元，企业最终只得到销售净价25元。葛文耀将销售净价由"二五扣"提高到"五二扣"，并改变以往的以量返利的激励政策，以"单产"为最终销售目标；第三"拳"，把科研部首席设计师派到佰草集任首席设计师，由公司统一设计店头形象，这就是家化的品牌首席设计师制度。

家化首席设计师设计的佰草集专柜　　　　佰草集上海淮海路旗舰店

提高"单产"，是佰草集从粗放式的"大流通"，到精细化运作的又一次跨越式变革。葛文耀甚至亲自"上阵"，给公司全体市场和销售人员做培训。他让所有人员都要牢记，"单产"，是品牌的生命线，是公司可持续发展的基础，对公司的未来有着重要的战略意义。

一次葛文耀去河南、天津考察佰草集的两个最大的代理商，还不忘在代理商会议上宣传"单产"的重要性。他用了个形象的比喻来说明提高"单产"所带来的效益:"一个单产40万元到50万元的专柜,就等于你的一颗摇钱树。"

"单产",就是在有限面积内提升销售额,销售额越高利润就越大。

佰草集是上海家化最早重视"单产"、并将提高"单产"作为重点课题的品牌。制定以"单产"为销售最终目标的策略后,到2013年,佰草集的月均"单产"从最初的4万元,提升到16万元,销售净价提升到每百元销售额62元。2013年上海家化化妆品利润8.5亿元,佰草集贡献了70%以上。

佰草集的发展之路,是一个优秀民族化妆品品牌的成长之路。

2001年7月,上海佰草集化妆品有限公司成立,这是上海家化第一次为一个品牌注册成立独资子公司;同年底,上海家化又注册成立了上海佰草集美容服务有限公司,形成专卖店+专柜+SPA"三位一体"的销售模式。

2002年11月,香港佰草集有限公司成立,佰草集产品首次走出内地,落户香港市场。

2005年1月,佰草集专卖店突破百家;2006年2月,在《21世纪经济

佰草集汉方SPA北京西路旗舰店外景　　佰草集汉方SPA北京西路旗舰店内景

报道》和《21世纪商业评论》联合发起、中国内地众多权威机构参与的2005年"中国创造奖"评选活动中,佰草集获得消费品领域"中国创造——2005中国最具创造力产品"大奖。

2007年7月,以"佰草集"命名的佰草集中药研究所成立;同年11月,法国总统萨科齐率团访华,在上海会见中国企业家时,葛文耀亲手把佰草集"太极泥面膜"礼盒送给萨科齐,告诉他这是法国人设计的中国品牌,并不失时机地表示,"佰草集"正打算全面进入法国市场。

2007年与法国总统萨科奇在外滩18号合影

2008年9月1日,在佰草集上市10周年之际,上海家化借助世界顶级奢侈品集团LVMH旗下的法国高档化妆品连锁零售商丝芙兰(Sephora)这艘巨船,让佰草集成功走出国门登陆欧洲,在法国巴黎香榭丽舍大街丝芙兰旗舰店开设专柜,实现了中国民族化妆品品牌在欧洲主流市场零的突破。随后,佰草集17个品种进驻法国境内30家丝芙兰主力门店,主打产品"太极泥"面膜在法国全境230家门店分销。"到2010年5月,佰草集在法国的月销售额已经达到10万～20万欧元,成为丝芙兰销售排名前5位的产品"。[1]

---

[1] 李飞,薛镭. 上海家化成功之道[M]. 北京:机械工业出版社,2012.

法国巴黎香榭丽舍大街丝芙兰旗舰店佰草集专柜

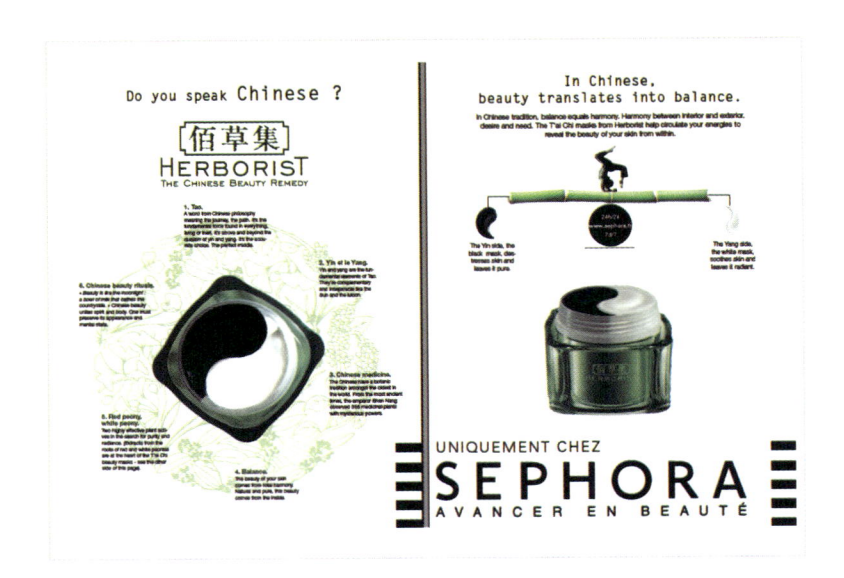

佰草集产品法国上市在巴黎各街头的大型广告招贴

随后几年,佰草集先后进入荷兰、土耳其、西班牙、意大利、波兰、丹麦等国家的丝芙兰门店;2013 年,在佰草集上市 15 周年之际,借助德国精品化妆品连锁巨头道格拉斯,佰草集进入德国市场。

15年的努力,佰草集不但在国际市场中占有了一席之地,在国内的终端渠道也已超过1200家。2013年葛文耀离开家化时,佰草集的年销售收入达到了18亿元,成为上海家化最为成功的中、高档化妆品品牌。

但随着葛文耀的离去,佰草集每况愈下,18亿元的销售额,成了它之后再也无法超越的顶峰。

"佰草集是中国化妆品市场的一个典范"

葛文耀:家化有两个品牌做得很好,最好的是六神,是大众化的品牌,还有一个就是佰草集,中、高端产品。佰草集亏了7年,7年以后才有利润,但是一盈利就发展起来,不得了。佰草集后来是家化主要的利润来源。它毛利高,它的销售额占家化总销售额的1/3,利润占家化总利润的半壁江山都不止。

佰草集是真正做到在比较高端的市场上,能打过外国品牌的中国民族化妆品品牌,而且能进入法国市场。这个品牌在中国化妆品市场上,应该说是一个典范的品牌。

我2013年离开家化时,佰草集的出厂价要18个亿,零售价是30几个亿。六神毛利也可以,出厂价19亿,是夏季第一品牌,超市里少不了六神。大概是2009年到2010年的时候,联合利华想花60亿买我六神这个品牌,我不见他们。

佰草集现在下滑得很厉害。几个月前,佰草集的一个高管来,送我一套佰草集的产品。我打开一看,怎么用金盖子?佰草集的概念本来就是绿色的,用金的又贵又不好。现在又去做彩妆,佰草集怎么好做彩妆呢?它是天然中草药的中医原理,跟彩妆有什么关系?

现在最大的问题是,家化市场部的人都走光了,都是新的人在做。家化品牌团队有20年了,一个品牌做出来,当中会走很多弯路,佰草集、六神、美加净、高夫都走过弯路。比如佰草集,他们当初要做男士护肤品,我建议不要做,他们还是坚持要做,结果做了以后效果不好。护肤品哪有一个品牌男女都做的呢？很多牌子都是这样。后来他们又要做儿童的，还是老问题，后来没做成。

这个团队假如还在，绝对不会去做彩妆。谢文坚把佰草集公司的3个总监、市场部3个总监还有科研团队全部搞掉了，你说佰草集还怎么做下去？科研中心的李慧良团队，10多个人全部出去了，开发没有了，那你说，佰草集还怎么做下去？

第八节 三个品牌故事

上海家化是个多品牌的化妆品公司，在家化的品牌矩阵中，除了人们熟悉的六神、美加净、高夫、佰草集、已停产的清妃和被搁置的双妹之外，还有后起之秀家安、玉泽和婴童品牌启初。走一步看三步，未雨绸缪、提前布局，不打无准备之仗，是葛文耀的品牌战略之道。

被疫情逼出的品牌——家安

2003年3月，非典来势凶猛。

非典即"非典型肺炎"，英文SARS，指严重急性呼吸综合征，于2002年末在中国广东发生，后扩散到东南亚乃至全球，是一次全球性的传染病疫潮。这场疫情导致中国内地累计确诊病例5 327例，死亡349人；香港和台湾地区分别累计确诊1 755例和665例，死亡300人和180人。

疫情，给中国正常的生产、生活秩序带来极大影响，全国的头等大事就是抗击非典。葛文耀琢磨着，在这场全民抗击非典的战役中，上海家化能够做些什么？

此时，一条电视新闻引起了他的注意：在中医泰斗邓铁涛的指导下，广州中医药大学第一附属医院用中医的办法治疗非典，实现了零死亡、零转院、医护人员零感染的"三零奇迹"。

同时，一份来自家化市场研究部的报告显示，自非典暴发以来，滴露、威露士等外资品牌呈现几何级数增长。而在此之前,家用除菌消毒清洁类产品,在全国顶多也就1亿~2亿元的市场规模,滴露家用消毒产品在国内几大城市的产品渗透率还不到1%。事后有统计表明,SARS期间,此类产品至少有5至6倍的增长。

中医药、家用除菌消毒,这两个信息在家化科研部的产品储备库里,找到了最佳匹配。

"中草药空气清洁剂"储备于1994年,这是一种全中药成分的复合消毒喷剂。当初研发时,针对空气是呼吸道传染病的主要传播途径,研发团队设想用中草药喷剂对空气进行消毒,切断传播途径。经过五种配方筛选,终于设计出全中药、安全有效、原材料又易于采购的天然消毒喷雾剂。经权威部门测试,此产品对病毒及多种病菌都有很强的杀灭作用,能有效杀灭空气中的病原微生物。

"免洗除菌凝露"储备于1999年,是一种新型手部杀菌产品。这种用于手部杀菌的凝露产品,1998年由美国、日本日化公司率先开发,由于其具有强大的杀菌效能,且涂抹后无须冲洗,因此在美国一上市,立即受到普通消费者和医务人员的欢迎。此产品在美国问世第二年,家化科研中心就完成了相关研发和技术储备。

"大事件可能产生大品牌",葛文耀说。

机会永远是给有准备的人的。上海家化的科研产品储备制度,让在库里"休眠"多年的研发配方,在突然到来的非典疫情中有了用武之地。

虽然配方是现成的,但要使之商品化,按照常规至少需要三个月的时间。疫情不等人,市场也不等人,非常时期用非常手段。葛文耀调集市场部和科研中心的骨干人员,组成了临时攻关团队,集中到家化设在青浦中央工厂的科研中心一起办公,意义无须多讲,每个人都全力以赴。

产品包装印刷制版,以前需要一个月的时间,但疫情时期时间就是生命。葛文耀对大家说,"我们不能坐等时间,真正制作一个印刷版,过程其实只需要几个小时,只要大家去争取,不管是凭借我们是大客户的影响力,还是付给对方加班费,不管采取什么办法,都要抢出时间来"。

攻关团队夜以继日,只用了13天,就完成了"中草药空气清洁剂"和"免洗除菌凝露"两个产品的开发包装设计工作,创造了前所未有的产品开发速度。

产品开发设计完成,接力棒传到中央工厂。

凝露产品家化之前从来没有生产过,而且凝露产品的主要成分是酒精,需要防爆处理,原本需要4天安装新设备,结果中央工厂的工程技术人员,只用了两天时间就完成了新设备的安装调试,第三天上午试生产,一次投料成功,下午就正式投产。

这一天,是2003年的4月26日。

两个产品项目从4月10日开始启动,一口气完成了市场调研、包装设计、商标注册、有关政府部门的审查报告、原材料采购和生产,前后仅用了三个多星期。以往家化旗下产品从立项到上市,至少需要半年的周期。

一场疫情逼出了一个"家安"品牌,2003年4月29日,上海家化的家安免水除菌凝露和家安好空气中草药空气洁净剂正式上市销售。这两个产品优先供应疫区,一个星期就出货2 000万罐。尽管中央工厂开足了马力,产品依然供不应求。到2003年8月,家安跟随着非典这个大事件,销售实现了4个月的爆发式增长。

"如果不是SARS的出现,家安的上市可能还要延迟两到三年的时间。"当年参与过家安攻关的一个家化员工回忆说。

非典疫情过后,上海家化科研中心根据家用空调散热片污染严重和八成家用全自动洗衣机细菌总数超标的调研报告,又开发出国内第一款空调清洗剂和洗衣机槽清洗剂,确立了"家安"品牌的地位。2010年,家安空调消毒剂在上海的市场份额已经占到80.3%,至今,这两款家用消毒产品,仍牢牢占据着该品类国内市场第一的领导地位。

"大事件可能产生大品牌",葛文耀当初的这句话,得到了应验。

"美目扬玉泽"

"美目扬玉泽,蛾眉象翠翰",出自西晋文学家、书法家陆机的《日出东南隅行》。"玉泽"原意指玉的光泽,古人常用来形容女子皮肤光滑细腻,也暗指女子暗送秋波。

玉泽,是上海家化的第一个药妆品牌,也是中国第一个民族药妆品牌。

玉泽的命运,可谓是一波三折:它在第一任董事长葛文耀手中孕育而生,却被第二任董事长谢文坚弃置冷宫,第三任董事长张东方上任后又将其"复活"。

所有化妆品的基础研究,都可归为皮肤研究。2003 年,上海家化的一批留学归国博士,联合国内外皮肤科专家和各大医学机构,成立了"实效护肤研究中心",从医学角度寻求肌肤问题的解决方案;2004 年,上海家化科研部与上海瑞金医院皮肤科建立了产学研合作项目。

2008 年,葛文耀看到家化科研部的一份报告,报告中提到,一款由"实效护肤研究中心"研发出的皮肤屏障修复乳液,已经在上海瑞金医院皮肤科临床实验 4 年,证明其效果超过了欧莱雅的"理肤泉"和法国皮尔法伯公司的"雅漾"。

欧莱雅集团众所周知,"理肤泉"是其旗下的药妆系列品牌,以理肤泉小镇的温泉水作为生产原料。皮尔法伯护肤化妆品公司隶属于法国皮尔法伯医药集团,"雅漾"是其旗下专门针对敏感性肌肤使用的品牌,是药房专卖产品,其生产原料同样是来自同名雅漾温泉水。

这两家欧洲著名的大公司葛文耀都曾经去考察过,两家化妆品公司的专业性给葛文耀留下了深刻的印象。如今家化研发的皮肤屏障修复乳液,修复效果居然超过了"理肤泉"和"雅漾",而且经过了三甲医院皮肤科的 4 年临床验证,这么好的产品,怎能让它藏在"深闺"人不识?

葛文耀当即召集家化市场部和科研部相关人员,提出开发这款产品的要求。

当时,中国的化妆品还没有药妆这个品类。家化研发人员参考了国外药妆,提出了皮肤屏障修护调理乳、调理霜、精华乳、喷雾水等七个产品系列。而"玉泽"的名字,同样来自家化的品牌库。

2010年,经过了600例临床功效验证、1 000例临床使用,玉泽皮肤屏障系列正式推向市场。这款药妆系列,采用的是创新的PBS技术(Phyto Bionic Sebum,植物仿生脂质技术),从特定植物中提取与人体皮肤屏障脂质相似的结构成分,促使皮肤自身

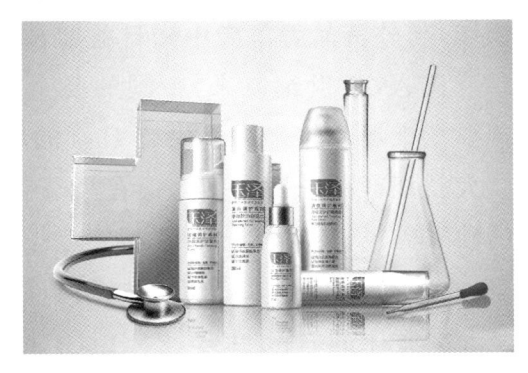

中国第一个药妆品牌玉泽

屏障功能自愈再生,从而达到修护皮肤屏障的功能。

2013年,玉泽清痘系列紧随其后上市。上海家化的玉泽药妆系列,填补了中国化妆品产业没有药妆的空白,在国内医学界获得高度认可。这个差点被谢文坚"扼杀"的品牌,成为继六神、佰草集之后,上海家化化妆品业务新的增长点。根据年报,2019财年,玉泽的销售额实现了近80%的增长,尤其是线上销售格外亮眼,仅双十二的销售额,同比增长就超过了590%。

有趣的是,2010年玉泽皮肤屏障修护系列上市后,葛文耀是从市场上才看到玉泽产品的真容的。此时上海家化的产品研发、储备制度已经规范运作,项目只要开个头,一切都会循序推进,根本不需要董事长亲力亲为盯细节了。

启初:挑战初生婴童洗护用品

启初,是葛文耀在上海家化任期内推出的最后一个品牌。

研发高端婴童护理品牌的想法,来自上海家化年会的一次"头脑风

暴"。

2011年7月,海南三亚。

在上海家化坐落在亚龙湾的万豪酒店会议室里,上海家化的年会讨论进行得如火如荼,讨论话题集中在:家化是否要在高端婴童洗护用品领域,与外资品牌争夺中国日益增长的婴童市场?

进入21世纪以来,中国的婴童市场需求增长迅速,有数据显示,中国婴童市场几年来一直保持15%的增长速度,已经成为仅次于美国的第二大婴童产品消费大国。但在高端婴童洗护用品领域,一直是外资品牌的独家秀场,中国本土品牌不见踪影。上海家化虽然很早就推出了美加净、六神儿童洗护用品,但都是属于低端产品。

婴童用品、特别是0~4岁婴童的用品,最考验企业的科研实力。年会的讨论得出结论:上海家化不能在中国高端婴童洗护用品市场上缺位,而且,要做就挑最难啃的骨头啃——向0~3岁婴童洗护用品挑战!

0—3岁婴童洗护品牌启初

2011年的年会过后,上海家化没有丝毫耽搁,马上立项开发高端婴童洗护用品,由技术总监李慧良亲自担纲。

0~3岁初生的宝宝,皮肤最为娇嫩,产品的安全性门槛也最高。开发团队提出了采用植物胚芽作为原料的配方方案,因为万物在萌芽初始阶段,蕴含着温和又强大的力量,有着勃勃生机,最适合呵护初生宝宝的肌肤。

配方方案有了,但在家化的品牌库里却找不到合适的品牌名称。于是,上海家化采用市场化方式向全社会征集。第一次征集到的10多个名称,开发团队一个都不满意,于是又第二次向社会征集。

在第二次征集上来的名称中，有一个"启初"，让李慧良为之一振："启"是开始，"初"也是开始，这与正在构思的配方中采用植物胚芽作原料，不是正好贴合嘛！李慧良至今说起当初神一样出现的"启初"名称，仍在感叹这两个字"有无限的想象力！"

"取自然之初，育生命之初"，成为启初的品牌理念。经过历时 3 年多的研究与探索，启初的"植物之初系列"产品完成开发投产，这个系列由嫩莲、胚米、胎菊、绿茶 4 个子系列组成，涵盖洗浴、润肤、湿巾、洗衣液、护臀膏等全季节、全品类产品。

就在启初"植物之初系列"产品开始投产准备上市之际，发生了一个小插曲。

有一天，葛文耀无意中听到家化的几个销售人员在一起嘀咕，"启初产品定价太高了，因为不这样毛利率就不够。"

葛文耀觉得这是个问题，不解决会影响到启初今后的销售，便马上召集有关人员开了个临时会议，仔细研究启初为什么成本这样高？有没有解决的办法？梳理过程中发现，原来是家化负责供应链的一位高管将启初产品安排外加工，这样工费自然就高。

找到症结，葛文耀说，"我们自己的中央工厂机器设备折旧少，生产任务饱满，分摊的工费少，这样成本会下降不少，毛利率自然就高了"。

问题解决后，葛文耀觉得这是个管理问题，就给相关人员详细讲了产品的定价原则，并在当天发了一条微博，这一天是 2013 年 6 月 2 日。

葛文耀微博：产品定价绝不是按成本，定价依据一，是提供给消费者的价值；二，怎么确定价值，与顾客已接受的同类产品比较（品牌、配方、诉求、包装）优劣；三，取决品牌定位。提高毛利率有很多方法，在生产环节，为保证质量，一般不动配方，在外包装和工费有较大空间。

2013 年 8 月 6 日，启初"植物之初系列"全套产品正式上市，这是中国第一个以初生自然能量呵护初生婴幼儿的个人护理品牌。同月，家化佰草集的太极丹系列、玉泽的去痘系列也同时面市。

这距离葛文耀离开家化，只有一个多月的时间。

当天，葛文耀发了一条微博，称几个新品同时亮相，这才是"厚积薄发"。此时，他去意已决，希望能为家化未来的发展布好品牌金字塔。

也许是预见到自己离开后，接任者可能会批评他的品牌布局，葛文耀在2013年7月到9月之间，写了十几条微博，阐述化妆品公司多品牌战略的重要性和条件，以及每个品牌在市场和家化业务中的重要性和必要性。

葛文耀在家化28年，除了美加净是老品牌、双妹是华丽转身重新"复活"的品牌外，他先后打造了六神、高夫、家安、佰草集、启初、玉泽以及佰草集汉方SPA服务品牌和CS（化妆品专营店）渠道品牌典萃，使得家化成为国内化妆品行业唯一具有品牌金字塔的化妆品企业。

2013年9月17日，葛文耀离开了家化。如他所料，继任者谢文坚砍掉了一半品牌，只留下5个品牌，并且修改了公司愿景，要把上海家化打造成为一个专注日化产业的公司，葛文耀28年为之呕心沥血铺就的上海家化时尚产业的品牌之路，被迫中断。

第四章

中国人不该这么穷

本章提示：他本该留学法国，却因"文革"改变了人生轨迹；10年动乱，他从品学兼优的学生党员，到"修正主义的苗子"屡遭批斗；他在黑土地上当过知青，也在街道里收过废品；北大荒的那个寒夜，他伴着尸体仰望星空；半年中走遍中国最贫困的乡村，农民的赤贫颠覆了他的认知；目睹最真实的农村社会，独立思考、务实作风和悲悯情怀开始养成；一份世界银行发展报告，给他带来市场观念的启蒙；"中国人不该这么穷"；多年后他掌管上海家化，"让家化员工过上好日子"，成为他搞好企业的最原始的动力。

葛文耀祖籍宁波余姚，父母都是宁波人。祖父曾经是个生意做得不错的商人，祖母很早就过世了，祖父后来又娶了个叶氏女子为妻。

葛文耀的这个继祖母来头可不小，来自清末赫赫有名的民族商业巨子叶澄衷家族。

叶澄衷，中国最早的一代民族资本家，宁波商帮的先驱和领袖，经销五金零件起家，有中国"五金大王"之称。他开设的票号、钱庄，鼎盛时多达 108 家，上海燮昌火柴厂、纶华缫丝厂也是他的产业。以叶澄衷的名字命名的上海澄衷高级中学（原名澄衷学堂，1901 年落成），就是他捐道契 25 亩、现银 10 万两兴建的。这是中国第一所私立新式学校。

葛文耀的祖父虽然会做生意，无奈后来家道中落，在葛文耀的父亲葛瑞卿 15 岁的时候，祖父也过世了。

第一节　人生的第一场剧变

1930 年，15 岁的葛瑞卿到上海投靠大伯。

20 世纪 30 年代的上海，已经成为远东的第一大城市。自 1843 年上海开埠以来，外商纷至沓来，欧风东渐，上海滩便成了"十里洋场""东方巴黎""冒险家的乐园"。

葛文耀的父亲葛瑞卿依靠大伯的资助，在上海读到中学毕业。毕业后，葛瑞卿没有继续读大学，而是进入了华盖建筑事务所当学徒，师从中国第一代建筑设计师赵深。

华盖建筑事务所，在新中国成立前的上海滩可是赫赫有名，创始人赵深，是中国著名建筑设计师，第一批留美学生，与梁思成是同学。中国建筑设计史上曾有"北梁南赵"之说，"北梁"指的是梁思成，"南赵"指的就是赵深。

赵深 1919 年毕业于清华学校，1923 年毕业于美国宾夕法尼亚大

葛文耀的父亲葛瑞卿在他参与设计的中苏友好大厦（今上海展览中心）前留影

学建筑系。他在上海留下很多建筑设计作品,其中最著名的就是上海南京大戏院(今上海音乐厅)和上海八仙桥青年会大楼(今青年会大酒店)。新中国成立后,赵深任华东建筑设计院副院长兼总建筑师。

品学兼优的学生党员

1947年2月18日,葛文耀出生在上海。此时,父亲葛瑞卿已经在华盖建筑事务所就职多年,是赵深仅有的3个徒弟之一。新中国成立后,葛瑞卿在华东建筑设计院任高级工程师。

葛文耀的母亲陈竹青也是宁波余姚人,与葛瑞卿是同乡,与丈夫成亲后没有工作,在家里相夫教子,打理家务。葛文耀长得很像父亲,但受母亲影响很大。母亲陈竹青虽然没上过正式的公学,但她读过私塾,能看书写信,深明大义,常给葛文耀兄弟姐妹们讲些做人的道理。葛文耀从小被母亲教诲"做人要诚实""知足常乐""不要不义之财"。这些人生启蒙,对他后来价值观的形成产生了很大的影响。

葛文耀有兄弟姐妹5人,他排行第四,上面有一个哥哥,两个姐姐,下面一个妹妹。尽管葛文耀的母亲不工作,但是他父亲的月工资有160元,这在当时那个年代,绝对算得上高收入,养一家7口人,足可以维持小康之家的水平。

全家人住在静安区新闸路上的一栋石库门房子里。石库门是老上海最具特色的居民住宅,中西合璧,有天井围墙,正中大门以石料作门框,故得名"石库门"。石库门虽处闹市,却有高墙深院、闹中取静的好

1968年下乡前与母亲在家门口合影

处，最初是有钱人家的住宅。

葛文耀因为是家里最小的儿子，深得母亲疼爱，幼年过得无忧无虑。

1996年陪双亲游上海植物园，右一为太太朱正久，这是葛文耀与父母的最后一张合影。

1960年，从上海的北京西路小学毕业后，葛文耀在上海市五四中学度过了8年的时光，这是个初、高中连读的学校。原本应该在1966年秋季毕业的葛文耀，因为"文革"搅动了学校的正常秩序，五四中学的66届毕业生，全体滞留学校两年。直到1968年，五四中学的66、67、68三届毕业生，才一起毕业离校。

从小学到中学，葛文耀一直是个品学兼优的好学生，历任中队长、大队长、团支部书记，1966年高中毕业那年，还在学校加入了中国共产党。高中生的学生党员，在那时并不多见，五四中学当时因为是上海静安区中学建党试点，所以发展了7个学生党员，葛文耀就是其中之一。

在五四中学高三(2)班任团支部书记时，葛文耀是个活跃分子，学习成绩好，组织能力强，还是学校篮球队的成员，可谓是德、智、体全面发展，深受校长周成梁的赏识。

校长周成梁15岁就参加了革命，曾任静安区团区委书记（以前叫新城区），是个资格很老的行政级别13级的干部。因为夫人被打成右派，周成梁受到牵连,被"下放"到五四中学当校长。有一次,他在全校的广播大会上讲话,说了一句"高三(2)班没有班主任没关系,只要葛文耀在就行了"。足见他对葛文耀组织能力的认可。

高中时期的葛文耀,就已经显示出组织协调才能。当时,中国受左的思想影响,凡事都"上纲上线",到处都在讲"阶级路线",学校也不例外。葛文耀任团支部书记时,班级里有工人子弟,也有出身不好的"可教育好子女"。他在班级中组织了两个学习小组:一个工人子弟小组,一个"可教育好子女"小组。选团支部委员时,葛文耀在两类出身的子弟里各挑选一人担任支部委员,这种一视同仁的做法,让葛文耀在班级里很有威信。

1966年,上海市教育系统要在高中应届毕业生中,挑选一批出身好、学习成绩优异的学生到国外留学。五四中学通过政审第一关的20多个学生去考试,数、理、化、英文4门功课,口试、笔试几轮考下来,全校就剩下葛文耀一个人通过了所有的考试。

如果不是那场史无前例的"无产阶级文化大革命"的到来,葛文耀就会顺理成章地高中毕业,然后按原定计划到法国去留学,他的人生可能就是另外一个篇章。

但人生没有"如果"。

1966年5月16日,中共中央政治局召开的扩大会议,通过了《中国共产党中央委员会通知》(简称"五一六通知"),"中央文革小组"正式成立;同年8月1日至12日,党的八届十一中全会召开,毛泽东写了《炮打司令部——我的一张大字报》,全会通过了关于"文化大革命"的"十六条"。至此,影响中国发展进程10年的"无产阶级文化大革命"运动,首先以"红卫兵"的组织形式,在全国各大、中学以"造修正主义的反"的名义,率先开展起来,随后蔓延全国各行各业。

葛文耀所在的上海五四中学也不例外。当时,学校红卫兵组织分成两派:"造反派"和"保皇派"。"造反派"取名"新五四公社",口号响亮——"造修正主义教育路线的反",矛头直指学校领导和老师,在当时很有煽动性,学生追随者众多。"保皇派"顾名思义是保护学校领导和老师,参与人数较少,葛文耀属于"保皇派"。

对于当时学校"造反派"批斗老师的情况,葛文耀的高中同学、中国工商银行上海分行原党委副书记、纪委书记吴有才,至今仍清晰地记得当时的情景。

2018年夏在铭耀资本接受记者访谈,左一为吴有才

吴有才:高中时我和葛文耀就是好朋友,特别是到了"文化大革命"停课闹革命开始,我们是一派的,"保皇派"。我们当时也想响应毛主席的号召,要反帝反修,但是落实到具体事上,看到有些班级学生斗老师、打老师,说整个学校教育都是"修正主义"教育路线,我们就想不通,觉得不是那回事情。我们在学校受的教育,一直都是很正面、很积极的,当时学雷锋也好,学王杰也好,学校对我们的教育都是正面的,怎么就是"修正主义"的了?

最主要的是,我们都有个底线。你造反可以,毛主席说过,"革命不是请客吃饭,不是做文章……不能那样温良恭俭让"。我们觉得毛主席说的大的道理都对，但是落实到具体事上，有些"造反派"，从校长到老师，甚至食堂那些老的工作人员，都要揪着斗，而且是武斗。我们就特别看不惯，你打人总不对嘛！

我记得当时学校图书馆里有个图书管理员是右派，"文化大革命造反派"把她揪出来，剃光了头打，打得很厉害。他们"造反派"人多，我们"保皇派"人少，是少数派，大部分是"逍遥派"，在家不来学校了。我们因为比较积极嘛，关心政治，经常到学校看大字报，看不惯的就和他们辩论。他们辩不过有时就动手打我们，葛文耀和我都被他们打过。

9 次被"批斗"

"文革"中五四中学的那段经历，对葛文耀来说是刻骨铭心。

当时，五四中学的校长周成梁已被打倒，被校长赏识的"小周成梁"葛文耀自然受到牵连，加上葛文耀原本已被选定出国留学，又是罪加一等。"保皇派""修正主义苗子"两顶帽子扣在葛文耀头上，葛文耀成了学校造反派批判的"黑典型"。

在学校，葛文耀先后被"批斗"了 9 次，最后一次"批斗会"，"造反派"为防止他逃跑，把他扣在学校整整一个晚上不让回家，以确保第二天的"批斗会"能顺利进行。

葛文耀：最后一次斗得很厉害，把我人扣在学校里不让回家，扣了一个晚上。第二天在学校食堂，有五、六百人批斗我，我嘴很硬，不认错，就跟他们辩论。

回到家里后，有些想不通。我记得家里客堂厅里有一把椅子，椅背可以转的那种椅子，我就坐在那里想，想了一两天。我妈妈就很担心，怕我想不开精神上出问题，就让我到武汉我哥哥那里去玩一玩，避一避，但是我没去。

葛文耀的家离学校很近，就隔着一条马路。当时，批判他的大字报从弄堂一直贴到家门口，葛文耀自己还数了数，一共是 9 张。内容除了批判他是"保皇派""保护修正主义教育路线不遗余力",还有一些侮辱性的词句,比如说他出国留学没走成是"出口转内销"等等。葛文耀的母亲一直以品学兼优的儿子为骄傲,现在儿子一下子成了"修正主义苗子",家门口铺天盖地的大字报搞得邻里皆知,他的母亲觉得在邻里面前有些抬不起头来。

"一月革命"风暴之后,葛文耀所在的五四中学,两派组织发生了"武斗",这次"武斗"搞得很凶,甚至用上了催泪弹。造反派认为,武斗是葛文耀因为被批斗后心怀不满而挑起的,是"幕后黑手",要抓他这个武斗的"主谋"。

为躲避抓捕,葛文耀从家中出逃,在一个同学家躲了一个多月。抓不到葛文耀,造反派冲到一个老师家里,把那个老师打得满脸是血。

从那以后,葛文耀就不再去学校了。

这段"黑典型"的经历,让一直顺风顺水的葛文耀尝到了人生的第一次打击。事后回忆起被批斗的日子,葛文耀说,那是他人生道路上的一场剧变。

在那个年代成长起来的人,受极"左"思想和个人崇拜的影响,缺乏独立思考精神,葛文耀也不例外。

"一月革命"风暴后,毛泽东表态支持造反派,葛文耀开始认真反思自己的"错误"。他想,毛主席讲的话总是对的,那一定是自己错了,错在哪呢?报纸上说,"保皇派"都是既得利益者,"我为什么会支持'保皇派'不支持'造反派'?

1968年下乡前与哥哥在中苏友好大厦(今上海展览中心)合影,右一为葛文耀

我是不是也有既得利益？入党、出国留学就是我的既得利益，所以才会对造反夺权反感"。

经过反思，葛文耀从内心深处认识到自己的"错误"。恰逢这时学校组织留校毕业生参加劳动，可以自愿报名参加。一心想改造思想的葛文耀主动报了名，被安排到上海703运输公司劳动。

上海703运输公司就是上海运输公司第七场第三车队，葛文耀干的是装卸氧气瓶的活。氧气瓶很重，刚刚成年的葛文耀人很瘦弱，每天把氧气瓶从仓库里拖出来，在地上滚到车旁，再用手托着把它装上车，货真价实的体力活。

劳动是没有报酬的，但车队提供一顿免费中饭。就这样，日复一日，葛文耀干了大概四五个月。1968年7月，刚刚成立的黑龙江生产建设兵团，到上海招收第一批没有军籍的兵团"战士"，葛文耀立刻去报名，准备到农村更广阔的天地去"改造思想"。

我的父亲母亲

葛文耀：我父亲中学毕业没有读大学，就直接参加工作了。我没问过父亲，怎么会到赵深的华盖建筑事务所工作，赵深在上海非常有名，他只收了3个徒弟，我父亲是其中的一个。

我父亲就跟着赵深学设计，他很聪明，自学能力强，等于是自学建筑设计。我父亲跟着苏联专家，参与过上海中苏友好大厦和北京十大建筑的设计工作。杭州刘庄是我父亲设计的。

我在微博里写过，最可怜的是我父亲和我哥哥这代知识分子，解放初期我父亲35岁，后来就是搞运动，我父亲基本没做成什么事情。最后参与设计的高层建筑是上海邮电大厦，这是上海第一个高层建筑，也算是里程碑的东西。

我母亲也是宁波人，活了82岁，1999年过世；我父亲是2001年去世的，87岁。我父亲胆子很小，但我母亲颇有胆识。记得"文革"时期扫"四旧"，我父亲想把家里的金、银器具都上交，但我母亲不肯，她说这是劳动所得，拦着没有上交，为我们几个孩子保留了一些祖传文物。

父亲百年诞辰时，我到华东设计院退管会去查他的档案。真的是很可怜的，档案里空空的，没什么东西，全部是检查，检查自己的思想"错误"。我父亲在单位胆子很小，到60岁退休，基本没做什么事情。

我在学校是学生会干部，"一月革命"时，"造反派"把"大字报"贴到我家的弄堂口，说我是"保皇派"。我家是石库门房子，他们在我家弄堂口和家门口的对面各贴了一张大字报，批判我不仅是保皇派，还是修正主义苗子。我妈心里很难受，因为我以前是德、智、体全优的学生，怎么变成坏典型了？我妈也想不通。

这个过程对我来说，是人生道路上的一个巨变啊！我一直很顺利，小学就是中队长、大队长，中学是团支部书记，高中还入了党，最后成了"黑典型"。

所以我觉得我要好好表现，用行动证明自己。后来下乡开始，我就报名下乡了。

第二节　为摆脱政治困境，成为北大荒的一名知青

从1966年"文革"开始，大批高中应届毕业生滞留学校闹革命，全国66、67、68三届高中生毕业生、也就是后来人们常说的"老三届"，在校积压高达1 000多万人。1968年4月，毛泽东在黑龙江"革委会"《关于大专院校毕业生分配工作的报告》上批示，要求各部门、各地方、各大中小学面向农村、边疆、工矿、基层，及时做好毕业生分配工作，即"四个面向"。

说服母亲，报名下乡

1968年7月2日，当时的上海市"革委会"，在虹口体育场召开上海市1966届高、初中毕业生上山下乡动员大会。这一年，全国大规模的知

识青年上山下乡运动尚未全面展开，上海 66 届毕业生，一半以上还是可以分配到工矿工作的。

按照当时的政策，葛文耀的哥哥姐姐都在外地工作，葛家的小儿子是可以留在上海的。但葛文耀经历了被批斗、被贴大字报，头上还顶着个"修正主义苗子"的帽子，前途一片渺茫。他很想通过这次动员的机会，主动报名下乡锻炼，到农村好好表现，摆脱当时的尴尬状况。

那个年代，年轻人最向往的职业就是入伍参军，做一名光荣的解

1968 年下乡前在静安区革委会门前留影

放军战士。上海知青要去的地方，是刚刚组建的黑龙江生产建设兵团，准军事建制。由于当时与苏联关系紧张，黑龙江是"反修"前线，兵团的政审条件十分严格，要向上查三代，出身不好的一律不收，父母不同意的也一律不收。

如果能被选上，成为一个屯垦戍边、保卫边疆的兵团"战士"，这是一件多么光荣的事！葛文耀费尽口舌，做了母亲一个月的思想工作，终于说服母亲同意他报名下乡。葛文耀如愿以偿，成为上海第一批赴黑龙江生产建设兵团知青队伍中的一员。

和葛文耀一同报名的，还有他的五四中学同学、好朋友吴有才。

吴有才是背着家人、偷出户口本悄悄去报名的。他报名的初衷没有葛文耀那么沉重，完全是因为看了一部电影《老兵新传》。故事的背景就发生在北大荒，吴有才对电影中展示的白雪皑皑、一望无垠的北大荒充满了向往，更是对影片中的"棒打狍子瓢舀鱼，野鸡飞到饭锅里"的"顺口溜"，充满好奇。他说，"北大荒名气很响，就想象着，那边是一望无际的

1968年8月19日,葛文耀和吴有才登上了前往黑龙江生产建设兵团的知青专列(右为葛文耀)

冰天雪地,觉得到那里是最锻炼人了"。

1968年8月19日,上海第一批赴黑龙江生产建设兵团的知青,登上了北去的知青专列。车站上人声鼎沸,那场面真的是"红旗招展,锣鼓喧天",到处都是"到农村去,到边疆去,到祖国最需要的地方去"的横幅标语。葛文耀和吴有才兴奋得将大半个身子探出车窗,挥手向送行的人告别。这一时刻,被相机记录在一张4寸的发黄的照片中,照片上两张年轻的脸庞笑容满面,充满着对未来的向往,在他们的上方,高高飘扬着一面大旗,上面清晰可见三个大字:大西江。

大西江,是他们这列"知青专列"即将前往的目的地、黑龙江生产建设兵团第5师第47团的所在地——大西江农场。葛文耀和上海首批一万名知青一起,将在这片黑土地上度过他们最宝贵的青春年华。

北上的"知青专列"开了三天三夜,终于到达了目的地——位于小兴安岭南麓、嫩江东岸的黑龙江省大西江农场,葛文耀和吴有才一起被分在了黑龙江生产建设兵团第5师第47团第11连。

兵团生活

黑龙江生产建设兵团是一个特殊历史时期的产物,当时的全称是"沈阳军区黑龙江生产建设兵团",成立于1968年6月,时任沈阳军区司令员的陈锡联兼兵团团长。组建初期有5个师、3个独立团,后又增加到6个师。当时中苏关系紧张,乌苏里江两国边界珍宝岛一带,双方巡逻冲突不断。为加固东北边陲,兵团负有"屯垦戍边"的重任,建制上配有 1 个步兵团、1 个炮兵团和 21 个高炮连,还有 150 多个武装连队,是一支具有相当规模的常规武装力量。

1976 年 2 月,兵团撤销,改编为黑龙江国营农场总局,后改为黑龙江农垦总局,是中央直属企业。1998 年 3 月,经国务院批准组建北大荒农垦集团,列入全国 120 家大型企业集团试点行列。

生产建设兵团是准军事建制,属于边防的第二梯队,"屯垦戍边"是兵团的主要职责,平时垦荒种地,战时保家卫国。当时中苏关系紧张,1967 年到 1969 年中苏边境挑衅事件不断,最终引发了 1969 年 3 月的"珍宝岛事件",即"珍宝岛自卫反击战"。

在这样的背景下,兵团各连都配有部队发的枪支、机炮,平时除了参加必要的农活,其他时间,知青们都是要像部队战士一样进行军事训练,不过基本不发子弹。在黑龙江生产建设兵团上海知青个人保存的相册中,几乎每个人都有一两张或是手持钢枪,或是背靠大炮的黑白照片,那是他们黑土地上的集体记忆。

葛文耀开始被分配在了麦场排,但 3 个月后,又被调到基建排当排长。麦场排秋天晒麦子、冬天做肥料,基建排就是烧砖给连队和当地老乡盖房子。

在麦场排劳动时,葛文耀每天要肩扛 200 斤重的麻袋,一步步走上 10 米高的三级踏板,把小麦倒入粮仓。刚开始扛大包时不熟练,掌握不好平衡,葛文耀只能把麻袋包压在自己的头上,否则一不留神就会从踏板上掉下去。葛文耀的

1969 年在黑龙江生产建设兵团第 47 团篮球队任教练,后排右一为葛文耀

颈椎因此受伤,回到上海时,去医院检查,医生说他的颈椎已有50多岁,尽管那时他刚30出头。

吴有才没有看到"顺口溜"中描述的扔根棒子就能打到狍子、野鸡会自己飞到饭锅里的景象,但到了冬季,他们一个连队的知青,真的跟当地老乡一起去打过狍子、野鸡。冬季食物少,这些动物们会出来在雪地里找吃的,比较容易打。

老乡们还教给他们打狍子的窍门,狍子都很傻,当地人如果说谁傻,都会说上一句"你这个傻狍子"。看到狍子,你只要大喊一声,它就会傻傻地原地站住不动,回头四处张望。这时,就考验枪手的枪法了,一枪命中就会满载而归,子弹如果打飞了,那就别想再见到它,因为狍子跑起来飞快,瞬间就没了影。

到了农忙时,各个排都要派人下去干农活。最忙的季节是给大豆除草。北大荒地域辽阔,农场的农田一望无际,主要的农作物小麦和大豆基本上是靠机械化耕种,但是有两种情况必须靠人工。

一是给大豆除草,因为大豆不能使用杀草剂。杀草剂专杀双枝叶植物的草,小麦属于单枝叶植物,杀草剂杀不死它,因此可以在小麦田里放心使用杀草剂灭草。但大豆本身是双枝叶植物,不能用杀草剂,只能人工除草。

每年6—7月份,知青们头顶烈日,在一望无际的大田里一字形地排好队,一个知青一条陇,一条陇少说也有十几里,长的有二十多里。知青们左一把右一把地往前走,有时铲着铲着看看快到坡顶了,以为有了盼头,没想到到了坡顶,这条陇又蜿蜒向下延伸到下一个坡顶,那种感觉真叫人崩溃!知青们常常是干到中午也只是铲到一半,连队食堂中午专门派牛车拉着馒头和汤,送到一半的地头,大家围坐在地头吃饭。吃好饭换一条陇往回铲,到太阳落山正好回到出发点。如果一条陇一直干到头,到了傍晚人就走不回来了,剩下的半条陇第二天用牛车把人送到那里再接着干。

第二种情况,就是雨天抢收麦子。原本收割麦子都是机械化,但是如果遇到连雨天,地里吃透了水,收割机一进去就会陷在泥里,而且下雨麦子都倒伏在地上,不马上抢收,麦子很快就会发芽,这就要人工下去割麦子,知青们把这叫作"虎口夺粮"。

除了干农活苦,对葛文耀、吴有才这些南方人来说,最苦的是没有地方洗澡。上海人爱干净,但是兵团每人每天只有一盆水,要用它洗头、擦身,最后还要用来洗袜子。要想洗澡,只有等到冬天农闲回上海探亲时。日子久了,知青们的身上都染上了虱子,吴有才对兵团虱子的回忆很有画面感。

吴有才:我们在兵团时住的是大排炕,一排炕上睡十几个人,一个房间两排炕,中间是过道,白天被子卷起来。有时候在房间里组织学习读报,兵团那些老职工坐在炕上,坐在我们的被子上,开着会就把棉袄翻起来捉虱子,捉着就往嘴里咬,嘎嘣嘎嘣响就把它咬死。所以我们知青都染上虱子了,我和葛文耀身上、头上都染上虱子了。

葛文耀对北大荒寒冷的记忆尤为深刻。"北国风光,千里冰封,万里雪飘……"这样的视觉画面的确很美,但体感就是另外一回事了。北大荒的冬天,夜晚气温零下 30 多度,兵团知青们夜晚站岗时绝对不敢坐下,因为万一打瞌睡,就会被冻死。

有一年冬天,葛文耀没有回上海探亲。由于很长时间没洗澡了,他和几个知青相约到师部澡堂去洗澡——兵团只有师部才有澡堂。50 多公里的路程,长途客车足足开了两个多小时,因为连接团部和师部的公路都是土路,大家戏称:雨天是"水泥路",晴天是"扬灰路"。那时的客车是没有空调的,数九寒冬,北大荒凛冽的寒风从四处漏风的车窗缝隙中"钻"进来,吹到脸上,刀割一样地疼。葛文耀的脚爱出汗,东北的棉胶鞋又捂着不透气,脚上湿漉漉的,在车上两个多小时,葛文耀的脚冻得生疼,差点就要冻哭了。到了师部下车时,双脚几乎没了知觉,在地上疾走了 20 多分钟才缓过来。

尽管兵团生活很苦，但葛文耀给家里写信从来都是报喜不报忧，没说过一个"苦"字，怕母亲为他担心。有一次，葛文耀的母亲在菜场买菜，碰到一位知青家长，她的孩子也在黑龙江生产建设兵团。这位家长跟葛文耀的母亲说起兵团生活如何如何苦，说自己的孩子还在信中寄来一只黑龙江的大蚊子。

得知兵团生活真实的情况后，葛文耀的母亲天天以泪洗面，后悔当初同意小儿子报名下乡。3个月后她写信给葛文耀，信中说，"我不能再哭了，再哭眼睛瞎了，就看不到你了。"

到兵团不到半年，葛文耀和吴有才先后被抽调到团部"清调组"参加外调工作。这次外调，彻底改变了葛文耀的世界观。

第三节　目睹中国最贫困的乡村

葛文耀所在的大西江农场有个"解放三团"，都是被解放军俘虏的国民党兵。他们当中很多人是新中国成立前夕被国民党抓壮丁后不久，就稀里糊涂成了解放军的俘虏，被分散在兵团各个团里接受改造。中苏关系一紧张，这些人就是"危险分子"，需要清查背景，重点要查哪些人身上有"血债"。葛文耀因为是党员，政治上可靠，就被抽调到"清队"调查组参加外调工作。

农民的贫穷超出了他的想象

"清队"调查组两人一组，分成若干个外调小组，葛文耀和兵团农场的一个姓杨的老职工分在了一个小组。

半年时间，他们跑遍了安徽、江西、山东、山西、陕西、四川等地，都是最偏远、最贫困的山区，常常是下了火车再搭乘十几个小时的长途汽车。有些地方根本就不通车，需要骑车或者步行几十里路，翻山越岭才能到达要找的村庄。葛文耀和杨师傅两人随身带着干馒头，背着水壶，经常爬山爬得汗流浃背,没水了就沿途敲开老乡家的门要点水喝。

有一次,葛文耀和杨师傅到距离成都市 9 个小时车程的农村去外调。外调结束后,因为第二天一大早 6 点钟要去赶汽车回成都,葛文耀担心早上没有饭吃,就买了三张面饼,晚上睡觉前放在了桌子上,并用军帽罩上。

第二天早上醒来,天还没亮。当时四川农村没有电灯,昏暗的烛光下,葛文耀掀开军帽,影影绰绰看到最上面的一张饼只剩下半张,他以为是杨师傅吃的,也没问,就把剩下的半张吃了,匆匆去赶路。

这时,天蒙蒙亮了,杨师傅突然问他:"小葛,你的帽子上怎么有个洞?"他用手摸了摸帽子上的洞,一下子想起什么,立即问杨师傅:"你有没有吃过半个饼?"杨师傅说:"没有呀。"他顿时反应过来,这半张饼一定是老鼠吃了,天啊,自己与老鼠分吃了同一张饼!

回成都的车是卡车,没有座位,葛文耀身边一个农村老太太受不了车的颠簸,9 个小时的车程,老太太几乎全程都在不停地呕吐。想起早上和老鼠分吃的那半张饼,葛文耀的胃里翻江倒海,太难捱的 9 个小时,让他一生难忘。

"到现在我也想不明白,老鼠为什么会把饼咬得那么整齐?"葛文耀摇着头说。

第二次出去外调,吴有才和葛文耀分在了一组。

在吴有才的记忆里,外调的艰苦除了爬山越岭、长途跋涉外,同样还有对虱子的恐惧。

吴有才:记得最清楚的、最可怕的是什么?那个地方虱子多得不得了,我们下乡外调住一两块钱的旅馆,就怕被子上有虱子,身上沾上怎么办?我们就想了个办法,北方冬天房间里都有暖气,我们就把衣服全部脱光,一丝不挂地睡觉,两个人的衣服脱下来捆在一起吊起来,虱子总不会爬上去吧?早上起来光着身子撸干净了,再穿上衣服离开。

葛文耀对这次前后长达半年的外调记忆,可以用两个词四个字来概括：一个是感官所见的"赤贫"，一个是心灵感受到的"震撼"。

葛文耀：像安徽、山东这种地方，农民一年劳作辛苦下来，只有一两百斤地瓜干。到处都是要饭的，你在那里吃饭，背后有十几个小孩要饭，一不小心，就把你的馒头抢去了。

在山东，我看到老乡推着独轮车送煤，车上撑个旗杆借风力，上面只能放两小包煤。涡阳那地方穷没有煤，山东出煤，他们就推着独轮车送煤，从山东枣庄送到安徽涡阳，几百公里就这样送。晚上睡觉，大冬天就躺在地上，一个小被卷，吃饭就是大煎饼喝凉水。我喜欢社会调查，就停下来问他们，"你们为什么要干这个？"他说，"我们这样工分比较高，一天有5分钱"。

到山西那个地方，农民穷得真的是一家人穿一条裤子，有客人来只能一个人起身，家徒四壁，没有家具的。在安徽涡阳，当地人看到你走过来，把手从脏兮兮的棉衣袖子里抽出来，手里是几片刀切馒头，问"白面馒头要不要？5分钱一个"。你不要他又缩进去了。

这是葛文耀第一次真正近距离接触到中国最贫穷、最底层的农村社会。虽然从大上海到黑龙江生产建设兵团，葛文耀的生活产生了巨大的落差，但兵团毕竟是供给制，有衣服穿，有工资拿。农场里种什么就吃什么，白面馒头可以随便吃。尽管天天喝的菜汤清汤寡水不见荤腥，但总不会饿肚子。所以，无论葛文耀发挥多大的想象力都想象不到，中国还有那么多的农民挣扎在饥饿线上。

外调不仅让葛文耀看到中国农村的贫穷落后，还有精神上的极度贫乏和愚昧。外调时，葛文耀每到一处喜欢看两个地方，一个是公安局的布告，一个是商店。布告上公布的都是被判刑的人的罪状，有很多是他闻所未闻的"奇事"。

他从布告上看到，新中国成立这么久，居然还有人"典妻"，就是赌博输了钱，把老婆典当给别人抵债；看到了所谓的"大仙"，在山上把自己的尿和香灰捻成团，说是"仙丸"，下面居然有5万人朝拜。

他到商店,不是为了买东西,也根本买不到什么东西。农民的集市贸易都被当成"资本主义的尾巴"给割掉了,基本上一个县城就一个商店,每个商店就像是一个模子刻出来的:方方正正4个角摆一圈柜台,中间空荡荡的,柜台里也没什么东西。

贫困乡村的所见所闻,深深刺痛了青年时期的葛文耀,也颠覆了葛文耀以往对现实社会的认知。他开始反思和追问这些问题的症结所在,第一次体会到,建立在匮乏物质生活基础上的政治热情是多么空洞,对"运动"给国家和民族带来的灾难有了切肤之痛,并从此对大话、空话、套话深恶痛绝。

调到保卫股

半年的"清调组"工作结束后,葛文耀回到基建排继续当排长,一个月后,他被调到团部保卫股,一干就是6年多,直到他离开兵团回到上海。

保卫股的工作较为繁杂,小到邻里口角、小偷小摸,大到刑案命案,都在保卫股的职责范围内,相当于地方的公安局。其中有一项很重要的工作就是保卫夏收,这是一项很危险的工作,因为,每到夏收季节,就会有成群结队的"盲流",到兵团农场明目张胆地抢粮食。

"盲流",是我国特定历史时期对盲目流动人口的称谓,主要指那些为逃荒、避难或谋生,从农村常住地迁徙到城市、无稳定职业和常住居所的人们,带有明显的歧视色彩。

对一些收成不好的地区来说,夏收季节正是青黄不接的季节,此时陈粮已经吃完、

1969年在黑龙江生产建设兵团47团保卫股,下乡办案途中留影

新粮还没收下来。黑龙江土地肥沃，盛产小麦、玉米、大豆等粮食作物，因此，每到夏收季节，许多辽宁、山东的农民，就到黑龙江来投奔亲友。因为没有当地户口，也被称作"盲流"，最多时，当地人口中有一半都是这样的"盲流"。

这些"盲流"都是成群结队地来兵团农场偷粮，其实就是明抢。他们偷粮很有组织性，如果是还没收割的麦子，几十个人排成一排，每个人一个口袋，口袋的一角绑在腰围上，一只手把口袋拉开，另一只手拿把剪刀剪麦穗，剪掉的麦穗直接掉进口袋里，不一会儿口袋就满了。用不了几个小时，这些"盲流"就可以把几十垧地给祸害了。有时他们赶着车来，那些已经收割下来、还没来得及运回的麦子，他们一捆一捆扔到车上。如果地里有沟，车子过不去，他们就会把一捆捆麦子扔到沟里，垫着车轮碾压过去，麦穗被碾进土里，一点也不珍惜。

黑龙江生产建设兵团的农场都是机械化作业，因为种粮的面积太大了。从团部到连队，相隔一般都有10多公里，最远的有20多公里，中间全是麦田，巡查起来一出去就要一整天。为了保卫夏收，团部保卫股每人配一把手枪，一个口哨，一件雨衣，一匹马或者是一辆自行车去巡逻。这个工作的危险性在于，如果碰到的是小股的"盲流"，吹吹哨子就赶走了；但如果碰到的是成群结队的大股"盲流"，他们仗着人多势众，有时会把巡逻的人打个半死。

参加过"清调组"的葛文耀，深知中国底层农民是怎么生活的，对这些偷粮的"盲流"，不时会有恻隐之心："我的印象中，当时穷人太多了，很可怜"。

葛文耀清晰地记得，1970年的麦收季节，农场突然来了许多和以往不一样的"盲流"，这些人多为妇女、儿童，虽然衣服破旧，但举止言行一看就是城里人。她们不会像那些成群结队的"盲流"那样，直接去抢还未收割的麦子，而是带着旅行袋到收割后的麦田里拣麦穗，因为机械化作业后的田里会遗留很多小麦，她们每次都可以捡满整个旅行袋。

兵团知青看到这些城市里来的人，感到很亲切，葛文耀和知青们经常会拿些白面馒头送给她们。后来葛文耀从上级下发的通报中才知道，这些人与1969年的"一号命令"有关。

"一号命令"是1969年10月中旬，因中苏关系紧张，林彪通过中央军委向军队颁发的命令，要求全军进入战备状态。据说，"一号命令"按照内容分成4个命令下达到军内不同部门，其中就有要求一些大城市紧急疏散人口到农村的内容。在葛文耀的记忆中，东北大城市里的"地、富、反、坏、右"和"走资派"，以及他们的家属，都是"一号命令"中疏散的对象。而在叶圣陶的孙子、著名作家叶兆言所著的小说《一号命令》中，记载的疏散对象多为国民党投诚的老兵及家属。

葛文耀回忆，这些疏散对象被遣送到农村老家，捱过了一个冬天后，粮食没有了，就跑到北大荒来逃荒。据当时文件通报，辽宁共有30万人扒火车逃到黑龙江，曾发生过有人扒上运输木材的火车，在火车刹车时被巨大的木材撞死的惨案。

下乡第三年，葛文耀陪团政委到十四连工作组蹲点。为防备阶级敌人搞破坏，每天半夜都要巡夜，每到葛文耀巡夜时，政委就把自己那把德国小手枪交给葛文耀，让他作为防身之用。晚上熬夜白天还要上班，那段时间葛文耀夜里经常咳嗽，仗着年轻也没当回事，结果回到上海一查，医生说他患了肺结核病，已经结钙了，这个病灶永远留在了他的肺部。

有一年，黑龙江流行"出血热"，这是一种以鼠类为主要传染源的严重传染病，由流行性出血热病毒引起，死亡率很高。有一天，葛文耀突然发高烧，当时兵团医疗条件有限，也没有什么药，他只能躺在宿舍里硬挺着。人在生病时情绪都会有些低落，葛文耀当时心里很害怕，担心自己也染上了出血热，那就要"挂"在黑土地上了。好在几天后烧退了，他竟然有一种死里逃生的感觉。

他有过两次有惊无险：一次是11连的机修车间失火，他在救火时，大火把车间屋顶的横梁烧断，上面的瓦片掉了下来，正好砸在他的头上，至今他的头顶上还留着一块疤痕；另外一次，是麦收时他跟部队的车去送粮，农场的路坑坑洼洼，司机是一个年轻的解放军战士，车开得很猛，结果车子翻倒在路边的沟里，他全身擦伤，幸亏没有伤到筋骨。

兵团 7 年，他目睹了两次生命的消亡。

一次是北京知青汪和明的惨死。

汪和明是葛文耀在 11 连时的知青战友。1970 年 12 月的一天，汪和明和 11 连的知青上山伐木，不幸被倒下的大树砸中脑门，当场死亡。据当时在场的知青回忆，汪和明死相很惨，半边脸都没了，时年还不满 20 周岁，就长眠在大西江农场 11 连的东山岗上。

1994 年，葛文耀和吴有才等当年一起下乡的知青，相约重返黑龙江大西江农场，那是他们离开兵团后第一次回到黑土地。到了 11 连，葛文耀提议去祭扫一下汪和明的墓。在当地老乡的帮助下，他们找到了汪和明的墓，实际就是一个小土包，连块墓碑都没有。他们临时找了块厚木板作墓碑，吴有才在上面写了 5 个字：汪和明之墓。2008 年，北京知青纪念知识青年上山下乡 40 周年，办的一件大事就是克服重重困难，把汪和明的尸骨运回北京，让他魂归故里。

吴有才为北京知青汪和明墓写的墓碑

另一次，是农场一个老农工的死亡。

当地煤炭紧缺，老百姓没有煤烧，经常有人放火烧树林，那个时候根本就没有环保意识。大火过后，树干烧成了木炭，当地人称为"火燎秆"，用它作柴火。打柴火时，只要用斧头背往树干根部敲一下，整根"火燎秆"就敲下来了。

那个农场的老农工，就是到大西江对面的山上砍柴火，他拉了一车的"火燎秆",不料下坡时人突然滑倒,车轮从他的头上碾过……接到报案后,葛文耀去处理,确定不是他杀,就把他拉回来了。

葛文耀:记得那是个冬天的夜晚,我坐在卡车上,戴着大皮帽,裹着皮大衣,边上躺着个死人。在结冰的大西江上,天上的星星特别亮,特别近,后来回到上海,我再也没见过那么亮的星星。当时,我的情绪很低落,对自己今后的人生一片茫然,就像车外的冰雪一样,白茫茫的。

学会独立思考

和葛文耀同在一个团的上海知青李永奋,还清晰地记得葛文耀外调回来后,同他们讲述在偏僻乡村所见所闻时的情形。

李永奋:他回来后跟我们讲,他们到了一些偏远的乡村,说,"哎呀,没见过那么穷的地方!"他说老百姓太苦了,刺痛到他心里了。外调回来后,我就觉得他忧国忧民,特别有同情心,对他后来在兵团的工作都是有影响的。

2016 年葛文耀与李永奋合影

1972年3月，黑龙江生产建设兵团47团保卫股合影，前排右一为葛文耀，后排右二为吴有才

李永奋是和葛文耀同批从上海来到黑龙江生产建设兵团的，不过他们之前并不认识，因为同被分到47团，彼此才熟悉起来。葛文耀给她的印象是人很聪明，责任心强，有同情心、善解人意，遇事会替别人着想。尤其是他特别有主见、有想法，不人云亦云，很有人格魅力，知青们都喜欢听他讲话。

李永奋：大家为什么喜欢听他说话呢？他说话很实在、很实际。当时是"文化大革命"的环境，他从不说套话、空话。人家发言都是一套一套的，我那时候在连队当文书，连长让我给他写发言稿，你前面要不给他写几句类似"东风吹、战鼓擂"的套话，他就不舒服，我就必须给他们写。葛文耀就不讲这些套话，他讲话实事求是，大家听着就觉得很贴心。

另外他特别会引导、特别会同别人聊天。当时有些知青来的时候年纪很小，最小的才15周岁，自控能力比较差，打架、闹情绪的事情常有。葛文耀特别会开导，不开心的事情和他聊完后，心里疙瘩就解开了，他就有这个本事。我一直跟他说，你从小好像就是一个当领导的，到哪儿都是一个核心。

我们47团保卫股有葛文耀、吴有才他们几个大哥，少了很多冤案错案，不像其他团，总是在搞阶级斗争。有的知青讲错了话，他们只是开导教育，从来不扣帽子，不整人。有他们两人在保卫股，对我们47团来讲，真是个福利！

李永奋后来在兵团一直做到 47 团党委常委、革委会副主任,相当于农场副场长,是黑龙江生产建设兵团 47 团上海知青中职务最高的。她在兵团一直坚守到 1979 年初,大批知青返城后,她送走了团里最后一个返城知青,自己才离开挥洒了 11 年汗水的黑土地,回到上海。2005 年,她在工商银行徐汇支行武康路支行行长的位置上退休。

外调回来以后,葛文耀开始有了独立思考的意识,也学会了用自己的眼睛去观察社会。他注意到一个现象:老乡家里的自留地一定比公社的地种得好,公社的地要比兵团的地种得好。兵团都是机械化耕作,为什么庄稼反而不如牛耕马犁的公社和老乡的自留地长得好呢?

葛文耀细究原因,兵团当时是国有"大锅饭"体制,实行工资制,工资级别一个月从 32 元到 38 元不等,知青们大都是 32 元,他们称之为"320 吊",干与不干、干好干坏都是"320 吊"。

公社就不同了,他们是工分制,多劳多得,干得好拿得多,偷奸耍滑的人自然拿得少。老乡的自留地就更不用说了,自家的地哪有不用心的?

那个时候,葛文耀就已经有了初步的机制出效益的意识了。

有一次,兵团的政治部主任开会时说,"红头文件总是对的"。因为有了独立思考意识,葛文耀半开玩笑地问政治部主任:"那么以前传达的说林彪好的文件是对的,还是现在传达的说林彪坏的文件是对的?"这种有点"抬杠"的玩笑,引起政治部主任的反感,并因此对葛文耀有了看法。

其实,任何事物都是在发展变化的,不能说前错后对,或者是前对后错。但当时的葛文耀年轻气盛,认为这叫政治上有独立思考,作为一个共产党员,应该有自己独立的判断。

农村的贫困状况,对葛文耀的世界观产生了很大的影响,他觉得中国的老百姓生活不该这么苦。多年后他掌管上海家化,"让家化员工过上好日子",成为他搞好企业最原始的动力。

"我对一切大话空话套话深恶痛绝"

葛文耀：在兵团的7年中，我学会了独立思考，我的世界观开始走向成熟，从感怀自身的命运到关注国家的发展，愈来愈清晰地认识到，只有扎扎实实地把经济建设搞上去，人民的日子才会好起来，国家才会变得富强起来。苦难和蒙昧的岁月，不仅启迪了我日后为之奋斗的理想，也锤炼了我一颗感悟的心，由此养成了我在日后的工作中多倾听、多关心、多体恤，一切多为群众着想的作风。

我后来为什么对家化员工这么好，为国家做品牌？我现在反省我们这一代人，都受"左"的影响太大，空洞的理想主义。到了黑龙江兵团以后，我是党员嘛，就叫我去外调。我和兵团另一个人一起跑了半年的时间，真的都是最穷的地方。外调回来后，我的世界观真的改变了。我们从上海到兵团，虽然生活比较苦，但是毕竟还能吃饱，粮食多嘛。当时我们团里有些人比较"左"，兵团有自留地，养点鸡养点猪，那些"左"的人就闹事情，说"我们兵团战士怎么可以种自留地？"他们要割掉这个资本主义的尾巴。

我记得有一次给同学写信，有一年春节我到了黑龙江一个招待所，是我们兵团知青的父亲安排的。当时招待所没人，我就写信说，我希望看到的都是烟囱，而不是看到每个地方都有招待所。当时很穷，但是各地方都有市委招待所，弄得很豪华。我当时就有这个想法：怎么生产不抓老是搞革命？

农村的那件事情，对我的世界观影响很大，我看到了中国农民赤贫的状况，而且政治上甚嚣尘上。我认识到了两个问题：第一，我了解了政治和经济的关系；第二，我觉得中国的老百姓不应该这么苦。

我是有点家国情怀的，我觉得我们国家太落后了，我能管到的就是家化范围，我要让我的员工生活好，为国家多交税，我要打造中国民族品牌。

我曾经说过一句话:"从此我对一切大话空话套话深恶痛绝!"我的世界观就是这么改变的。

前两天有人发微博,说中国大妈到外面去不顾影响,都是我们这一代人。现在回过头来看,我们这一代确实是有问题。我在微博里写:本来我以为我们老三届都下过乡,都是国之栋梁,现在看来,我们这代人学习太少,文化底子太差,空洞的乌托邦,平均主义思想,受"左"的影响太深了。

第四节　市场观念的启蒙:世界银行《发展报告》

1975年6月,28岁的葛文耀离开黑龙江生产建设兵团回到了上海,彻底告别了他挥洒了7年青春汗水的黑土地。

回到上海后,作为知青返城的待业青年,葛文耀先在静安区康定街道集体办等待分配,一待就是一年。这其间他什么活都干,甚至收过废品,工作一天可得7毛钱。

曾经有一个当民警的机会,被葛文耀拒绝了。那是他回沪的第二个年头,1976年4月的一天,康定街道派出所的指导员来找葛文耀,说是他们调阅了葛文耀的档案,知道他在黑龙江生产建设兵团47团保卫股工作了6年,受到过刑侦方面的工作培训,有刑侦现场勘查经验,可以吸收他到街道派出所当民警。

进公安系统做一名人民警察,这个机会在当时的年代,不论对谁来说都有很大的吸引力,何况葛文耀还是个街道的临时工。但是,此时距1976年"四五"运动和"天安门事件"刚刚过去没几天,和当时很多忧国忧民的青年一样,葛文耀对"四人帮"把人们纪念周恩来总理的活动定性为"反革命事件",内心极为不满。他对家人说,"公安局有时会抓好人",便回绝了那个指导员。

在黑土地上养成的独立思考习惯,让葛文耀决定放弃这个机会,继续在街道等待分配。

错失提干机会

1976年6月,在街道当了一年临时工的葛文耀,被分配到上海市轻工业局所辖日化公司的下属企业——上海火柴厂,在机动车间做钳工,负责维护、修理机器设备。

到火柴厂报到后不久,厂党委书记谢天生竟然亲自找进厂没几天的葛文耀谈话。葛文耀不明就里,听着书记给他讲大道理,心里正疑惑着,谢书记突然单刀直入,给他布置起任务来:"机动车间是工厂最重要的技术部门,一般人很难进去,现在把你派到机动车间,是组织相信你。你去了后,如果发现有反对组织的言论,要直接向我汇报。"

让我当耳目?葛文耀平时最鄙视这种打小报告的行为,自然不会照办,但又不好直接拒绝,只能表面敷衍着。临走前,谢书记问他是哪年入的党?葛文耀回答:"1966年1月。"谢天生是"文革"造反派上来的干部,20世纪70年代才入党,眼前这个年轻人竟然比自己的党龄还长,表情有些不自然。

1976年10月,"四人帮"被粉碎的消息传到上海,在上海火柴厂机动车间的钳工桌旁,10多个人围在一起议论此事,葛文耀插话说:"这是好事,以后就可以好好抓建设了。"

谁知道,下午谢天生就紧急把葛文耀叫到办公室,质问他:"你说抓'四人帮'是好事?"

葛文耀心里一惊:谢书记果然有"情报网"!

他心里有些害怕,因为在那个年代,因言获罪并不鲜见。从谢书记的办公室出来后,葛文耀请了下午假,去街上看大字报,他想证实一下自己的判断到底对不对。那段时间,上海的南京路、外滩一带,大字报和漫画铺天盖地,观看者人山人海,人们都想从大字报的内容中观察政治动向。

晚上回到家里，葛文耀父亲的单位已经传达了中央内部"打招呼"的指示精神，他听到父亲说的一句"四人帮反对毛主席"，心里悬着的那颗心就放下了。

上海是"四人帮"的大本营，粉碎"四人帮"后，中央派工作组进驻上海，火柴厂也来了工作组，但这个工作组是上海轻工业局派下来的。当时的轻工业局党委书记、革委会主任马振龙，原本只是上海搪瓷厂的工人，因造反有功，被安插到市轻工业局当了"一把手"，后来被隔离审查。

工作组组长由上海轻工业局干部处的一位赵姓副处长担任，受马振龙指派，工作组自然不会真正去批"四人帮"，只是敷衍一下走走形式。火柴厂召开批判"四人帮"大会，葛文耀代表机动车间发言，他在发言中直指当时还在台上的中共上海市委与"四人帮"是一丘之貉，引起会场震动。

会后，火柴厂党委委员钟某某找到他说，"小葛，你刚从农村回来，对上海的情况不了解，揭批'四人帮'的运动要结束了，因为经济形势不好。"

听钟某某这样说，葛文耀反过来倒劝起钟某某，"小钟呀，我们在外地都知道上海是'四人帮'的大本营，你不要看不清形势"。

在下一次的批判会上，葛文耀发言直指钟委员"揭批'四人帮'的运动要结束了"的说法不对，弄得工作组下不来台，得罪了那个赵组长。

在火柴厂工作了一年多，1978年4月，葛文耀被调到上海市日用化学品公司（以下简称日化公司）党委办公室做科员。由于当时日化公司的党委成员都是造反派上来的，他们当中多数人在接受审查，所以葛文耀被作为公司后备干部培养对象上报到市轻工业局。

命运有时真的会捉弄人。考察名单报上去后，负责考察葛文耀的，恰恰是当年那个火柴厂工作组组长、轻工业局干部处的赵姓副处长，结果可想而知。葛文耀在科员的岗位上原地不动6年多，一直得不到重用。直到1984年，市轻工业局把科级干部的批准权下放给公司一级，这一年的 10 月份，日化公司任命葛文耀为公司计划科第三副科长。

许多年后，葛文耀碰到一位当年参与考察他的人，说起当时的情况，这个人告诉葛文耀，当年他们到五四中学调查，有一个老师说，高三（2）班红卫兵去他家抄家时，葛文耀打过他一个耳光。其实，葛文耀从来没有去过这位老师的家，而且，葛文耀不是红五类子弟，当时是被排斥在红卫兵组织之外的，怎么可能带着红卫兵去抄老师的家呢？因为那个老师曾经是右派，"文革"一开始就靠边站了，对外面情况并不了解，而葛文耀是高三（2）班的团支部书记，他错以为葛文耀是这些红卫兵的头。说葛文耀打人因为没有旁证，这件事就挂了起来。

就这样，葛文耀与"后备干部"擦肩而过，错失了提干的机会。

边工作边学习

在日化公司的 7 年，虽然一直没得到重用，但葛文耀用这 7 年的时间储备知识，一份《世界经济发展报告》，为他带来市场观念的启蒙。

葛文耀没有上过正规的全日制大学，1977 年恢复高考后，他原本也想参加高考，调入日化公司党办后时间相对宽松些，他复习了 3 个月，准备参加 1978 年的全国高考。

备考期间，恰逢葛文耀在武汉军工单位工作的哥哥回沪探亲。他的哥哥是上海交大 62 届本科毕业生，原本也是要被选送留学苏联的，后因中苏关系闹僵没有去成。他哥哥在单位是技术骨干，还当选过全国劳动模范，但"文革"中，知识分子、技术骨干都被说成是走"白专"道路，政治上不被信任。他对葛文耀说，"你数理化荒废了 10 年，现在捡起来重新再学是很难学好的。再说搞技术有什么用？你看我做技术做到现在，技术再好也不过就是这个样子了"。

葛文耀听从了哥哥的建议，没有参加当年的全国高考。

尽管没有参加全日制大学的高考，葛文耀也没有放弃学习的机会。在日化公司党委办公室工作两年后，1980 年，他考上了上海财经学院夜大的工业经济专业,边工作边学习,1983年取得大专文凭;紧接着,他又考取了上海市公交财贸经济法培训中心的经济法专业,1985年获得大专文凭,并拿到了上海司法局颁发的律师证书。

这期间,中国发生了一件载入史册的大事:1980年5月15日,中国恢复了在世界银行的合法席位。从1981年起,中国开始接受世界银行的贷款,第一笔2亿~2.5亿美元的贷款,用作中国高校的实验室建设和师资培训,上海的3所大学复旦大学、上海交通大学、华东师范大学,就在第一批受益高校的名单中。但中国恢复世界银行合法席位更为深刻的意义是,它为中国融入世界经济打开了一扇窗,20世纪80年代到90年代,中国的经济体制改革和宏观调控决策,很多都受益于世界银行。

对葛文耀来说,世界银行给他带来的最直接的触动,就是每年一份的《世界发展报告》。这份报告每年都会有一个主题,对世界经济发展态势进行前瞻性的综合分析预判。改革开放初期,中国政府将其作为学习、了解外部经验和信息的重要窗口。当时的财政部外事财务司,将世界银行经济考察团对中国考察后形成的报告编译成书,作为内部刊物提供参考。葛文耀的工作让他有机会接触到这份刊物,外国人用考察数据对中国市场进行的详尽分析,让葛文耀感到十分新鲜,这是他接受市场经济启蒙的开始。

两份工作报告

第一次把接触到的市场经济理论"皮毛"用于工作当中,是葛文耀为日化公司写年终总结报告。

这其实是一次机缘巧合。每年公司的年终总结报告,都是总经理办公室秘书的职责,但1983年底,公司要写年终总结报告的时候,总经办的秘书正在休探亲假,公司总经理就把这个任务交给了党办科员葛文耀。

上海日化公司下面有5个党委厂,5个总支厂,20个支部厂,总共30

个单位。葛文耀在党办的工作,就是帮助总公司领导召集这些下属厂的领导开会,记笔记,整理笔记,形成文件。

当时还是在计划经济体制下,国有企业都是按国家计划生产,所以,往年的总结报告都是分3个部分:第一部分先写生产计划完成得如何;第二部分再写生产原料是如何按计划采购、调配的;最后一个部分才写产品是如何销售的。

已经接受了市场观念启蒙的葛文耀,第一次为公司写总结,并没有照猫画虎地参照总经办秘书以往的版本,而是把报告的结构"倒过来"写。

葛文耀写的年终报告同样也分3个部分:第一部分先写市场情况,日化公司当时产品的品类有多少,正因为品类多,消费者需求量大,在市场上的消费潜力还有拓展空间;第二部分再写销售渠道,"中百站"是如何安排销售的(当时日化公司是生产企业,没有销售权,所有产品必须经过"中百站"销售。——记者注);第三部分才写工厂是如何安排生产的。

这份视角新颖的总结报告大获好评,被上海轻工业局转发,葛文耀也因此进入领导们的视线。1984年,他作为公司的预备干部,被调到公司计划科做副科长。

第二次运用市场经济理论,是在一份《商情》内刊上。

这份《商情》内刊,是在葛文耀手上创刊的,此时,他刚刚调入公司计划科任副科长。计划经济年代,一切都要按"计划"实行,所以,公司里的计划科是最有权力的部门,统揽人、财、物的调配大权。葛文耀在计划科是第三副科长,排在前两位的副科长做计划调配多年,业务娴熟,葛文耀既插不上手,也对调配工作不感兴趣。

在计划科不搞"计划"就无事可做,葛文耀建议公司在计划科办一个《商情》内刊,由他负责定期出些商情资料,供领导们决策参考。公司领导觉得他这个建议很好,就让他负责创办《商情》。

有一次,他到公司的下属企业上海洗涤剂五厂调研,了解到这家厂刚刚推出一种家用厨房洗涤剂"白猫洗洁精",当时家家户户都是用淘米水洗碗,没见过什么"洗洁精"。葛文耀先是自己试用,他发现用洗洁精洗过的碗和玻璃杯亮晶晶的,手摸上去十分光滑,比淘米水不知要好多少倍。

他又去市场了解销售情况,这种寻常百姓家里每天都要用的产品,自然很受消费者的欢迎,产品卖得非常好,但厂里一年只安排生产 200 吨。

回到公司后,他立即写了一份商情报告给总经理,详细分析了洗洁精的市场需求情况及可观的市场前景,向公司建议,"白猫洗洁精"的年产量,应该由 200 吨增加到 1 万吨。

这种白瓶蓝盖加白猫头像的"白猫洗洁精",是中国生产的第一瓶液体洗涤剂,在 20 世纪 80 年代推出后,市场销售增长迅速,曾经占据了中国厨房数十年,成为中国洗涤剂行业的第一品牌。

但就在白猫洗涤用品的巅峰年代,2006 年,改制后的白猫集团,将生产白猫洗涤用品的主营公司——上海白猫有限公司 80% 的股权,出售给香港李嘉诚麾下的和记黄埔,更名为上海和黄白猫有限公司,成为港资控股的合资企业,自此,"白猫"品牌开始走下坡路。到了 2013 年,立白和雕牌洗洁精市场份额总和已经超过 50%,白猫洗洁精厨房霸主的地位不再。

从 2015 年起,和黄白猫持续处于资不抵债的状态,根据上海联交所数据,截至 2017 年 8 月底,和黄白猫资产总计 11 亿元,负债总计 14 亿元,所有者权益−2.89 亿元。2017 年 10 月 9 日,白猫集团将持有的上海和黄白猫有限公司 20% 的股权挂牌出让,挂牌价格 2.85 亿元。[①] 有媒体将其此举称为"甩包袱"。其实早在 2008 年,白猫集团已经将"白猫"商标转给和黄白猫,"白猫"品牌的拥有权早已不再属"国有","白猫"帝国就此陷落。

尽管这两次,葛文耀对市场经济理论的"运用"都是纸上谈兵,但在

---

① 赵毅波. 上海国企白猫集团拟退出与李嘉诚合资企业[N]. 新京报. 2017−10−10(B01).

日化公司的 7 年中，他完成了企业管理的基本知识储备，这对葛文耀后来创造家化奇迹，是不可或缺的一笔。

学习为我管理企业打下了基础

葛文耀：我从黑龙江回来，学了 3 年工业经济，拿到大专文凭，没有大学文凭我不能当厂长。工作中我又学了两年法律，还拿到上海司法局发给我的律师证书，我有律师执照的，挂在上海市第一律师事务所。后来又学了 3 年经济学，当中又学了半年逻辑学。我现在是研究生学历，经济学硕士，这个给我打下了很好的基础。

再后来我都是在工作中学，工作中学还是主要的。我管理企业的思想方法，大部分来自边做边学。

我在日化公司党委办公室的主要工作，就是召集下面各分厂的领导开会，我记笔记，然后整理出来。说老实话，开会时我听着他们发言，我觉得我比他们的理解力要好。所以当时组织上叫我当厂长，我一秒钟都没犹豫，我就去了。

我记得有一年记者采访我，我说厂长要懂 3 样东西：第一，市场；第二，财务；第三，是法律。在日化公司那几年的学习，对我以后管理企业是非常有用的。

第五章

跨界"打劫"

本章提示：以化妆品立足的上海家化,21世纪后接连涉足医药、酒店、房地产、饮用水领域,有的风生水起,有的血本无归;天江药业、万豪酒店,成为上海家化的现金"奶牛";他为海棠湾绘制了一幅生态、环保、节能的开发样本,却被香港李氏父子"横插一脚";他给西双版纳开出了高端、休闲的"药方",助力其旅游业转型;家化投资的安亭德国小镇,至今仍是上海房市理念前卫的范本;有人说他想法太多,有人说他太爱折腾;究竟是不务正业,还是战略布局? 身处一个变化的时代,从多元经营到"跨界打劫",早在21世纪的第一个10年,葛文耀就为上海家化集团的跨界经营定下了基调。

第一节　拓展第二主业,构建医药板块

2015年8月4日晚,上海家化发布了一则出售公告:拟以人民币23.30亿元,向中国中药有限公司出售上海家化持有的江阴天江药业有限

公司23.8378%的股权。交易完成后,上海家化将不再持有天江药业的股权。[1] 这次交易,为上海家化带来了约17.90亿元人民币的投资收益,数值约为公司2014年经审计归属于上市公司扣非净利润8.74亿元的2倍。

外人看来,江阴天江药业似乎并没什么名气,但它却是中医药制药企业中一匹名副其实的"黑马"。

天江药业是国内仅有5家中药配方颗粒企业中最大的一家,占据了这一市场的半壁江山,堪称行业龙头企业。中国的中药配方颗粒市场,已经连续几年以每年30%~40%左右的速度高速增长,这无疑给天江药业带来非常可观的赢利能力,也给天江的大股东上海家化带来源源不断的现金流。2012年,天江药业给家化贡献了1.3亿元的利润;2014年度,天江药业的净利润约6.52亿元;2015年,仅第一季度的净利润就达到了1.82亿元。[2] 而2001年,天江药业的年利润不过几百万元。

这样一个称得上现金"奶牛"的优质企业,上海家化为什么要"割爱"呢?

上海家化对外的解释是:2014年初,上海家化制定了公司5年发展战略,主营业务将聚焦美容护肤、个人护理和家居护理三大领域,非日化主营业务的资产将逐一被剥离,天江药业就是被剥离的资产之一。而这个5年发展战略,正是谢文坚执掌上海家化后提出的。他曾在媒体面前夸下海口,公司力争在2018年实现营业收入120亿元,市场份额排名从当时的第十位进到第五位。

那么,作为化妆品生产企业,上海家化为什么会成为天江药业的大股东呢?

这还得从1998年说起。

---

[1] 汪珺.上海家化拟23.3亿元出售天江药业股权[N/OL].中国证券报,2015-08-05[2015-08-05]. WWW.CS.COM.CN.

[2] 汪珺.上海家化拟23.3亿元出售天江药业股权[N/OL].中国证券报,2015-08-05[2015-08-05]. WWW.CS.COM.CN.

发现一匹"黑马"

江阴天江药业有限公司成立于1998年,它的前身为创办于1992年的天江制药有限公司。在上海家化投资入股天江制药前,它还只是江苏无锡市下辖的江阴市一个小小的校办工厂,属国有企业。

天江制药的创始人周嘉琳(江阴天江药业原董事长,现已退休。——记者注),是一个在中药行业浸润多年的有心人。她毕业于南京中医药大学中医系中医专业,曾担任过江阴市中医院副院长、江阴市卫生局中医科科长。在中医院的6年间,她发现传统中药煎熬方式既不方便、也无法精准控制质量,患者的使用率逐年下降,便萌生了开发可以冲服的中药配方颗粒的想法。

正是周嘉琳的"异想天开",她带领的初创团队在国内中药行业掀起了一场变革,将有着千年历史的传统中药汤剂,改良成小袋包装的中药配方颗粒,被国务院发展研究中心列为"中华之最"。

2000年葛文耀与天江药业董事长周嘉琳

从1992年到1998年,天江制药先后获得全国首家"全国中药饮片改革试点单位""江苏省高新技术企业"和"国家重点高新技术企业"称号,它独创的"中药饮片精制颗粒",被评定为"国家级新产品"。

1998年是天江药业的转折点。

这一年,天江药业已经初步建立了300多个单味中药配方颗粒的生产工艺和质量标准,销售范围已经扩大到全国十多个省。市场销售的成倍增长,使得天江药业不得不扩建新厂以满足市场需求,但前5年,公司所有的盈利都用于中药配方颗粒的生产研发与技术改进,再建新厂已无能力。

历史就是这样机缘巧合,上海家化在最恰当不过的时机,出现在周嘉琳的面前。

1998年,江阴市政府来人找到上海市经委,表达了天江药业希望和上海的企业合作发展的意愿。当时,上海家化有意布局医药产业,刚刚收购了一家制药厂,就是后来的汉殷药业,上海市经委负责人就向对方介绍了上海家化。

江阴的客人来到保定路的家化办公大楼考察,此时的上海家化,正在步入良性发展的轨道,六神、佰草集、高夫系列产品相继上市,销售收入逐年上升,企业现金流充沛。彼时,葛文耀正有意拓展家化的版图,希望在化妆品之外再建立一个医药板块。那一年,在上海家化的发展战略中,葛文耀将药业作为家化的第二主业,并提出了药业发展的中长期目标。

那个年代,这种跨行业的投资行为叫"多元经营",现在时髦的说法叫"跨界打劫"。

随后,葛文耀带队回访江阴市政府并考察了天江制药厂。尽管这家校办工厂当时生产条件极为简陋,但葛文耀慧眼识珠,他看中的是,中药配方颗粒在国内巨大的市场潜力。作为一种免煎服的"绿色中药",天江制药的配方颗粒是中药现代化的一次变革,在全民医保和国家希望降低医疗费用的大背景下,市场前景极为可观;同时,它的中草药提炼技术,对家化主推的中草药化妆品会有很大帮助。

葛文耀确信,这是一个双赢的战略投资机会。

1996 年解放日报报道家化拓展药业

双方一拍即合,家化集团作为长期战略投资者的身份,投资 1 607 万元入股天江制药,以旗下另一家刚刚成立的制药企业汉殷药业,持股天江制药 68.92% 的股权,从而成为天江制药的绝对控股大股东,企业也改制为股份制公司,更名为江阴天江药业有限公司。

2002 年 4 月,刚刚上市一年的上海家化出资 1 607 万元,将汉殷药业所持的天江药业股权纳入囊中,同时对天江药业增资 2 117 万元,总计投资 3 724 万元,将天江药业正式揽至上市公司旗下。虽然此次增资,上海家化对天江药业持股比例降至 23.84%,但仍是天江的第一大股东。

2000 年葛文耀为天江药业新厂揭幕

2002 年上海家化增资天江药业签字仪式,前排左一为周嘉琳,后排右二为葛文耀

事后证明,这是一匹制药业的黑马,借助上海家化的机制和理念,这匹黑马扬蹄奋疾,年复合增长率达到30%左右,每年给家化带来可观的利润。

2001年,天江药业的净利润是645万元,到2013年葛文耀离开家化时,天江药业的净利润已经飙升到5.46亿元,12年时间增长了近85倍,营业收入也从2001年的5 700万元,增长至2013年的25亿元。特别是后三年,天江药业年营收增长率约达到42%,净利润年增长率约为37%,呈现出高增长态势,为上海家化提供的投资收益也年年攀升,2013年达到约1.3亿元。①

江阴市的一位李姓副市长曾对葛文耀说:"天江卖给家化后,机制好了,所以发展得很快。"

这位副市长所说的天江药业好的"机制",即管理团队持股。

葛文耀:当时看中天江,一是因为当时我们正在开发中草药,它的颗粒中药和我们的六神、佰草集可以互补,都是中草药嘛;二是因为它是这个行业的老大,主要看中这两点。

家化其实也是国有体制,天江药业是我上市公司下面的子公司。所谓机制好,一是我通过董事会决策,让企业高管团队拥有股权,但我本人不持股。他们的利润很好,我奖励给他们的钱,他们就拿来买股票,天江40多个骨干持股,后来股权变现好几个亿。二是用家化市场化的理念影响经营者团队。

有了中药配方颗粒的好产品,再加上符合市场化的好机制,天江药业不腾飞都难!

但是,对于这样一个高增长标的现金"奶牛",平安时代的上海家化,或者更确切地说谢文坚执掌的上海家化,坚持要以"剥离非主业"之名将其卖掉。当时有人评论,此举无异于将正在疯长的猪崽卖掉,目光短浅

---

① 丁峰.上海家化的投资家当[J/OL].证券市场周刊,2014(47)[2014-06-27]. www.capitalweek.com.cn.

得可以。

至于"非主业"说法,也有些过于教条。药、妆同源,自古有之。眼前的例子,谢文坚曾经效力、上海家化一直想比肩的强生,就是一个成功的范例。《证券市场周刊》2014 年 6 月 27 日第 47 期,发表了篇作者为丁峰的署名文章《上海家化的投资家当》,也对"非主业"说提出不同看法,摘录部分内容如下。

天江药业属于大健康产业中的中药快速消费品,是永不落伍的朝阳产业。如果上海家化的发展战略定位是比肩跨国企业强生、联合利华,做中国超级一流快消品企业的话,那么,在其产品线中,日化产品关乎美容,可以充当其"面子"产品;医药产品关乎健康,可以充当其"里子"产品。"面子"产品和"里子"产品涉及两个有很大交集,可以产生协同效应的产业(如中国第一药妆佰草集),完全可以"里应外合",两条腿走路,未来拓展空间很大。

因此,天江药业不必卖掉。退一步来讲,即使从短期目标来看,如果卖掉了天江药业,到哪里可以找到比其增长更好的标的呢?如果新项目不能超越老项目,势必会拖累上海家化业绩增长。体现在财务指标上,净资产收益率会大打折扣。

但是,天要下雨,娘要嫁人,谁也阻挡不住平安卖家化资产的脚步。2014 年,天江药业被以 23 亿元卖掉,尽管所获利润让上海家化这一年的年报变得十分"漂亮",不过之后几年的上海家化年报,证实了文章作者"净资产收益率会大打折扣"的预判。到了 2016 年,上海家化净利润只有 2.16 亿元,同比下降 90.23%。

在葛文耀离开上海家化 2 年后,周嘉琳也退休离开了天江药业。

其实,不论是平安舵主马明哲,还是当时执掌家化集团的童恺、谢文坚,他们并不是不会算这笔连小学生都明白的算术题,更不是目光短浅——出发点不同而已。

变现,资本的天性使然。

血本无归的"汉殷药业"

论起来,汉殷药业还曾经是天江药业的"老子",它是家化集团投资的第一家中草药制药公司。

汉殷药业的前身是黄山制药厂,也是一家以中药为主的制药企业。它早于天江药业几个月、即1998年4月被家化集团收购,更名为上海汉殷药业有限公司。

上海汉殷药业有限公司是上海家化(集团)有限公司下属的全资子公司,家化集团参股天江药业,就是通过汉殷药业实施的。汉殷药业同时还控股了上海美康堂保健产品有限公司和维廉中医科技产品有限公司。

汉殷药业成立之初,曾被视为家化集团进军药业的标志,企业愿景也十分亮丽,希望通过现代科技与传统中医药的结合,运用现代植物药理,生物化学,分子生物学,药理学,药剂学等手段来开发传统中药,使之成为科技含量高、疗效好、质量稳定、有市场竞争力的产品。同时,运用现代化的管理模式和市场营销方法,将中药向世界医药领域推广和延伸。

上海家化进军药业的战略构想,得到了上海市委、市政府的充分肯定和支持,汉殷药业成立不久,就被认证为"上海市高新技术企业"。

但这次收购,却没有天江药业那么幸运。

葛文耀当初拍板收购黄山制药,是看好了它原有产品银杏叶制剂"脑恩"、国家中药保护品种"还精煎"和上海市科委重点产业化推广项目"霜叶红"等。公司还投入巨资引进国家九五科技攻关的科研专利项目,为此还专门成立了上海家化医药科技有限公司,形成了家化集团医药板块天江、汉殷、医药科技"三足鼎立"的格局。

但是,黄山制药的"底子"和有着"中药配方颗粒"专利的天江制药无法相比,收购后汉殷药业连年亏损,经营始终不见起色。

由于汉殷药业没能担负起家化医药板块"三足鼎立"的重任,多年亏损成为这一板块的"瘸腿",上海家化将医药板块的另一"足"——医药科技公司和汉殷药业进行整合,以期充分发挥协同优势,创建以研发为核心、有持续发展能力的现代化药业公司。

但是,此举并没能挽救汉殷药业的颓势,连续的亏损给上市公司上海家化的经营业绩带来一定的负面影响。2007年12月8日,上海家化联合股份有限公司董事会发布公告称,因近年药业市场竞争激烈,汉殷药业缺乏持续经营和持续增长的基础,主营业务持续下滑,账面连年亏损,资金周转困难,已不能清偿到期债务,并且资产不足以清偿全部债务,企业经营已经陷入难以扭转的困境,申请破产。

天江药业、汉殷药业,一个赚得盆满钵满,一个亏得关门破产;而上海家化医药科技,后来成为家化日化板块中草药研发的基地。

"三足鼎立"的医药板块,最后只剩下天江药业"一枝独秀"。

第二节　试水旅游地产

21世纪最初的10年,是中国房地产迅猛发展的黄金10年。

1998年7月,国务院发布了《关于进一步深化城镇住房制度改革加快住房建设的通知》,即23号文件,国家开始实施住房制度改革,明确提出以货币化分房取代福利分房,沿袭了约40年的住房实物分配制度终止,迈出了我国房改最具突破性意义的一步,也为中国房地产的黄金时代奏响了序曲。

2003年,国务院再次发布《关于促进房地产市场持续健康发展的通知》,即18号文件,房地产作为国民经济的支柱产业,在官宣文件中正式得到确认。

中国房地产的黄金十年,在政策的引导下,浩荡而来。

发现商机

对市场极度敏感的葛文耀,发现了商机。

海南三亚的万豪酒店,是上海家化旅游地产板块中的成功之作,也是葛文耀的得意之笔。

发现三亚的地理优势,是一次偶然。

20世纪90年代,有一年冬天,葛文耀到海南开会,先是到海口附近的博鳌,天气阴冷阴冷的,和上海的冬天差不多,只有10多度。但汽车一过牛岭,立马阳光灿烂,到了三亚,气温20多度,温暖如夏。

同样是海南,气温为什么会有这么大的差别?住在三亚当时唯一的一家五星级酒店凯莱酒店里,葛文耀开始琢磨起其中的缘由。

葛文耀:我仔细研究,得出一个什么结论?三亚跟海口比有3个优点。第一,三亚有山,山上都是植被,负离子含量1万多,海口没有山,所以空气没三亚好。第二,三亚冬天的气候好,西伯利亚寒流过去,多了一道山阻挡,牛岭山脉。虽然牛岭不是太高,但寒流到了牛岭之后,就是强弩之末了。三亚的冬天20度到30度,海口多少?不下雨12度到18度,下雨也就8度左右。海口冬天跟上海穿得一样多,冻死了;夏天跟广东一样,40度,热死了。第三,三亚的综合自然条件好,有好多风景,海水干净,海底珊瑚、植物最多。

牛岭山脉,是海南省非常"特别"的两个分界点:一个是行政分界点,牛岭以北是万宁市,以南是陵水县;另一个是气候分界点,它犹如一道天然屏障,把西伯利亚的寒流挡在了牛岭以北。所以,岭北是北热带地区,冬季阴冷潮湿,而岭南是中热带地区,冬季温暖干燥。

有一次,时任海南省委副书记、常务副省长的汪啸风请葛文耀吃饭,聊天中说了两句话。这两句话说者无意,听者有心。

葛文耀:他(汪啸风)第一句说,世界环保组织来测,三亚的负离子含量世界第二,第一是古巴的哈瓦那;第二句说,海口太潮湿,三亚气候干燥，洗袜子一个晚上就干了。哎呀，我听进去了。

汪啸风后来曾任海南省委书记、省长、省人大常委会主任等职，2010年在国务院三峡工程建设委员会副主任位置上退休。

这个发现触动了葛文耀的灵感，三亚植被茂盛，空气质量优，冬暖夏凉，气候舒适，而且三亚的海滩都是白沙碧海，自然资源丰富，适合旅游度假。

"我认定三亚有巨大的商机"。当时正值海南房地产开发热，很多内地投资商都把目光盯向省会城市海口，而葛文耀却力主到三亚拿地买房。

亚龙湾的万豪酒店

1992年10月4日，国务院批准建立我国唯一具有热带风情的国家级旅游度假区——亚龙湾旅游度假区，并成立了三亚亚龙湾开发股份有限公司，开始统一使用"亚龙湾"的地名。这一政策的推出，让三亚亚龙湾驶入发展的快车道。

捷足先登的，是国企中粮集团，率先投入重资大量圈地，成功取得亚龙湾这块"风水宝地"的一级开发权，圈得18.6平方公里的土地开发面积，并制定了"以酒店提升度假品质"的开发战略，为亚龙湾后来的高品质度假酒店开发定下了基调。20多年后，这里成为亚洲五星级酒店密度最高的国际旅游度假区。

2004年，万豪在海南的首家酒店——三亚亚龙湾万豪度假酒店正式开业，这家酒店的主要投资方就是上海家化。酒店与早一年开业的喜来登比邻，喜来登是亚龙湾第一家国际五星酒店。

万豪度假酒店占据了亚龙湾黄金海岸线的正中位置，拥有一个长360米的私家海滩，来自新加坡的设计师，大胆采用天然原石与暖色调木质材料，结合当地独一无二的自然风景和质朴的风土人情，整体设计风格自然又不失时尚，极具东南亚风情。

三亚家化万豪度假酒店　　　　　　　三亚家化万豪度假酒店内景

这是三亚的第 8 家五星级酒店，它的模式是：中方投资、外方管理。借助万豪国际的全球营销系统，三亚亚龙湾万豪度假酒店开业 10 多年来效益年年递增，给上海家化带来源源不断的现金流。

当初葛文耀拿这块地时，众人劝阻说，海南房地产投资的热土一定是省会城市海口，大家都不看好三亚，但葛文耀相信自己的眼光。2001 年，为开发这块地，上海家化专门在三亚成立了三亚家化旅业有限公司，即"家化旅业"，主要资产就是位于亚龙湾的万豪度假酒店。酒店注册资本 2.4 亿元，落成后的酒店整体造价，连地价加在一起，总计投资 6.4 亿元。

同样的地块，在万豪酒店的左边，是民企投资的喜来登酒店，总投资 7.3 亿元；右边是央企投资的希尔顿酒店，总投资 9.5 亿元。葛文耀说，建造酒店内控制度很重要，这方面家化有着很好的传统。在整个项目建设过程中，他本人没有介绍过一个供应商，当时上海一位领导的亲属曾找过他，想承揽建造工程，葛文耀让他去参加招投标。

三亚万豪酒店的设计理念，也有很多独特的地方。其一，酒店的大堂设计在三楼，不似其他酒店一般都在一楼。这样的设计，让整个大堂视野开阔，不仅可以欣赏优美的风景，而且前后通透的穿堂风，使得大堂即使是炎炎夏日也很凉快，所以大堂没有安装空调，符合环保要求。其二，国内外海边的酒店，为了使海景房能够多一些，大多数采用 U 字形建筑。开始，项目设计公司提供的第一个设计方案也是 U 字形，但葛文耀认为，U 字形把酒店前面的绿地和海岸线分隔了。最后，三亚万豪酒店采用的是小弧形布局，酒店前的整片绿化和海岸线浑然一体，从房间的各个角度望去，整个景观一览无遗。其三，酒店的绿化设计也十分用心，请了国际著名的景观设计公司，引进了 30 多种非洲和南美的植物，每棵植物前都有一个中英文对照的树种介绍。三亚椰子树很多，葛文耀觉得椰子树不够年代感，特地让项目组花了十万元引进了 5 棵大榕树分布在酒店四周。葛文耀曾经自豪地说："家化万豪酒店的绿化，是亚龙湾酒店中最好的。"

三亚家化万豪度假酒店的
5 棵大榕树之一

三亚家化万豪度假酒店海景

2016 年，平安信托执掌下的家化集团，以"剥离非主业资产"的理由，将集团持有的三亚万豪酒店 50％的股份，以 8.25 亿的价格，转卖给同是平安集团的平安人寿。

除三亚万豪酒店外，家化的地产板块在上海也占有一席之地。2002 年，家化集团旗下的家化置业在浦东陆家嘴浦明路开发的家化滨江苑开盘，一度成为浦江豪宅的标志之一。其后，家化置业又成为上海新城镇中颇负盛名的安亭新镇的三大股东之一，这个德国风格的新城镇，至今仍是上海楼市中颇受关注的前卫风格项目。

葛文耀在一次接受记者采访时，曾解释了家化集团和股份公司在战略上的分工:"上市公司还是做化妆品,集团的业务要重视向城镇开发、酒店投资和旅游等现代服务业的发展。"①

看得出,早在 21 世纪初,葛文耀就已经开始谋划"两条腿"走路,在化妆品主业之外,他给家化集团定下的基调就是"跨界经营"。

当然,家化集团的"跨界"也走过很多弯路,那段时间,集团先后投资建设了各类工厂,做过眼镜、食品,办过连锁小超市,生产过霖碧矿泉水,结果亏的亏,关门的关门,最后都无果而终。

第三节　海棠湾的遗憾

2019 年 1 月 28 日,在三亚度假的葛文耀漫步海棠湾海滩,虽然他几乎每年冬季都要到三亚住上一段日子,躲避上海湿冷的冬天,但还是第一次入住海棠湾酒店。看到酒店周围到处都是别墅、公寓,许多都成了烂尾楼,与当初海棠湾"国家海岸"的定位已严重不符。在当天的微信朋友圈里,葛文耀发出感叹:"真应该把这块宝地留给子孙后代开发!"

提交开发海棠湾规划"第一人"

海棠湾,位于三亚东北部海滨,距三亚市区 28 公里,与亚龙湾国家旅游度假区毗邻。在三亚的五大名湾(亚龙湾、大东海湾、三亚湾、崖州湾、海棠湾)中,当时海棠湾是最后一块未被开发的海湾。如果加上陵水界内的土福湾,总长 30 公里的海岸线风光旖旎,景象万千,集碧海、蓝天、青山、银沙、绿洲、奇岬、河流于一身,这种原生态的美,使得海棠湾具有独特的魅力。

葛文耀看中了海棠湾。

在亚龙湾小试牛刀后,如火如荼的酒店地产开发热,让亚龙湾很快

---

① 王苏.上海家化集团淘金泛地产[N/OL].每日经济新闻,2005-07-08[2005-07-08]. http://finance.sina.com.cn.

就无地可拿。这一次,葛文耀有一个气势磅礴的设想:他要整体开发海棠湾!

2004年4月,家化集团三亚亚龙湾的万豪酒店开业前夕,葛文耀向海南省政府提交了开发海棠湾的整体规划。

他是三亚历史上提交开发海棠湾规划的"第一人"。

为了这个规划,家化集团的项目团队准备了一年半的时间,花了几千万元,做了详细的调研。在这份规划中,葛文耀提出先开发海棠湾南片16平方公里,按照最新的环保理念作一个示范城镇。

在葛文耀的新城概念里,海棠湾不同于简单的旅游地产开发,应该是一个拥有产业支撑和常住人口的城镇。具体来说,海棠湾的开发要同三亚市整体发展相结合,其产业定位不能局限于旅游业,而是包含会展业、创意产业、科技产业、海洋生物业、热带农业等能独立支撑并吸引长驻人口的产业。海棠湾的开发,要采用最新的能源技术、环保技术,保持整体开发的可持续性,避免环境污染。规划区内,设计了风力发电、太阳能发电和潮汐发电,全部使用二次能源,所用建材必须全部是节能环保。

这个规划,即使在15年后的今天来看,仍不失为一个理念超前的开发规划。

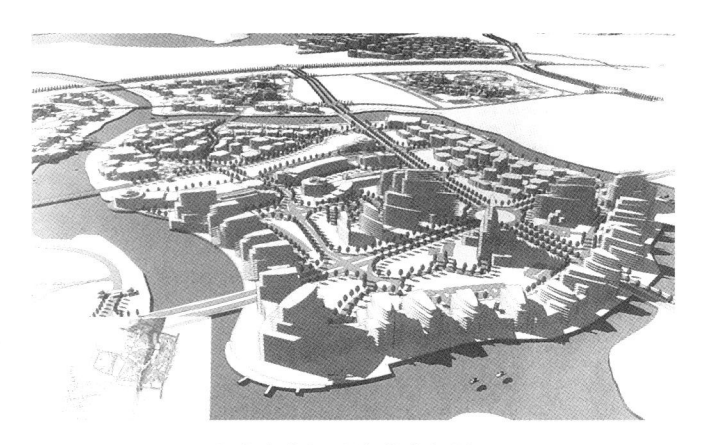

上海家化团队海棠湾规划图

葛文耀的宏观思维和超前意识，在这个规划中得到充分展现：他预见到单纯的旅游房地产开发会造成"空城"现象，三亚市90%的地产项目都是旅游房地产，每到淡季门可罗雀。4年后，他的预判得到证实——2008年，三亚海景房淡季的空置率，最高达到80%。

海棠湾的开发不能重蹈覆辙，他为海棠湾设计了一个比肩凯恩斯、爱丁堡等具有国际一流城镇元素的海湾新城，一个具有示范效应的新概念城镇。

海棠湾南片这16平方公里的开发区域，葛文耀为它开出了计划投资1 000亿的高额"账单"。

记者：您为什么要提出先开发南片？

葛文耀：按照我的计划，南片应该做到世界一流。南片怎么好？前面有海，后面有后海，还有一条河，还有山，这个地形太好了！我花了几千万做这个规划，建议政府先开发这一块，然后等升值了，再开发其余更大的地块。

当时我做环保规划，在2平方公里范围内做这个环保示范区的规划，没有一次能源，都是二次能源。当时世界上只有两个国家有全部用二次能源的示范区，迪拜和瑞典。我们跟美国的一个能源基金讲好，给我们3亿元。因为海棠湾面向东，海水很急，海滩半年不能游泳，我们建3个小岛，在3个小岛上搞风力发电、太阳能发电，还有潮汐发电。我们做一块示范区域，2平方公里全部是二次能源。而且都有具体要求，材料全部环保，墙体要节能，必须做得比较厚，路灯必须要用太阳能，这样在理念上就超过亚龙湾了嘛。

三亚市政府提出来说，我们几几年要做到中国第一，再到几几年做到亚洲第一，再到几几年进入世界前列。我说，海棠湾有优越的自然条件，加上后发优势，要开发，就是世界第一！

记者：当初三亚市政府为什么没采纳您的规划？

葛文耀：当时我提出这16平方公里投资1 000亿元，政府怎么回答我？他们说,我们 1986 年从广东省独立出来,从海南建省以来到现在,总共加起来也没有 1 000 亿元的投资。

李氏父子"横插一脚"

葛文耀向三亚市政府递交海棠湾整体开发规划两个月后,2004 年 7 月 22 日,上海家化的三亚亚龙湾万豪度假酒店举行开业典礼。在参加开业典礼的嘉宾中,有两个香港客人,他们表示出对海棠湾的兴趣。当时,葛文耀逢人就推介海棠湾,得知这两个香港客人想去看看海棠湾,就专门派车、派人带着他们去海棠湾考察。

事后葛文耀才知道,这两个人是香港和黄地产的。

和黄地产的全称是:和记黄埔地产有限公司,是和记黄埔有限公司旗下的子公司。和记黄埔有限公司大名鼎鼎,是一家业务遍布全球的大型跨国企业,世界 500 强,也是香港交易所最大的上市公司之一。它和长江集团同属一个掌门人,就是国人熟知的华人首富李嘉诚。

而彼时执掌和黄地产业务的,是 20 世纪 90 年代从美国留学回港、入职和记黄埔的李嘉诚次子——李泽楷,此时,他的身份是电讯盈科总裁。

和黄地产的两个人回去汇报后,李泽楷也对三亚海棠湾表现出浓厚的兴趣。他随即到海南三亚考察,随行的还有李兆基之子以及郭氏集团的相关人士。

接下去,就是一个"群雄纷争、跑马占地"的故事。

根据当时媒体的报道,李泽楷那段时间多次飞临海南,并于 2005 年 3 月,向海南省政府直接提出要参与海棠湾开发的意愿,希望能获得 9 公里海岸线和 16 平方公里的开发权,主要用于开发房地产,但李泽楷并没有给出具体的开发思路和规划方案。同时,恒基地产也表示了参与意愿,而且提出"开发量至少不低于李泽楷"。

随后,三亚市政府成立了海棠湾项目促进小组,由省、市两级政府联合促进项目开发。

2005年5月,美国霍克设计机构、美国佐佐木设计师事务所、英国阿特金斯设计公司及同济大学四家设计单位,受邀考察海棠湾,海棠湾概念性总体规划国际咨询工作正式启动;同时,香港和记黄埔董事局主席李嘉诚正式宣布要联手开发海棠湾,并向海南省政府提出希望尽快安排土地,早日启动高档酒店建设;同年5月21日下午,海南省政府举行新闻通报会,把李氏父子将联手开发海棠湾的消息,公布于众。显然,海南省政府的天平倾向了李氏父子。尽管比家化集团晚来一步,但以李氏家族的实力,家化集团完全不能与其相提并论。短短半年,形势逆转,眼看就要被"横刀夺爱",葛光耀不得不寻求外力。

在5月21日海南省政府新闻通报会后,家化集团迅速做出反应,向海南省政府提交了关于海棠湾开发的框架性建议。此时,葛文耀提出的开发团队已经不单是家化集团,而是扩大为一个"上海系"的顶级阵容:由上海家化(集团)有限公司和上海地产(集团)有限公司牵头,包括上海房地集团、上海中环投资开发(集团)有限公司、上海国际汽车城置业有限公司、中国城镇集团有限公司在内的数十家上海开发商,统称"上海家化联合体"。其中,上海地产集团是有着上海市政府背景的国企,集团注册资本42亿元。有这样强势的国有企业加入,争夺海棠湾开发的"上海系"团队空前强大,拥有极其雄厚的资金实力,总资产规模超过2 000亿元。[1]

被媒体称作争夺海棠湾开发的"上海系"和"香港系"两大阵营,此时实力已旗鼓相当,甚至考察深入的"上海系",在开发理念上更胜一筹。

现在回过头来看,在海棠湾开发的价值发现上,以李氏父子为主的"香港系",看中的是其土地价值,主张建高端酒店和房地产;而以家化集团为主的"上海系",希望将海棠湾打造成一个完全不同于简单的旅游地产开发的新概念城镇,不能再复制成一个仅仅提供给富人的休闲居所,

---

[1] 吴迪. 投资超千亿 上海系、李嘉诚父子争三亚海棠湾[N/OL]. 21世纪经济报道,2005-07-21[2005-07-21]. www.viewcn.com & www.huaxia.com.

它将是一个拥有产业支持和常住人口的城镇,一个拥有环保理念和独有文化要素的示范城镇。

"做一个区域,不能太短视。"葛文耀反复对当时采访他的记者强调:"海棠湾有着得天独厚的自然条件,而且有其他地方没有的后发优势,那么就应该做到世界第一,而不是所谓的世界第一流。要完成这一点,新城就必须坚持三点:有自己的定位、有独立支撑的产业、环保的理念。"

有消息人士说,尽管上海提交的开发海棠湾框架理念,得到了海南省委省政府部分高层的认可,但事实上,按照这种思路操作,难度要远远大于香港模式。有媒体称,其复杂程度和开发能级,甚至远远超过上海世博园的建设。

政府主导,海棠湾开发打"国家牌"

夹在"上海系""香港系"中间,海南省政府又有着明显的倾向,左右为难的三亚市政府提出了一个折中方案。不久,三亚市政府就和以香港盈科地产、保利集团、"上海家化联合体"三个集团为核心的7家大财团签署协议,由这些企业联手对海棠湾进行一级开发。

葛文耀:这样,就把我讲的最好的一块,301医院所在的这块,南片分成两块,靠铁炉港6个平方公里的一块给了保利,8个平方公里给了我,现在开发的中段16平方公里给了李泽楷。然后报纸就开始炒,说李嘉诚跟我抢海棠湾,大概有8张报纸登我跟李嘉诚的事情。

李泽楷还没拿到地,也没做方案,就先跟政府谈。开发以后利润跟政府分成,他提出要多少?他要95%的利润,给政府5%!保利提出要90%,给政府10%。我说,我知道海棠湾土地的价值,而且政府还要承担动迁费用和配套基础设施的费用,我这一块,我提出来,"利润我跟你政府五五分成"。我们还在亚龙湾的万豪酒店开了个新闻发布会,三亚市委书记亲自参加,我代表"上海系"宣布,一级开发后利润与政府五五开。

后来李泽楷还没拿到地,你知道他要转手卖给谁?卖给林青霞的老公邢李㷸（邢李㷸，时任香港思捷（ESPRIT）环球控股有限公司董事主席。——记者注）。他给邢李㷸讲，我这（海棠湾）16平方公里，你要多少我卖给你。邢李㷸就去问三亚市政府，政府一听很生气，我地还没批给你，你就倒卖土地？条件还提得这么苛刻？

正好这时报纸开始宣传海棠湾，大家都知道海棠湾好，外商都来了，开发银行陈元（时任国家开发银行行长、党委书记。——记者注）来海棠湾看了以后，给了三亚300亿元贷款，这样，政府就取消一级开发了。

正因为盈科、保利提出的条件，让三亚市政府难以接受，经过协商，三亚市政府整体解除了与7家财团签订的协议，海棠湾的开发模式发生了根本性转变——由企业一级开发转为政府主导一级开发，所有参与开发的企业，必须通过土地投标取得二次开发权。

2007年5月，三亚海棠湾开发规划获得国家正式批复同意，定位为"国家海岸——国际休闲度假区"。根据中国城市规划设计研究院的规划，海棠湾作为三亚最后一块高品质的海滨资源，承载国家热带滨海旅游的形象，将以建设世界级的旅游休闲度假区为目标，是国家级海洋科研、教育、博览基地的综合体，成为国家品牌。

海棠湾规划总用地面积98.78平方公里，其中城市建设用地面积51.6平方公里，占总用地面积一半以上。首期投资2 000亿元，规划居住人口为25万人，几乎相当于再建一个三亚城区。

经过12年的开发建设，如今在海棠湾中段一线海岸上，密集地布局着包括豪华精选、喜来登、康莱德、希尔顿逸林、凯宾斯基、洲际等32家超五星级国际品牌酒店及旅游项目。总占地面积约19万平方米的海棠湾免税购物中心，也于2014年9月1日正式开业。

只是，在当初葛文耀看好的南片区域，只有301医院已建成运营，紧靠后海有一块2.5平方公里的空地，一直给上海家化保留着，期间经历了三亚市委、市政府4任领导班子，这也从侧面反映了三亚官方对葛文耀在海棠湾开发上所做贡献的认可。直到2013年5月平安罢免葛文耀后,三亚市政府才收回了这块地。

葛文耀认为,海棠湾的开发打"国家牌"、定位"国家海岸——国际休闲度假区"的理念没有错,但是初期开发面积过大,而且把开发重点转向中段,不是他当初建议的南段,开发过程中又偏离了"国家海岸"的定位,成了旅游房地产。

李泽楷最终在海棠湾没有拿到一块土地,至于当初他争夺海棠湾开发权,是否只是想囤地倒卖,现在已无法考证。但在 2009 年 11 月 3 日,据中新网报道,中央电视台《经济半小时》节目点名指电盈主席李泽楷旗下的盈大,明目张胆囤地。

报道称,2006 年李泽楷旗下香港上市公司盈科大衍地产,以 5.1 亿元人民币,投得位于北京东三环长虹桥、属于最繁华地段的一块地皮,这块建筑面积 4.6 万平方米的地皮被闲置多年没有开发。报道又说,按照土地出让合同的约定,该地的开工日期为 2006 年 9 月 20 日,竣工日期为 2008 年 3 月 31 日。然而,3 年多来,盈大丝毫没有动土意思,直到媒体报道时,那里仍然只是一个大坑。3 个月前,也就是 2009 年 8 月前后,这块地被盈大转手,大赚约 2.35 亿港元。[①]

后悔提出开发海棠湾

葛文耀:海棠湾的开发是我推动的,我觉得现在开发的错误,就是先开发了中段。我的规划是先开发南段,南段那块地有河(三亚河)、有山(牛岭山脉),有后海,中段离山就太远了。

而且我的规划是,海棠湾开发不要都是酒店、海滩,酒店、海滩全世界很多,海棠湾要有自己的特色。我提出要做节能环保,在清洁能源和环保设计上,要做出标杆来。海棠湾朝东,风浪很大,海岸不能游泳嘛,当时我们设计了 3 个人工岛,缓解水流,把不能游泳的问题解决了,又可

---

① 经济半小时. 李泽楷被揭在北京屯地[N/OL]. 羊城晚报,2009-11-03[2009-11-03]. http://www.sina.com.cn.

以利用潮汐发电。

我当时跟三亚市政府讲,海棠湾的开发,不能搞得跟亚龙湾一样,不能再复制一个亚龙湾,结果现在搞得比亚龙湾还差。中段它建了很多酒店,这么好的太阳能都不利用,风能也不利用,环保理念太差了!海棠湾本来半年不能游泳,后来因为经常出现海浪卷走人的事故,现在规定全年不能游泳。海滩不能游泳,就会影响酒店的入住率,政府就放开了底线,后面开发的楼盘,每个酒店后面都造了公寓跟别墅。海南对房地产限购后,有些卖不掉的,都变成烂尾楼了。国家海岸不像样了,全部破坏掉了……

我现在很后悔提出开发海棠湾,真应该把这块地留下来。我当时跟三亚市政府讲,你们做不好就应该留给子孙后代去做。现在搞成旅游房地产了,我当时提出的环保建议一样都没采用,那么好的风能、太阳能和潮汐发电不利用,太可惜了!

因为海棠湾开发是我一直在推,三亚市政府认为我对海棠湾的开发有贡献,就在海棠湾的南段给家化留了一块地,所以在海棠湾规划里面,这块地一直写着上海家化。2013年5月,平安不是撤掉我了嘛,当时的三亚市委书记问我怎么办?那我说,家化集团我已经不做了,你们要收就收掉吧,他们就在规划中把家化的名字拿掉了。

第四节　为西双版纳转型出谋划策

西双版纳,是云南省的一个傣族自治州,位于云南省最南端,地处热带北部边缘,这里有中国唯一的热带雨林自然保护区,是国家级生态示范区、国家级风景名胜区和联合国生物多样性保护圈成员。西双版纳以其神奇的热带雨林自然景观和少数民族风情闻名于世,是中国的热点旅游城市之一。

旅游业是西双版纳州重要的支柱产业,改革开放后的20世纪90年代,作为国内旅游业发展最早的地区之一,西双版纳凭借独有的自然资源和人文资源优势,经历了一段高速发展时期,并塑造了在国内外都具有较高知名度的西双版纳旅游品牌。

但在进入21世纪以后,由于早期过分依赖资源优势,政府规划指导缺失,对文化的主导作用认识不足,缺乏形象特色,加上发展方式上的"全民办旅游",造成了西双版纳的旅游业产业结构单一、同质化、无序竞争等问题。面对21世纪国内外旅游产业高速发展和日趋激烈的市场竞争,西双版纳旅游逐渐趋于被动、落后,亟须进行结构优化调整和产业转型。

在此背景下,2008年底,时任中共西双版纳州委书记的江普生,在《人民日报》上看到一篇介绍葛文耀和海棠湾的文章,便通过时任中共上海市委副书记的刘云耕找到葛文耀,请他为西双版纳旅游业的转型发展出谋划策。

葛文耀带着家化团队来到西双版纳,住进了州委招待所。

实地考察之后,葛文耀发现,西双版纳的气候条件绝对不输三亚:"我本来以为只有三亚冬天好,原来版纳冬天也好"。

西双版纳地处热带北部边缘,北有哀牢山、无量山为屏障,阻挡了南下的寒流,终年温暖湿润,年平均气温18.9℃～22.6℃之间,无四季之分,只有干湿季之别。干季从当年11月到次年4月,而且是全国少有的静风区,和三亚一样,非常适合发展休闲度假旅游。

更难得的是,西双版纳是中国热带生态系统保存最完整的地区,森林覆盖率80.8%。全州有森林面积151.66万公顷,其中70万亩为保护完好的原始森林,植物种类占全国的1/6,动物种类占全国的1/4,保存着中国最大的野生亚洲象种群。它是大叶种茶的原生地、普洱茶的故乡,同时又是中国第二大天然橡胶生产基地。

最重要的是,西双版纳热带雨林的负离子含量,每立方厘米达到7万～8万个,远远高出滨海负离子含量每立方厘米1万～2万个的三亚,位居"高负离子城市美誉榜"排名第一。(《高负离子城市美誉榜》是由亚太环境保护协会等机构,根据森林覆盖度、水土涵养度、绿色美感度、空气富氧度、呼吸舒适度、环境怡人度等指标,综合调查后得出的。——记者注)

西双版纳,是名副其实的绿色天然氧吧。

但是,考察后葛文耀发现,与得天独厚的自然资源相比,西双版纳旅游业的管理理念和产业结构,还存在较大差距。游客构成单一,以省内游客为主,境外游客少,人均消费低,特别是当时西双版纳的住宿条件较差。

葛文耀:他们叫我去的时候,西双版纳一年旅游人口将近700万人次,其中8成人不过夜,消费很低的,没有一家5星级宾馆。

根据统计公报,2008年,西双版纳年接待游客624.3万人次,三亚604.2万人次,总接待游客人数西双版纳甚至超过三亚,但其中境外游客西双版纳只有11.3万人次,远低于三亚51.2万人次;全年旅游收入西双版纳41.2亿元,三亚91.1亿元。

海棠湾的遗憾,让葛文耀很重视这次对西双版纳的旅游转型升级规划,家化集团为此花了100万元,对西双版纳进行了环境考察和市场调研。

10年前,中国的休闲度假旅游还处在起步阶段,但国外旅游市场中,休闲度假已占到6成。葛文耀预见到,中国的旅游市场很快就会进入休闲游的"黄金时代"。2010年初,上海家化给出了建议西双版纳发展高端休闲旅游的调研报告,建议西双版纳州委、州政府能够把握时机,及时踏准中国旅游业从传统的观光游向休闲游转型的时代节拍。

这份报告借鉴了三亚开发的经验和教训,建议依据西双版纳的优势,构建若干个旅游品牌。如依据景洪林海和高负氧离子的优势,打造一个Lodge(山林小屋。——记者注)高级度假酒店区,吸引高消费人群来此度假;依据澜沧江水岸优势建立国际养老基地,发展银发产业;依据丰富的药用植物资源,建设世界级药用植物园,以中药文化带动旅游;依据西双版纳日照充沛的资源,打造阳光低碳产业集群。

调研报告给出的宣传口号就是:"三亚有海,版纳有林海"。

在这份报告中,或多或少都能感受到葛文耀当初开发海棠湾一些理念:高端休闲、低碳环保、产业支撑……

与当初建议开发海棠湾不同的是,这次葛文耀只是"出谋划策",并无参与其中的想法。报告交给西双版纳州政府之后,如何去做是当地政府的事。

葛文耀:我只是给他们一个理念和信心,告诉他们西双版纳未来的旅游发展前景可观,关键是如何去做。

10年后的今天,西双版纳的旅游业发展迅速,已今非昔比。不过,在当下国人前仆后继地奔赴东南亚推动当地旅游业蓬勃发展之际,西双版纳的旅游业受到较大冲击,渐渐淡出国人旅游目的地的排行榜单。

西双版纳旅游业的转型升级,仍在路上。

2010年上海家化为西双版纳出具的高端旅游调研报告和规划

第六章

未尽的梦想

本章提示：13年前（以2020年倒推。——记者注），他建议上海市政府大力发展时尚产业；12年前，他组织推出《中国时尚产业发展报告蓝皮书》；10年前，中国第一个民族化妆品品牌"双妹"，借势上海世博会华丽转身；8年前，他为海鸥表感叹："中国为什么不能生产奢侈品手表？"7年前，他出任上海国际时尚联合会会长，上海高级定制周创下多个中国第一；6年前，时任上海市奉贤区区长的庄木弟，为"东方美谷"敲开他的家门；3年前，上海市政府专为"东方美谷"颁发了67号文件，把美丽健康产业提升到上海支柱产业的重要地位。

第一节 十三年前的一份报告

2007年，中国共产党第十七次全国代表大会在京召开，党的十七大报告提出，要"加快转变经济发展方式，推动产业结构优化升级"。和以往不同的是，报告用"转变经济发展方式"代替了过去的"转变经济增长方式",从"增长"到"发展",虽然只改了一个词,但是内涵却发生了重大变化。这让葛文耀看到了契机。

上书上海市政府,建议发展时尚产业

2007年,葛文耀满60岁。

花甲之年的葛文耀,企业家的那种"不安分"的特性,又开始在他的血液中"躁动"。借十七大提出的"加快转变经济发展方式"的东风,他给上海市政府写了一份题为《打造时尚品牌,推动上海消费品行业向时尚产业优化升级》的报告。

葛文耀在报告中,详细阐述了时尚产业是一种新的经济产业概念,也是最具发展潜力的新兴产业。步入21世纪以来,中国的时尚产业进入了快速发展阶段,已经成为富有巨大潜力的新经济增长点。加快时尚产业的发展,对于提高中国先进制造业和现代服务业发展水平,进一步提高和改善人们生活质量,推动经济社会和谐可持续发展,都具有重要意义。建议上海应该大力发展中高端时尚消费品产业。

葛文耀告诉记者,他之所以建议上海要大力发展时尚产业,是预见到消费升级必将给时尚产业带来巨大的商机。

改革开放以来,中国经济持续快速增长,人民的生活水平不断提高。根据国家统计局2008年发布的数据,1978－2007年,我国社会消费品零售总额从1 558.6亿元增长到89 210亿元,增长了54.24倍。有机构预测,21世纪初的10～20年间,是中国中产阶级形成的重要时期。2005年已有13%的城市家庭步入中产阶级,2010年将达到25%,中产阶层人数将从7 300万人达到和超过17 000万人,成为时尚消费的主体。在深圳、上海、北京、广州等大城市中,消费结构升级明显,已从实物消费为主转向实物消费和服务消费并重发展。

报告递交后,上海市政府分管领导到家化来调研,问了葛文耀一句话:"国有企业能做时尚产业吗?"

当时的背景是,全国没有一个省份把消费品行业作为支柱产业。上海在20世纪90年代末和新世纪初推动的国企改革中,最先放掉的,就是充分竞争领域里的消费品行业。上海的纺织、轻工几乎全军覆没,众多耳熟能详的消费品品牌,一个个消失在"刀光血刃"的市场拼杀中。

在"十五"期间,上海的产业发展,仍是以汽车、化工、钢铁、装备制造等产业为基础,尽管在"十一五"规划中,上海的第三产业已经跃升为第一、第二产业之首,即"三、二、一"的产业方针,但对时尚产业的认识,尚未将其同文化、创意产业相提并论,这份报告的命运可想而知。

《中国时尚产业发展报告蓝皮书》

"政府这个弯子一下子转不过来",葛文耀无奈地说。

为了帮助政府"转弯子",葛文耀组织了国内部分知名专家学者,成立了"中国时尚产业发展报告"课题组。课题组的首席顾问和专家委员,在各自领域都有较高的知名度,包括中科院原副院长、著名经济学家王洛林,时任中科院工经所所长、学部委员吕政,时任中欧国际商学院副院长、战略学教授张维炯,国务院参事陈全生,清华大学经济管理学院教授李稻葵,香港贸发局首席经济学家梁海国,中国人民大学教授马龙龙等。

2008年11月,课题组推出了《中国时尚产业发展报告蓝皮书》。在这份报告中,首次对中国时尚产业的形成、现状及发展前景进行了系统性论述,填补了国内这一领域的研究空白。

中国时尚产业蓝皮书概要版

"蓝皮书"将时尚产业分为两大类:第一类,时尚产品制造业。主要包括时尚休闲服装鞋帽、皮草皮具、各种饰品、名表、珠宝、香水、护发护肤化妆品、消费类电子产品等;第二类,时尚服务业。主要包括美容美发、健身旅游、流行音乐、影视摄影、动漫、流行书籍杂志、时尚餐馆酒吧等休闲娱乐产业。

"蓝皮书"中认为,在现代商品社会,时尚不仅仅是一种生活方式和一种精神状态,人们对时尚的追求,将会改变现有生活模式和行为方式,进而不断创造出新的需求,催生新产品带动新产业。时尚产品由于它的高附加值、易传播及流传广的特性,有助于形成时尚产业链,产生巨大的经济效益。

"蓝皮书"强调:时尚产业的兴起,是引领世界产业发展的最重要趋势之一。进入 21 世纪以来,中国时尚产业进入了快速发展阶段。仅以化妆品为例,改革开放以来,中国化妆品市场以每年 23.8% 的速度增长,增速远高于国民经济的增长速度。1998 年,中国化妆品行业销售额 280 亿元,到了 2007 年,已经达到 1 200 亿元,预测到 2010 年将超过 3 000 亿元。在全球化妆品销售额排名中,中国超越法国和德国,仅次于日本和美国,成为全球第三大化妆品市场。

"蓝皮书"建议:政府、学界、产业界应提高对时尚产业的认识,结合国家"十一五"规划和全面建设小康社会的总体战略目标,力争将时尚产业发展纳入国家"十二五"规划。

此后,葛文耀在不同场合多次建议政府要重视发展时尚产业。在一次上海市品牌工作会议上,葛文耀力陈发展时尚产业的八大好处。

第一,时尚产业的高毛利物质转移成本低。生产的目的是为了创造新的价值,中国出口产品和低端制造业中,单纯的物质转移成本就占了 80% 以上,而时尚产业的中端产品,毛利率一般在 40%～60%,高端产品的毛利率则在 60% 以上,其单纯的物质转移成本只占 20%～30%。

第二,时尚产业是高端消费品行业,消费品行业与人民生活密切相关,不是周期性产业,受宏观经济波动影响较小。

第三,对政府税收贡献大。拿两个相同销售规模的企业来说,如果它们的毛利率分别是 6% 和 60%,那么所交的增值税,后者是前者的 10 倍。而且,高端消费品还有消费税。

第四,高端消费品行业的资本有机构成低,可以做到轻资产、高回报。

第五,低污染。和传统制造业相比,大部分时尚产业对环境基本无污染。

第六,时尚产品是最终消费品,产业链较长,可以带动许多配套产业,增加就业岗位,拉动 GDP。

第七,时尚品牌在资本市场上能够实现较高价值。

第八,时尚产品的高毛利,可以带动市场调研、广告创意、公关传播、媒介策划等高智商服务业。

2008 年,中国改革开放走过了 30 年,上海家化也走过了 110 年。此时的上海家化,已经连续 3 年高速增长,在中国日化市场的销售业绩仅排在宝洁、欧莱雅之后位居第三。前两者都是外资品牌。

天时、地利、人和,葛文耀认为是时候了。这一年年底,上海家化发表了时尚产业宣言,立志要使上海家化成为中国时尚产业的代表企业。多年在充分竞争行业里摸爬滚打,葛文耀练就了一双极度敏锐的眼睛,他洞察到改革开放 30 年,中国的消费市场开始发生质的变化,中国居民的消费结构也开始发生变化,消费升级,势必如滚滚浪潮席卷而来。

在这个浪潮到来之前,上海家化不能坐失良机!

第二节　百年"双妹"的前世今生

2010 年 5 月 1 日,第 41 届世界博览会在上海拉开帷幕,这是中国举办的首届世界博览会,本届世博会的主题是:城市,让生活更美好。为期半年的盛会,让上海和世界交融,让中国和世界交融。

就在上海世博会召开的期间,7月23日,在上海家化的青浦中央工厂,正在举行"双妹"的开工典礼。上午9点20分,时任上海家化股份公司总经理的曲建宁按下启动按钮,双妹产品流水线开始运转,10分钟后,第一瓶双妹"粉嫩膏"下线,董事长葛文耀将其永久收藏。

2010年7月23日双妹投产,第一瓶双妹粉嫩膏由葛文耀收藏

"双妹"这朵姐妹花,借助上海世博会"城市,让生活更美好"的宏大主题高调复出,成为中国第一个以上海文化为个性的高端时尚跨界品牌。双妹的华丽转身,也是上海家化进军时尚产业的战略转身,葛文耀让两年前的"时尚宣言",有了第一颗落地果实。

葛文耀为什么坚持要"复活"双妹?

这还得从一个世纪前说起。

应运而生

1898年,一个叫冯福田的广东人,在香港创立了香港广生行有限公司(上海家化的前身),"双妹",就是广生行推出的第一个美妆品牌,也是中国历史上第一个采用机械设备和化学方法制造出来的民族化妆品品牌。在此之前，中国脂粉类化妆品，大多是采用天然原料由手工作坊制作，如上海的"老妙香"、杭州的"孔凤春"、扬州的"谢馥春"等，当时被称为"花粉店"。

19世纪下半叶，为抵御外国资本的经济输入，晚清掀起"洋务运动"，一些具有爱国思想的民族工商业者开始兴办实业，民族工业蓬勃兴起，广生行就是在这样的背景下创立起来的。这是中国第一家真正意义上的民族化妆品企业，《中国实业录》中，称香港广生行为"吾国大规模之化妆品工厂乃以此为始"。

1956年广生行董事局为公司创始人冯福田所立塑像

1903年，广生行在上海设立发行所，经销双妹牌系列化妆品；1915年，双妹牌"粉嫩膏"在美国旧金山举行的巴拿马世博会上斩获金奖；1930年，上海广生行有限公司在沪成立，厂址设在当时的提篮桥区塘山路835号，就是今天的保定路上海家化所在地。

广生行南京路营业所外景

广生行南京路营业所内景

到了 20 世纪 30 年代,双妹已经力压当时流行的英国化妆品牌夏士莲,成为上海滩首屈一指的美妆品牌、上海"名媛文化"的标签。

双妹的商标,是两个身着旗袍、温婉优雅的年轻姑娘。2012 年春,上海家化曾派人前往香港,登门拜访过一个叫刘秀英的百岁老人。出生于 1912 年的刘秀英,曾是上海广生行里的一个贴商标的女工,亲眼见过那个传世商标上两个年轻姑娘的原型,她们都是上海广生行的职员。

广生行双妹商标

刘秀英:商标上那两个小姑娘我看到过,都是广东人,我当时在广生行给花露水、雪花膏、香粉贴的商标,都是这两个漂亮姑娘一沓一沓抱来分给我们。她们不是亲姐妹,人的卖相真的挺好看,又有气质,后来被香港老板看中,拍成了商标上的"双妹"。

刘秀英可能是亲眼见过"双妹"原型的最后一人。

1956 年,上海全面实行公私合营,相继有 24 家私营化妆品企业并入上海广生行,更名为"公私合营广生行制造厂";1958 年,内地最早生产花露水的上海明星香水厂,历史悠久的香粉生产厂中华协记化妆品厂,以及东方化学工业社,这 3 家厂与广生行再次合并,成立了"上海明星家用化学品制造厂",上海家化体系自此形成。

再往后,因众所周知的历史原因,代表"封资修"的双妹品牌在大陆停产,而香港地区则使用"双妹唛"品牌,继续生产部分大众化妆品,市场日渐萎缩。斗转星移,香港的广生行逐渐发展成以物业投资为主的上市集团公司,后来几经转手,风头不再。

但内地的双妹,虽历经坎坷,却在新世纪里"枯木逢春"。

这个"春天",就是葛文耀为家化集团制定的"时尚王国"转型构想。

葛文耀的"Fashion"

2008年4月25日出版的《IT经理世界》，刊登了一篇题为《葛老爷子的时尚梦想》文章。报道中"葛老爷子"的形象，是一个"不安分"、"爱折腾"、非常"Fashion"（时尚）的人："他依旧像他那代人一样喜欢戴茶色的眼镜，但是这些年来，他的眼镜框却一直在与时俱进，比如从传统的棕色塑料大镜框，已经演变时尚的彩色小镜框"。

葛文耀的"Fashion"，有过接触的人都深有体会。他像一个上海的"老克勒"，穿用讲究，喜欢喝咖啡，喜欢听古典音乐。每天回家的第一件事，就是打开音响听贝多芬、听莫扎特，那是他解压的一种方式。他曾对作家赵鑫珊说过，他最喜欢贝多芬和莫扎特的交响乐，贝多芬的音乐是一个"力"字，莫扎特的音乐是一个"和"字。消沉和迷茫的时候，听贝多芬；心里烦乱、焦虑时，听莫扎特。

葛文耀的"Fashion"，也体现在生活细节中。在他上海古北的家中，餐厅橱柜里摆放着各种茶具，这些茶具都是为不同品类的茶配置的。他现在的铭耀资本合伙人金铭，对此印象深刻。

金铭：葛总是一个非常热爱生活的人，他之前在微博当中也说过，他非常喜欢吃烘山芋、烤地瓜，为了吃这个，他曾经在网上买过10种不同的山芋，去做一个比较尝试。那我想这个是非常有意思的，因为他一直有这样一颗热爱生活的心。我记得通常到他家里的话，喝茶，他会拿出大概五六种甚至七八种茶来让你来挑，然后会根据不同的茶，选用不同的茶具。

葛文耀告诉金铭，不同的茶配备不同的茶具，才能更好地体现出它的味道来。

葛文耀的"Fashion"，还体现在办公环境上。上海国际时尚联合会常务副会长殷姿，清楚地记得第一次到天潼路家化集团大楼时留下的印象：整个办公环境有一种低调的贵气，临江的大会议室可以看到黄浦江最美的那个弯,招待她们的茶具是标准的英式下午茶茶具。

早在20世纪90年代,上海家化保定路的办公楼里,就有一间高保真立体声音乐欣赏室,上海《新民晚报》还曾经以"交响乐在办公楼回响"为题,发过一篇家化的报道。这座办公楼在1995年重新装修时,增添了一个由3个茶吧和咖啡吧构成的"创意中心"。葛文耀认为,给员工一个时尚的办公环境,才能激发出时尚的灵感。

上海家化集团天潼路大楼空中酒吧一角

佰草集的太极泥,就是在这个茶吧里碰撞出的灵感。公司的配方师、包装师和市场开发人员一起在茶吧喝茶聊天,聊到中国古代的太极哲学,激发了灵感,最终研制出佰草集的太极泥产品。推向市场后,太极泥获得巨大成功,仅单品销售就达到1亿元。在法国巴黎的香榭丽舍店,佰草集的太极泥也是一个明星产品。

葛文耀的"Fashion",还体现在企业文化中。上海家化前财务总监丁逸菁,至今仍清晰地记得20世纪90年代末,她大学毕业刚入职家化时的感受。上班伊始,她就被上海家化的企业文化"惊着了"。

丁逸菁:我到财务部上班,财务部那时大概有十几个人,看得出来,就是那种老国企的员工，学历上一般就是中专，可能大专都没有念过，但是她们都很有特点。你看她们每一个人，虽然她们都是很普通的员工，但都打扮得特别得体。她们上班，横着竖着就是一两套西装，但一定是一套小西装，一条裙子，会化一个淡淡的妆，涂着唇膏。

在当时的年代，一般只有在外企工作的人才会化妆，而且大都是30岁以下的年轻女孩。但丁逸菁在上海家化这样一个传统国有企业中，看到一群40多岁的"阿姨"，着西装、画淡妆，看上去很优雅，与公司的slogan（宣传语）"精致优雅、全心以赴"十分贴合。这让第一天上班穿着牛仔裤的丁逸菁感到自己很不"得体"，第二天赶紧换了条裙子才去上班。

上海家化原总经理王茁，对葛文耀的审美品位也是赞赏有加。

王茁：葛总的审美品位，相比他那一代企业家还是高出不少的。他作为上海崛起的企业家，时代特点和地域特点他都有一些，所以他做双妹这种高端的产品非常有感觉。比如判断包装、色彩，他是有一套的，这是中国化妆品行业最最稀缺的一种素质。大部分中国化妆品企业的老板，是没有那种调调和那种味道的。葛总的业务决断力和审美品位，目前我在中国化妆品行业里，还没找到可以和他匹配的，真的找不到第二个！

审美品位极高、又十分"Fashion"的葛文耀，选择"复活"双妹，自然是在情理之中。

在葛文耀和上海家化的管理团队看来，没有双妹，就没有上海家化100多年的历史。百年双妹，沉淀着诸多时尚元素：1915年美国旧金山巴拿马世博会金奖；民国时期上海名媛美颜佳品；20世纪30年代，巴黎时尚界曾以"Vive"（极致）盛赞双妹，"Shanghai Vive"，让双妹在民国时代就已有了"国际范儿"。家化集团要向时尚产业转型，必须有自己独特的时尚品牌，与其自创一个新的品牌，不如激活一个有着百年历史内涵的传奇故事。

在这样的背景下，双妹"负重"复出。

蒋氏后人担纲设计

作为家化集团转型时尚产业的"地标"产品,双妹的定位,是以上海名媛文化为个性的高端时尚跨界品牌,她的起点,必须是高高站在上海家化品牌金字塔的顶端。

为"复活"双妹,葛文耀不惜砸下重金。

双妹项目的开发阵容,在家化的历史上前所未有:家化国际品牌管理团队、隆图品牌顾问公司、法国设计公司、台湾橙果设计团队,4家公司联袂设计开发。

双妹的很多原材料和包装大多来自全球采购:双妹的翻新配方中,粉嫩膏和养颜萃露用的玫瑰香精,来自意大利供应商的一项名为"活香提取技术"。这项高端技术是将鲜花放在一个特制的罩子里,通过内部流动的湿水蒸气把花香带出后提取,香气极其浓郁,成本很高,日产以千克计算,此前只是为少数世界顶级香水公司配出特别仿真的香水所用。双妹的旗舰产品玉容霜,原料选自意大利珍稀野生白松露和被收至宫廷护肤秘方的野生白玉兰,萃取量极低,十分昂贵。双妹的包装玻璃瓶,来自日本一家给高姿、资生堂代工的工厂。双妹的柜台设计,由曾给D&G、LV、Burberry等奢侈品设计专柜的法国Centdegres公司担纲设计。

特别要提及的是,为双妹品牌的经典系列产品进行整体包装设计的,是蒋氏后人蒋友柏及其橙果国际设计公司。

为什么会选橙果?葛文耀说当时他主要看重两点:一是橙果有世界顶级的设计师,二是蒋友柏懂东方文化。

葛文耀:当时看到一份资料介绍橙果设计公司,正好双妹品牌要找个设计师,既要懂东方文化,又要懂西方的东西,所以一看到橙果的资料,我就很感兴趣。它用了世界顶级的设计师,世界前十大设计师中,有一个是为橙果做设计的。它既有西方的设计师,(蒋友柏)又懂中国文化,非常符合我们的要求。

2008年，蒋友柏在上海家化

虽然橙果设计公司此前并无为奢侈品行业设计的经验，但蒋友柏是蒋介石的曾孙，仅凭这一点，就为双妹的华丽转身攒足了话题。而且家族基因和长期国外生活的经历，蒋友柏身上与生俱来的贵族气质和西方文化的熏陶，与双妹要诠释的"东情西韵，尽态极妍"极度吻合。葛文耀相信，蒋友柏能够带领他的橙果团队，从独特的视角来理解、诠释"双妹"的名媛文化。

这当中还发生过一个小"状况"。当时，家化给蒋友柏橙果设计团队3个月的时间拿出设计方案，结果3个月期限到了之后，橙果未能按期交稿，双妹品牌总经理金波急得在电话里跟橙果方面沟通了两个小时无果。随后她跟葛总汇报，说橙果交稿逾期，想换设计公司。

葛文耀对金波说："如果中途换人，一切还要从头开始，既然蒋友柏这么想做，再给他一个月的时间看看吧"。他劝金波再耐心等等。

蒋友柏没有辜负葛文耀的厚望。据说，他接手"双妹"项目以后，曾把自己关在其曾祖母宋美龄的房间一个星期，为的是能感受老上海的特殊韵味。他翻阅了宋美龄的日记以及近百期上海二三十年代最流行的时尚杂志《玲珑》，并要求设计团队必须仔细研读，以便更好地解读和挖掘"海派文化"。

一个月后，橙果设计的双妹品牌红色包装系列方案出来，让葛文耀眼前一亮。

"我真是喜欢得不得了，你看它的包装和国际大牌完全不一样，却很有大牌气质"。葛文耀拿出双妹经典红色系列产品的照片给记者看："你看它多有设计感，流线型，云纹，很洋气，又有东方特点。我真的很喜欢"。

双妹的配方，由上海家化技术总监李慧良的团队研发。样品试制出来后，李慧良找了一个国际一线大牌化妆品参照比较，皮肤渗透性、吸收性等一共5个指标，其中4个指标双妹都超过了这个国际大牌。不过在对外发布时，错将5个指标说成4个，"对外讲错了，说4个指标3个比它好，所以不改口了，就4个指标"。葛文耀对记者说。

高调复出，惊动美、法驻沪领事馆

2010年，"双妹"等来了最佳时机：既然曾在世博会上扬名世界，就让她再次在世博会上化蛹成蝶、华丽转身，让世界重新看到化妆品中的东方文化。

在2010年7月23日"双妹"的开工典礼上，葛文耀的致词围绕一个重点，就是"精密制造"。他说："时尚产业有6个关键控制点，其中最重要的一个环节就是精密制造。要实现精密制造，我们的职业素养、质量标准、检验标准、生产流程都必须有很大的变化，起码一点，每一个在线员工都必须是检验工，生产过程中涉及的原材物料都要全数检验才能进厂，奢侈品不能有任何瑕疵！"

葛文耀在开工典礼上如此强调"精密制造"，是因为双妹投产之前，发生过一个小"插曲"。

上海家化的青浦中央工厂，当时是由公司的副总宣某负责。葛文耀告诉宣某，"双妹投产是件大事，我们要有一个开工仪式"。

过了几天，宣某跟葛文耀说，"开工仪式准备好了，可以开工了"。他以为，就是一个一般的开工仪式。

葛文耀问："你做什么准备工作了？我的意思是，你要把双妹生产线上的工人都培训好。双妹是奢侈品，这个生产线要专门的生产线，所有

双妹红色系列

台湾橙果设计公司设计的双妹红色包装系列

零部件都要100％全数检验,整条流水线,每一道工序都检验,所有工人都要经过培训。这些都没做,你怎么跟我说准备好了?"

为了"双妹"能够达到零缺陷,上海家化青浦中央工厂多次对生产线和设备进行了调整,研发和生产部门的所有工人都进行特别培训和考试,并设置了"持证上岗"制度。新技术和配方给"检验"带来的要求更为苛刻,过去家化的产品都是"抽样检验","双妹"则变成了"全数检验","30厘米普通光照瑕疵检查",变成了"20厘米强光光照"。

葛文耀:当时,双妹的包装拿来,按照我们严格的检验标准,香水瓶要求眼睛30毫米看,看不出气泡。刚开始合格率只有15%,最后是给我们做的日本工厂,专门从日本调来技术员给我们做,就是倒逼了供应商。

"双妹"护肤品开工典礼一个月后,2010年8月23日的下午,"双妹"品牌的第一家专营店,在位于外滩的和平饭店一楼开张迎客。58平方米的专营店有着浓郁的装饰艺术风格,桃红和黑色相间——凸显"双妹"的调性,整体布局尊贵华丽。店内陈设着首批在沪上市的"双妹"系列产品,包括护肤品、彩妆、香水、丝巾、配饰、手包等40多种。

细看标签上的价格:一款玉容霜标价1 080元,另一款"粉嫩膏"(巴拿马世博会金奖)标价680元,一瓶夜上海香水980元,一块袭人皂230元。这样的价格,已经与国际一些大牌化妆品不相上下。"双妹"的跨界产品价格同样不菲:一条珍珠项链售价860元,T恤卖到398元。

双妹和平饭店旗舰店　　　　　　　淮海中路太平洋百货双妹化妆品专柜

双妹的高调复出和比肩国际品牌化妆品的价格,不仅国内各大媒体纷纷报道,也引发了西方媒体的关注。双妹第一家专营店在和平饭店开出没几天,英国《金融时报》就接连发文,以李宁和双妹两个中国本土品牌为例,指出"中国消费品公司不再愿意向教会了自己品牌概念的外资企业低头。不仅如此,他们还开始与一流品牌展开竞争。"[①]美国 CNN 也就双妹的复出对蒋友柏作了专访。

2010 年蒋友柏在双妹和平饭店旗舰店,成为媒体焦点

西方媒体的报道,惊动了两家驻沪领事馆。

先是当时的法国驻沪总领事邀请葛文耀到他的上海私邸去吃饭,葛文耀知道外事纪律,不敢私下应诺,特别请示了上海市外办,外办回复同意后,葛文耀才应邀赴宴。

过了不久,美国驻沪领事馆的一个商务参赞,通过上海市外办介绍,亲自到家化集团天潼路的办公大楼面见葛文耀。

两家领事馆人员和葛文耀交谈的话题出奇地一致。

葛文耀:你知道他们担心什么问题?到 2010 年那个时候,中国制造已经非常厉害了,但是做品牌的意识很差,假如你中国再做品牌,那还了得?他们就是要了解,中国做品牌到了什么程度。他们问的问题就是,"家化做时尚产业,现在到什么地步了?""上海、中国做时尚产业,到什么

---

① 帕提·沃德米尔. 进军高端市场 上海家化重推"双妹"品牌[N/OL].金融时报,FT 中文网何黎译,2010-08-31[2010-08-31]. linkshop.com.

2011年4月11日法国驻沪总领事馆与总领事和领事夫人合影

地步了?"他们是要收集中国的经济情报,这是我的判断。当时中国制造业已经很厉害了,再做品牌还让不让人家活了?

葛文耀说完大笑。

比肩国际品牌价格引热议

上海家化发展时尚产业的愿景,引起西方媒体的警觉,也对双妹的"投石问路"能否如愿拭目以待。英国《金融时报》的一段评述耐人寻味。

归根结底还是这句话:中国消费者会愿意为一个国产品牌支付与外资品牌同等的价格吗?当他们愿意这么做时,中国就将完全走上了通往全新高价值社会的道路——这正是中国政府的目标。和平饭店Shanghai VIVE品牌专卖店的销量,或许是衡量中国重塑品牌行动成功与否的一个标准。[1]

"双妹"比肩国际品牌化妆品的价格,也的确引来部分国人的质疑。

---

[1] 帕提·沃德米尔.进军高端市场 上海家化重推"双妹"品牌[N/OL].金融时报,FT中文网何黎译,2010-08-31[2010-08-31]. linkshop.com.

一个从未听说过的品牌,凭什么自信到认为消费者会心甘情愿花费千元去买单?

一位大V博主在博客中写道:"我们期待着80后、90后的时尚女性,仅仅依靠30~40年代上海滩名媛的传说而爱上'双妹'化妆品,并花大价钱去购买自己并不熟悉的传说,这恐怕有点难。"

部分媒体记者也半信半疑:"懂得如何卖出20元一瓶的美加净,并不意味着可以轻松销售单品千元左右的双妹。"[1]

一些业内人士认为,国产品牌推出千元价位的护肤品是急于求成,因为当下中国市场上并没有足够的受众,人们对国货的认同主要还是基于"物美价廉"。

其实,对"双妹"的复出,早在产品上市之前就一直是被人用怀疑眼光看待,这从"双妹"首家专营店的选址一波三折就可窥见一二。当初,"双妹"的品牌经理夏欣,两个多月跑遍了上海的各大商圈,从新天地到恒隆、梅龙镇,从港汇广场到来福士、太平洋等,这些都是大牌云集的商场,但得到的回答如出一辙:"情感上我们看好你们,但是合作要等你们有足够知名度后。"

首家店址迟迟谈不下来,让夏欣焦虑不已,最终选定的和平饭店,谈判过程也是困难重重。

具有"远东第一楼"美誉的和平饭店,是上海的地标建筑,由犹太商人维克多·沙逊(Victor Sassoon)投资建造,落成百余年来接待过世界各国社会名流,马歇尔、司徒雷登、卓别林、萧伯纳、《西行漫记》的作者爱德加·斯诺、拳王阿里等。孙中山曾在此发表演讲,蒋介石、宋美龄在此举办过订婚典礼,周恩来总理曾在此办公,"双妹"品牌发布会的场地和平饭店8楼和平厅,曾是当年"汪辜会谈"的地方。

这样一个厚重的上海历史文化遗产,历来只有国际大牌,才能跨过和平饭店设置的高高的"门槛",毫无知名度的双妹凭什么进入?

---

[1] 丁天.唤醒双妹[N/OL].环球企业家,2010-10-11[2010-10-11].linkshop.com.

与和平饭店的谈判历时4个月,为了说服对方,双妹品牌团队的推广人员,甚至穿着旗袍去演示、阐述双妹品牌的内涵。最终打动和平饭店的,是双妹宣示的国际化标准和海派文化的高端品牌,这同和平饭店的价值认同是一致的。和平饭店的招商负责人甚至有些动容:"我理解你们,和平饭店拥有一样的历史,一样的心情。作为上海滩的代表,和平饭店里面怎么能没有一个上海百年品牌?我不能确保领导是否会批准,但我一定尽我的全力促成此事。复兴上海品牌,我钦佩家化!我是上海人,从小用家化的东西长大的。"

最后,和平饭店破例让双妹入驻。

其实,对人们的疑虑葛文耀早有心理准备,双妹的定价依据,是集合了国际先进技术和珍贵的原料,其品牌和设计具有厚重的历史沉淀和独一无二的文化符号;而且双妹在原料、配方、工艺、制作等方面,与成熟的国际一线化妆品品牌相比已无差别,但在价格上还是有一定优势的。在他看来,双妹品牌将会像佰草集一样进行"战略性培养",不会计较一时的盈亏。当年佰草集市场培育7年才开始盈利,没有定力恐怕早就放弃了。

"双妹的市场培育时间肯定会少于7年",葛文耀对此信心满满。他说,"佰草集走过的弯路,双妹完全可以避免"。

2010年岁末,双妹品牌获得了上海市政府颁发的"2010年上海市加快自主品牌建设项目专项资金"。

再度凋零的姐妹花

但是,世事难料,"复活"的双妹还没熬过市场的培育期,就因为葛文耀的离去而被继任者谢文坚"雪藏"。

根据媒体报道,双妹上市三年,也就是到葛文耀离开上海家化的2013年,在全国仅有12家直营店,分布在北京、上海、成都三个城市。2014年,新任上海家化董事长兼总经理的谢文坚,重新调整品牌战略,将上海家化品牌矩阵中的10个品牌缩减到5个,并改变了家化的品牌定位——专注于大众化的日化企业,走高端路线的双妹,自然在淘汰之列。

由于公司对双妹暂停市场投入,双妹的直营店陆续关闭,姐妹花再度凋零。

张东方继任后,虽然重启"双妹",但几年下来没有什么动静,据说目前市场上仅剩上海的一家双妹直营店在苦苦支撑,应者寥寥,前景堪忧。

回过头看,双妹的凋零,与葛文耀的离开有很大关系。当初,上海家化的两大当家产品六神和佰草集,它们之所以能大获成功,是源于中国中药草的唯一性和国人对中草药文化的接受度,这一点任何国际化妆品大牌都无法超越中国本土企业,但即便如此,佰草集也经过了漫长的7年培育期,而双妹的培育期刚过3年,就遭遇了"雪藏"。对双妹的凋零,葛文耀惋惜不已。他认为,如果没有后来的变故,随着中国消费者对国货的认同度越来越高,家化品牌运作经验越来越成熟,加上双妹所独有的海派文化标识和世界一流的制作工艺,双妹一定会成为中国第一个获得市场认可的高端化妆品品牌。

"太可惜了!"葛文耀深深叹了口气。

第三节 海鸥表,终究没能圆葛文耀的"中国梦"

2019年11月20日,上海豫园旅游商城(集团)股份有限公司(以下简称"豫园股份")发布对外投资公告,称通过旗下汉辰表业集团有限公司(以下简称"汉辰表业"),参与天津产权交易中心公开挂牌的天津海鸥表业集团有限公司(以下简称"海鸥表业")增资扩股项目。交易完成后,汉辰表业将持有海鸥表业65%的股权,并成为其控股股东。

汉辰表业,是豫园股份的全资子公司;豫园股份的控股股东,是郭广昌的复星集团。

郭广昌,复星集团董事长。他从上海一家小科技咨询公司起家,28

年间,复星集团已经壮大成一家实力雄厚的投资集团,正致力于为中国的消费升级、金融服务、能源资源和制造业升级添砖加瓦。时尚产业,是其重点投资方向之一。

豫园股份,就是复星集团为投资时尚产业打造的"快乐时尚产业旗舰平台"。不久前,复星将上海家化的一员干将黄震招致麾下,委以豫园股份总裁的重任。黄震原是上海家化的副总经理、佰草集公司的总经理。

此前,汉辰表业已将上海牌手表纳入囊中,加上这次收购的海鸥牌手表,复星集团已经将两大国民腕表品牌握在掌中。

海鸥牌手表易主,并未引起人们更多的关注,但这个消息对葛文耀来说,内心却是五味杂陈。

新中国第一块国产手表

天津海鸥手表,也是一个有故事的手表。

它制造出了新中国的第一块国产机械表,凝聚着几代人的集体记忆。

在2013年那场引发舆论"地震"的家化集团当家人被罢免事件中,海鸥手表项目,被视作平安集团与葛文耀相互交恶的导火索。

1955年,新中国的第一块国产手表——"五一"牌手表,诞生于公私合营的天津华威钟表厂,这是天津手表厂的前身,而"五一"牌手表则是海鸥表的前身。天津手表厂是海鸥表的母体厂。

1973年,天津手表厂与香港华成表行联合共创了中国第一只出口机械手表,正式以"海鸥"品牌命名,海鸥手表成为"中国名牌"产品。改革开放后,经过几轮改制,如今天津手表厂更名为"天津海鸥表业集团有限公司",企业性质已经由纯国有企业变更为国有资本控股的混合所有制企业。

海鸥手表是国产手表中的骄傲。海鸥表业自主研发生产的陀飞轮机芯，让手表的核心部件从中国制造走到中国创造，奠定了海鸥手表在中国表业的里程碑地位。在2006年瑞士巴塞尔钟表珠宝博览会上，海鸥自主研发制造的陀飞轮手表，被瑞士同行评价为，与世界手表制造顶尖水平差距缩短了10年以上。经过多年的发展，海鸥表业已经成为中国最大的机械表和机芯生产基地，目前海鸥机械手表机芯约占世界总产量的25%，具有自主知识产权的产品占到85%。

但是，和所有国有企业的命运一样，海鸥表在改革开放40年的历程中，经历了外资品牌的冲击、企业人才外流、创新不足、体制机制制约等诸多难以绕过的"坎儿"。进入新世纪后，这家中国最大的机械表生产基地，主要的销售额来自给世界大牌手表提供机芯加工，原本高毛利的产业却只能挣加工费。

"世界上每四块手表中，就有一块机芯用的是海鸥机芯"，这句话，既让海鸥人骄傲，也透露出些许无奈。

2010年，海鸥表业经过多年磨砺研发的海鸥ST9250G玫瑰金陀飞轮、万年历、三问"三合一"打簧手表问世，结束了中国不能制造高端复杂手表的历史。这款海鸥表30710型自动上弦机芯，玫瑰金表壳，水牛皮表带，防水深度60米，限量款只有500只。

这是国产手表的又一次里程碑式的重大飞跃，犹如55年前的第一块国产机械手表诞生。

"梦"断平安

正是这款"里程碑"的手表，触发了葛文耀想把海鸥表打造成中国奢侈品手表的想法。彼时，家化集团已经明确了时尚产业的发展战略，海鸥手表，正契合家化集团的诉求。

葛文耀相信自己的判断力，让海鸥表成为中国第一块奢侈品手表，绝非痴人说梦。

为了海鸥表项目，葛文耀前后跟了3年，并用了1年时间做了尽职调查。他频繁地往来上海、天津之间，与天津国资委、海鸥表的大股东天津津联集团有过多次深层次接触。

那段时间，葛文耀的手上就戴着一款海鸥双陀飞轮白金手表，这是他自费从厂里购买的。他逢人就推荐海鸥手表，他说，能把陀飞轮、三问、万年历三大复杂功能做在一个表上，瑞士也没有几个技师能做到。这种高端表，国外要 1 000 多万元一只，而且订货要等好几年。这是海鸥人的骄傲，也是今后海鸥表发展的基石。

不过葛文耀也坦言，海鸥表的质量目前还比较粗糙，缺乏设计感。他直言海鸥在经营管理上还是传统国企的做法，犯的都是低级错误。

海鸥表业内部人士的说法，也证实了海鸥手表当时的经营管理现状并不乐观：海鸥表业没有市场部，没有渠道，资金周转一年半一次，单只表价格不高，机芯业务亏损，44％是负毛利，22％只有 5％的毛利。公司占销售收入大头的双陀飞轮，在全国只有 2～3 个公司做。[①]

葛文耀说，在他对海鸥表做尽职调查时，海鸥表业的情况更差，机芯产品 72％都是负毛利。作为一家老国有企业，它的管理上仍然有很多以前的印迹，销售上缺乏有效的营销策略。由于缺乏设计和品牌运作，加上国人对国货的高端品牌缺乏认可，同等价位，国人宁愿去买欧美品牌。2010 年，海鸥表推出的一款 168 万元的高价手表，3 年仅卖出 2 块！

不过在葛文耀看来，海鸥表的这些经营管理问题很容易解决，目前只是为体制所困。2012 年他在一篇微博中表示："该企业存在的问题简单明了，依我看简直不可思议，只要政治上不干预，问题很容易解决。把海鸥表做成真正的奢侈品，对提高世人对国货信心、国企市场化有重大意义。职责所在，我不可能放弃"。[②]

发这段微博时，葛文耀与大股东平安集团的矛盾已经开始公开化。

[①] 刘雨.海鸥表将成上海家化第二只海鸥[OL].中国奢侈品 腕表频道[2012-07-04].www.chinese-luxury.com.

[②] 摘自 2012 年 11 月 23 日葛文耀微博公众号。

平安在海鸥表项目上的态度，让葛文耀很是恼火：收购之初，平安表示很支持海鸥表项目，后来以海鸥项目的投资风险过高为由将此事搁置。

在2012年底至2013年初的一个多月的时间里，葛文耀发了多条有关海鸥表项目的微博，表达了他对海鸥表项目的决心和信心。

"海鸥手表我跟了三年，分析思考了一年，是最有希望、最有意义、投资回报可能最高的一个项目。"

"做品牌需要时间，人才，技术，品牌塑造，都要大量的毛利。海鸥如按市场方法，只要卖两到三万块表，就能达到家化目前七八个品牌，一千多个品种，三四亿件产品的销售额和更多的毛利额。"

"如天津津联集团和政府下决心，我会利用业余时间，带几个人帮助海鸥表做成一个国人可以引以为傲的民族品牌。这是我的中国梦。"

事情后来的走向已经尽人皆知，随着葛文耀在家化的出局，海鸥表和家化的缘分已尽，葛文耀打造中国奢侈品手表的"中国梦"，终结在资本的强势和傲慢中。

2018年10月30日，天津海鸥表业集团有限公司增资扩股项目，在天津产权交易中心正式挂牌，标志着天津渤海轻工集团和海鸥表业集团混改项目工作，取得了重要进展。与家化集团改制不同的是，天津国资委虽然让出大股东，但仍将继续参股海鸥，希望借社会资本建立市场化的公司治理体制，让老品牌焕发新生机。

值得一提的是，当年家化集团整体改制，郭广昌的复星集团曾经积极投标，后因不明原因被劝退，复星与家化失之交臂。历史有时就是这样机缘巧合，海鸥挂牌混改，给了郭广昌一个接手海鸥、重塑国民腕表文化的机会。

在海鸥手表的价值认同上，郭广昌和葛文耀一样，感受到了一种紧迫感："品牌是需要得到延续的，我们感到了一丝紧迫，如果我们不能抓紧把"上海"和"海鸥"的品牌记忆和情感，向更多的年轻人传递，那我们只能从博物馆里再开始重建这样的品牌高度。"

2020年，海鸥牌手表和上海牌手表诞生65周年，随着中国的文化自信与日俱增，年轻一代越来越认同国货，这给中国企业重塑民族品牌带来契机。

人们在拭目以待。

来自海鸥表的商业灵感

陈刚，是平安集团收购上海家化过程中一个举足轻重的人物，因为平安坚持罢免葛文耀，有"袍哥"基因的陈刚，过不去心里内疚的这道坎儿，愤然辞去平安集团直投部总经理、平安信托副总裁的职务。

2018年8月的一天，在上海市黄金城道的一个日式茶馆里，记者见到了从北京来沪办事的陈刚。上海的三伏天高温闷热，陈刚穿着一件白色圆领文化衫，不停地用纸巾擦着汗。在陈刚递过来的一张名片上，印着他的新身份：纬图通信贸易（中国）有限公司董事长。纬图是世界顶级手机的品牌。

陈刚大学本科毕业于北大政治系，后到美国学习管理学，取得硕士研究生学位，回国后一直做投资。记者问陈刚，怎么会涉足奢侈品这样一个对他来说完全是陌生的领域？陈刚回答，他的商业灵感，正是来自葛总的海鸥手表项目。

陈刚和葛文耀的相识，缘于2011年的平安和家化的"联姻"，确切地说，是陈刚一手促成了这场"联姻"。当初他被平安信托的童恺"点将"，让他代表平安信托与上海家化进行收购谈判。

刚接到这个项目时，陈刚很不以为然，因为当时平安集团的投资方向主要是基础设施投资、房地产投资和股权投资三大类。这几类投资额度都比较大，基础设施投资平安做的最大一单是京沪高铁，总计投了200多亿元人民币。

在收购家化之前，无论是平安集团，还是陈刚本人，都没有投资消费品行业的经验，上海家化是平安接触的第一家消费品企业，谈判代表陈刚对消费零售行业也没有太多概念。

陈刚：说实话，当初有人找我说有家化这么个项目，第一单上来我是直接否掉的。我一看，30多个PE（市盈率），我说哪有这样的？其实我那时是对消费零售没感觉，所以这个项目拿上来，我们首先觉得这个价格太贵，30多个PE（市盈率），哪有这么快的增长？

在陈刚看来，上海家化股票这么高的市盈率，价值一定是被高估的。平安集团内部有一个不成文的规定，直投项目的市盈率不能超过10倍，而上海家化的市盈率高达30多倍。

"不就是一家化妆品企业嘛，值得花这么大的价钱去收购吗？"陈刚心中充满疑虑。

但是，在同葛文耀多次接触后，陈刚开始对消费品行业、特别是对时尚产业的高附加值有了新的认识。让他印象最深的，就是葛文耀多次提到的海鸥表项目。

陈刚：海鸥项目那时候葛总跟我聊了很多，我也在思考这个问题。葛总那时候给我算了笔账，最简单地说，海鸥表平均2万块钱一块，如果我们一年卖10万块表，就是20个亿！20个亿！

说到这儿，陈刚不停地用手敲着桌子。

陈刚开始组织平安的团队对上海家化进行了详尽的尽职调查，几乎把上海家化所有的供应商和销售渠道调查个底掉。陈刚这才发现，这家"中国证券市场高成长上市公司"并非徒有虚名。在这个过程中，陈刚开始关注消费品行业。

2011年时，还少有人谈消费升级，但那时候，葛文耀就不断地跟陈刚提到中国即将到来的消费升级浪潮，描述时尚产业在中国未来的发展前景。

说者有意，听者更有心。

在同葛文耀的多次交谈中，陈刚对高端消费品的价值认知，从陌生到了解。他开始认真琢磨，时尚产业在中国的市场空间到底有多大？

陈刚：我就是在同葛总聊完之后，就在思考这个问题，如果我以这种模式、思路进入这个产业会怎么样？一直琢磨，一直看了很多消费品，从投完家化之后，我就看了很多消费品。哎，觉得越来越有空间。

从平安辞职后的陈刚，2015年开始涉足高端消费品行业，用了3年时间，公司业务已经逐步走上正轨。2018年，他的高端品牌手机毛利差不多接近10亿人民币，这得益于中国的市场足够大、足够好，也就是当年葛文耀跟陈刚一再说起的消费升级。

陈刚：我给自己定的目标，差不多一年下来30万部，撑死了，全国只要面对30万人，就足够足够了，这已经是很了不起的市场了！

陈刚说，他要把他的奢侈品手机做成"移动互联网时代的LV，移动互联网时代的UBS，移动互联网时代的高盛！"连续3个排比句叠加，坐在陈刚对面，都能感受到他那对未来愿景充满自信的气势。

我为什么会对海鸥表情有独钟？

葛文耀：很多人都不理解，当时我为什么坚持要做海鸥项目？海鸥表是怎么回事呢，记得我第一次到海鸥厂去，是为了买表。大概是2008年吧，我们黑龙江农场的天津知青中，有人认识他们的局长，就给我批了张条子。我去海鸥厂买了块手表，是双陀飞轮、白金的，当时对外才卖18万多元一块，给我打的对折，大概是9万元吧。然后我跟他们的厂长到厂里转了一圈，一看，海鸥厂就像我1985年刚到家化时的那个环境，办公室条件很差的。

因为我喜欢表，我就跟厂长了解了一下他们厂的情况。我发现，海鸥厂陀飞轮复杂表方面的储备很多，做得很好，上海手表厂还有国内其他手表厂，都不能比的。2008年时，不要说双陀飞轮，单陀飞轮当时国内也只有海鸥一家能做，双陀飞轮国外也只有两家厂能做。

后来，因为我们家化做中医产品，当时天津中医学院的一个院长叫陈宝贵，和我较熟，他呢，给我介绍了海鸥厂的总工程师认识。总工程师跟我聊了很多他们的技术，我才知道他们什么都能做。我了解到，海鸥厂做陀飞轮的技术是最好的，当然他们承认在技术上还有一些问题。那时候，海鸥的陀飞轮表卖1万块钱，人家国外都卖100多万元。

其实，这也是我的一贯看法，就是手工的东西一定要中国做，外国人不行。表的历史我知道，瑞士表是怎么发展起来的？就是以前交通非常不方便的时候，在山区里面没事情做，就做表嘛。这个复杂表很有意思，先是机械表，后来电子表出来，差点把它们打死。但是瑞士还是坚持做，最后是瑞士表赚钱了，变成工艺品，还能保值增值，对吧？它的万年历厉害吧？闰年都能知道！

那么这样，我就开始对海鸥手表感兴趣了。我觉得，海鸥表的手工技术不比国外差，当时他们设计的陀飞轮表有多少？单陀飞轮、双陀飞轮，双陀飞轮还有行星式双陀飞轮，外国没有的，他们申请了专利，立体陀飞轮也做出来了。还有世界上最复杂的两种表，"三问表"跟"万年历"，海鸥厂把它们放在一起也能做。它把最复杂的功能放在一块表上，当时只卖30万元，但是光装配，一个人要装配半年多。那我觉得，海鸥厂有设计能力、开发能力，还有装配能力。

后来有很多因素让我看到，瑞士做复杂表真的是青黄不接。有一次我们到欧洲去旅游，家化有个总监要给太太买块百达翡丽女表，世界手表第一品牌，就去找专卖店，但是根本买不到，都给中国游客买光了。我跟他去看，女表要么是电子表，要么是首饰表，就是女表的复杂表做不出来了。欧洲只有两家表厂做陀飞轮表，积家做陀飞轮是世界上做得最好的。

海鸥表当时做得粗糙了点，我去看了以后，觉得海鸥厂的结构可以调整。海鸥厂把做复杂表的从设计到开发，全部放在一个200人的中试车间里，一年可以装配150块双陀飞轮表，不容易的。做零部件的设备全部是日本、瑞士的机床，数码机床。

当时海鸥厂处于亏损边缘，只有1 000万利润，但这种情况我不怕。

它什么情况？我第一次去买表时，海鸥厂还在天津市区，后来搬到开发区。开发区土地、厂房贵，加上固定资产，一下子变成6个亿，2 000多工人几十辆车子，每天上下班接送。真正有效益的复杂表工人才200人，但复杂表不发展，做机芯的工人3 000多人还不够，又招了700多农民工。我尽职调查下来，机芯70％是负毛利，还有30％机芯质量还可以。阿玛尼全部是用它的机芯。

其实海鸥厂完全可以不这样做，应该分一分，30％有利润的机芯做，70％负毛利的不要做。70％亏损，资金全部沉淀，一年半资金周转一次，那怎么行？人家能做的，你国有企业成本高，做不过民营企业的。它没有营销，做手表的连一个平面设计师都没有，一个都没有！海鸥和家化同时评上国家级设计中心，它评的是机械设计，就是表的机芯设计，家化是立体跟平面都有。海鸥300个品种的表，我只看中两个，这两个表面设计都是抄人家的。

当时海鸥就是这样一种状况，完全是国企管理模式，没有市场部，不知道推广，没有市场化，亏损的东西还做这么多，养了这么多人。但是，它做复杂表的这200人真的是精华，它的复杂表的设计、开发、装配能力真的很突出。

有一次，丝芙兰的一个人要跟我到海鸥厂去买表，丝芙兰是LV下面的集团。我问为什么？他说，我们集团最近有一个大的动作，就是看准国际钟表市场会发展很快，他们收购了一个宝格丽。LV集团本来表很少，主要是包和服装，当时他们也打算进军钟表行业。LV的时装表本来卖4 000元一块，但是现在你去看，都是在卖几十万元的表，陀飞轮要卖30几万元，它现在是在走复杂表的路线，因为时装表没有价值，复杂表是人工做出来的。

所以，从2010年起，我就开始盯着海鸥表项目，当时我认为，海鸥比家化更有可能做奢侈品。我去天津，天津市市长见我，国资委领导见我。我去厂里调研，最后形成一个方案。我重新安排它的产品线，只做3种产品，其他都砍掉。

  第一种是基本款，长三针、全自动、带日历，瞄着欧米伽。欧米伽现在卖 4 万元，那你们做得精致点，一般干部都带国产表，可以卖 5 000 元到 8 000 元一块。第二种就是主打单陀飞轮，入门级复杂表，钢的你就卖 2 万到 3 万元，金的卖 10 万元，比国外便宜很多了，这个产值很大。为什么我敢这么做？因为上面还有双陀飞轮，还有三问表，很多很多的复杂表，所以第三种是最最高端的，就是打品牌的复杂表。

  当时方案做得很细，包括怎么克服它体制的弊病。我就想把 200 人组成一个事业部，配上营销，单独做，就是死一块活一块，亏损的那块慢慢处理，这块先活起来。质量那一块，方案我也想好了，手表有日内瓦标准，但百达翡丽有自己的标准，所以启发了我。两年以后，等海鸥表的质量很好了，我们就出一个新的海鸥质量标记，这个标记就是全部终身保修。终身保修其实是赚钱的，赚零部件的钱。这样就新老划断，都想得这么具体了。

  后来和平安谈，他们开始说这个是好项目，最后又不同意投。他们不是 50 亿元收购家化嘛，他们跟证监会说是自己出一半资金，25.5 亿元，结果他们只出 10 亿，40 亿都是卖的信托产品，就是现在讲的杠杆。这 40 亿元的信托产品，他们拿给我看，我一看，这 40 亿的信托把我的海棠湾、海鸥手表什么的，全部都放在里面的。

  假如当时要做，现在海鸥奢侈品手表也做出来了，因为复杂表卖得贵，几万块一个表，10 万块一个表，不像化妆品要做那么多。海鸥的技术不仅国内领先，复杂表就是国际上也是可以的，而且双陀飞轮女表，这么小的陀飞轮它也能做。世界上单陀飞轮很多厂可以做，双陀飞轮国外只有两家可以做，一个是 LV 下面的，一个就是厉峰下面的，厉峰是世界第一大钟表集团。

  真的很可惜！

第四节　东方美谷和上海市政府 67 号文件

2014 年 11 月的一天,已经离开家化的葛文耀,因为股骨头坏死做了关节置换手术,正在上海古北的家中休养。时任上海市奉贤区区长的庄木弟登门看望,同时向葛文耀发出邀请,希望他能出任奉贤东方美谷的总顾问。

庄木弟对葛文耀说:"我了解过了,这件事,只有请您出山"。

这是葛文耀第一次听说东方美谷。

出任东方美谷总顾问

东方美谷,是中国长三角地区最大规模的美丽健康产业集群地,坐落在上海的南郊奉贤区,有美丽健康产业的"硅谷"之称。这里云集了上海 25% 的化妆品企业,中外化妆品品牌多达 3 000 多个,化妆品销售产值规模占到上海化妆品行业的 40% 以上;全国每生产 4 片面膜,就有一片在"东方美谷"生产。中国发展最快的化妆品企业韩束、伽蓝,韩国最大化妆品代工企业科丝美诗,国礼品牌百雀羚,以及意大利、法国、韩国等一批知名化妆品企业,都集聚在这里,成为名副其实的"中国化妆品之都"。

但庄木弟登门请葛文耀出山时,东方美谷尚在襁褓之中,只有一个模糊的轮廓,总的方向是希望打造化妆品和大健康产业,但具体如何操作思路并不清晰。求贤若渴的庄区长久闻葛文耀的大名,知道他深耕化妆品行业多年,堪称教父级人物,希望他能出手帮助理清东方美谷的定位和发展思路。在东方美谷的顾问团名单中,除了请葛文耀担任总顾问外,还有美国、日本、韩国的业界专家。

奉贤区专门成立了东方美谷推进工作办公室,临时办公点就设在南桥镇解放东路 871 号科技大楼里。推进东方美谷建设的第一步就是先

"洗脑",庄木弟请葛文耀和一些专家给区里的干部们讲课,转变思想观念。

那时,上海的产业政策主要还是向钢铁、成套设备、生物制药、汽车和电子信息产品等支柱产业倾斜,区政府还不敢大胆提发展消费品产业,第一次请葛文耀等几个专家去讲课,设定的主题除了消费品行业,还有清洁能源产业。当时奉贤的清洁能源产业,年产值虽然有200多亿元,但利润很低,可以用"举步维艰"来形容。

葛文耀两次去讲课,都是重点讲发展消费品产业的优势和机会,建议东方美谷应该围绕美丽、健康两大主题,重点发展化妆品等高毛利的时尚消费品产业,并建议奉贤区政府要做好东方美谷的一切配套和服务工作。

奉贤区将"美丽健康"作为东方美谷响亮的口号,这一步,真是踏准了中国消费升级的节拍,短短几年,政府税收连年递增。2016年,东方美谷产业园的税收每亩地达到100万元,而其他产业园每亩地平均税收不过10万元左右。

东方美谷名声大震。

"今年上半年(2017年),奉贤税收增加了55%,哎呀,我再去给他们上课,你猜他们怎么讲?他说我们的钱现在都用不掉,他们尝到甜头了"。说到这里,葛文耀开心地大笑。

上海市政府67号文件

2017年10月,上海市政府发布了《关于推进上海美丽健康产业发展的若干意见》,也就是67号文件。这是一份专为东方美谷颁发的文件,文件把美丽健康产业提升到上海支柱产业的重要地位,将奉贤的东方美谷提升到"上海东方美谷",授予奉贤区"上海'时尚之都、设计之都、品牌之都'示范实践区"称号。目标到2020年,东方美谷的产值达到500亿元;到2025年,产值达到1 000亿元。文件还从制度、财政、土地、人才等政策方面,给予东方美谷全方位支持,为发展"上海东方美谷"的美丽健康产业保驾护航。

2018 年 6 月 9 日在东方美谷化妆品产业发展论坛上发言

这,距离葛文耀给上海市政府写报告建议发展时尚产业,已经过去了整整 10 年!

2018 年,东方美谷交出了上海市政府发布 67 号文件后的第一份答卷:全年产值达到 251 亿元,同比增长超 15%。这距离 2020 年东方美谷产值达到 500 亿元的目标,还有一半的距离。

2019 年初,中共奉贤区委书记庄木弟提出,要进一步放大"东方美谷"品牌集聚效应,推动"东方美谷"聚集一批百亿级独角兽企业、一批具有强大竞争力的品牌,加速跨越千亿产业能级大关,擦亮"中国化妆品产业之都"名片,打造美丽健康的产业生态圈,让"东方美谷"成为世界化妆品大咖进入中国的首选地、中国化妆品企业走向世界的首发站。

2019 年 9 月 19 日,新华每日电讯以较大的篇幅,刊发了题为《东方美谷:无中生有"绽放"美丽产业》的报道。

报道称:如今,东方美谷拥有多领域产业集群,涵盖研发、生产、包装、销售、品牌、检测等产业链环节,这里化妆品企业共同构成的产业生态,与国内外美妆行业日渐细分的产业态势高度吻合。①

当日,庄木弟将这篇报道的链接,微信转发给葛文耀,并附了6个字:"葛总指导有方。"

建议东方美谷重点发展消费品行业

葛文耀:以前上海的产业政策,从来没把消费品作为支柱产业。2014年底,奉贤开始搞东方美谷,就是化妆品和大健康产业。当时的区长、现在的区委书记庄木弟,请我做东方美谷的总顾问,让我去给他区里的干部做了两次报告,就是洗大家脑子啦。

第一次去的时候,专门讲产业政策;第二次去,是奉贤举办了一个产业发展高峰论坛,我是主讲嘉宾之一,题目是"进一步加快奉贤东方美谷建设的对策建议",主要讲消费品行业的投资发展有什么好处。

他们叫我当顾问,我讲得很直率的。当时浙江湖州也有个化妆品小镇,湖州小地方嘛,政策有优惠,他们也请我当顾问。东方美谷请我的时候,我坦率地讲,你要吸引人家招商,首先这是个买方市场,你们政府就要放下身段,要为人家服务好。不是你们一号召,人家就来了,对吧?人家来,一定是要有经济的理由。

我说了3点:第一就是税收,湖州是直接给税收优惠,你这里税收不能优惠,你想办法。区里财政可以给补贴嘛,你税收是不能减免的。第二就是配套,人家来在你这开厂,要特别方便,从物流到配套,什么都很全,韩国最大的做OEM的科丝美诗在那里,还有小的企业、研发机构,都要搞起来。第三个就是服务,政府就是为这些企业服务的。

我2007年就开始呼吁上海发展消费品行业,这是我对宏观经济的了解,到2011年,上海的主要领导听进去了,现在政府真的有行动了,他们尝到甜头了。

---

① 姜微,姚玉洁,兰天鸣.东方美谷:无中生有"绽放"美丽产业[N].新华每日电讯,2019-09-19(1).

今年（2017年），东方美谷已经不仅仅是奉贤的了，要办成上海的东方美谷，而且说这个美丽健康产业，上海市的产业政策要做到2500亿元。这是上海第一次讲，要把消费品产业作为上海的支柱产业重点发展。上海市政府也改变观念了，为什么呢？看到效果了！

第五节　领航上海国际时尚联合会

2019年7月2日晚，"2019年秋冬上海高级定制周"，在上海外滩的传奇地标和平饭店华美开幕。一曲人们熟悉的《梁祝》钢琴曲，让开幕首秀的开场显得与过往不同，它一改传统T台走秀的模式，著名华人时装设计师Crace Chen，携手著名小提琴协奏曲《梁祝》的作曲陈刚先生、有"东方天鹅公主"之称的著名芭蕾舞蹈艺术家丘思婷小姐，极富创新地以现代时尚舞台剧的形式，将时装、音乐与舞蹈巧妙地跨界糅合，在古典和现代的时光穿梭中，点亮了高定周的首秀之夜。

这是上海国际时尚联合会成立15年以来，举办的第九次高定周。确切地说，应该是葛文耀2013年接任上海国际时尚联合会会长后，举办的第九次高定周。就如上海家化一样，始于2014年秋季的上海高级定制周，也是葛文耀一手抱大的"孩子"。到2019年秋季，上海高级定制周已经走过了5年历程。

殷姿登门邀请，葛文耀出任新会长

殷姿，上海国际时尚联合会常务副会长、上海高级定制周组委会秘书长。

上海国际时尚联合会成立于2004年，是由与时尚产业相关的社会团体、企事业单位及时尚产业从业者个人，自愿组成的联合性、国际化的社团法人组织，主管单位为上海市商业委员会。

2013年4月，在殷姿的力主下，时任上海市政府副秘书长、市文化创

2019年7月2日，2019秋冬上海高定周在和平饭店华美开幕，左一为上海国际时尚联合会常务副会长殷姿，右二为作曲家陈钢

意产业推进领导小组办公室主任的肖贵玉，向葛文耀发出邀请，请他出任上海国际时尚联合会新一任会长；一个月后，葛文耀就被平安信托粗暴地免去家化集团董事长的职务。

殷姿，可以说是葛文耀离开家化后，工作上与他接触最紧密的人，也是葛文耀时尚产业梦想最忠实的拥趸。她至今还记得第一次见到葛文耀的情景，确切地说，她是先感受到上海家化产品的非凡气度，后领受到葛文耀对时尚产业独到的见地。

2013年的一天，她无意中走进位于外滩的和平饭店，被上海家化设在和平饭店底层大厅的双妹旗舰店给震撼到了，当时她就觉得，这个品牌不就是中国美妆产业未来的奢侈品吗？那年，正值时尚联合会要换届，殷姿心里暗想，如果上海国际时尚联合会能有葛总这样的领航者来当会长，那该有多好！

没想到心想事成，她和另外一位副会长到家化集团天潼路办公楼请葛文耀出山，这是她第一次见到葛文耀。葛文耀留给她最深的印象是，一个上市公司的董事长，待人和善可亲，身上没有一点傲气和霸气。上海作为中国走在国际时尚最前沿的大都市,太需要这样一个有前瞻性、有时尚灵敏度、有品牌推动意识的人,来做上海国际时尚联合会的领航人了!

殷姿有一次在接受媒体记者采访时说,葛会长不止一次地同她讲过,他在上海家化的时候,就一直有一个人生夙愿,就是不甘心看到自己几十年深耕的中国消费品领域,高端的品牌一直被外资垄断。"这是他心里面的一个结,他觉得,我们中国应该去创造自己的高附加值品牌"。

上海高级定制周,就是在葛文耀这个"心结"上开出的一朵花。

曾经有一个联合会上级政府主管部门的一位处长告诉葛文耀,出任时尚联合会会长要"约法三章":第一,身体自己负责;第二,只能做服装,不能跨界;第三,不能跨地区。

这个"约法三章",在葛文耀看来十分好笑,国际时尚联合会,又不是服装联合会,不跨界、不跨地区,只做服装,何谈国际和时尚?葛文耀的性格从来就是我行我素,虽然不反驳,但也不盲从,仍会按照自己认准的方向去做。

葛文耀刚接手时的上海国际时尚联合会,的的确确就是一个"服装联合会",会员100％都出自服装行业,而且全是个人会员,没有一家企业。离开家化后的葛文耀,急需一个平台延续他扶持民族时尚品牌的梦想,高级定制是一个城市时尚高度的标杆,被誉为时尚金字塔的顶端。葛文耀认为,在扶持中国高级定制设计力量,提升中国定制品牌群体影响力,褒扬工匠精神方面,时尚联合会是可以有所作为的。

葛文耀的理念,得到了包括殷姿在内的联合会会员们的认同。他接任会长的第二年,在殷姿的建议下,上海国际时尚联合会搭建了中国第一个以推动自主精品品牌为主旨的共享服务平台,这就是已经运作了5年的上海高级定制周。

葛文耀为推出上海高级定制周所付出的努力,殷姿感同身受。

殷姿:进入联合会这些年以来,葛会长不辞劳苦,走访了很多很多我

2018年6月15日，在上海全球新品首发大会上代表时尚联合会，为首发平台与上海市商委签约

们的会员企业，因为我们会员企业的架构，都是在中国各个时尚品牌领域具有代表性的一些领军企业。他去跟他们做深度沟通，帮他们去解决一些品牌运营、包括整个一条龙的建设过程中碰到的一些瓶颈问题，然后就强大地吸引了这些企业，使得联合会更具凝聚力。

在这个过程中，葛会长他更坚定了要去推动我们中国的精品产业的这样一个信心。他率先提出了我们中国自己奢侈品要具有三个关键的元素：一是手工工艺的技艺传承，二是顶尖品质的材料，三是高端的设计跟我们中国文化的传承。

高定周花开5载，创下诸多"第一"

葛文耀主导上海国际时尚联合会6年，推动做成了两件大事：第一件事，就是上海高级定制周；第二件事，是聚集了50多家有自主品牌、有发展前景的时尚产业的会员企业。

上海高级定制周始发于2014年10月10日，它的宗旨是：致力于扶持中国高级定制事业的发展及中国高定品牌的孵化，引领中国高级定制风向标。启动5年，从零开始，创造了中国高定的多个第一，目前是亚洲第一、全球除法国巴黎以外第二大的高级定制推广与孵化的平台；上海

2014年10月10日，上海高级订制周花开首季，图为启动仪式，左二为葛文耀

国际时尚联合会高级定制专业委员会在法国成功注册挂牌，成为中国第一个推动高级定制事业的国际协会，为上海乃至中国在国际时尚界争取了更多的话语权。

5 年当中，共有 135 个中国自主与定制相关的时尚品牌或设计师，以多种形式参与上海高定周，根据百度数据，刊发、转载上海高定周的各种中外图文咨询稿件和视频达 126 万篇/次。从 2017 年起，上海市经济信息委员会、联合国教科文组织创意城市上海办公室，也成为上海高级定制周主办单位之一，上海高定周的国际影响在日益扩大。

目前，上海国际时尚联合会旗下已有 50 多个合作品牌，包括美籍华人设计师同名服装品牌 Grace Chen、中国掐丝珐琅腕表代表品牌"孔氏珐琅"、漆器创意设计品牌"梵谷漆器"、国际一流水准的"汉光瓷"等，产品品类涵盖了珠宝、腕表、鞋履、箱包、美妆、器皿、家居用品等多领域。

这些做中国高端时尚产品的企业，前几年在时尚产业的道路上走得十分艰难，当时国内外许多声音都认为，中国还没有形成高端奢侈品消费的氛围和环境，中国更适合发展快销品。但葛文耀坚信，中国的时尚产业前景广阔,他用专业的视角、前瞻的眼光和多年积累的市场经验,为会员企业问诊把脉。

为"孔氏珐琅"把脉

时尚联合会的会员企业"孔氏珐琅"创立于2007年,孔氏珐琅表的创始人孔令俊,是孔子的第76代传人,是个70后。

孔氏珐琅在中国宫廷珐琅表的基础上博采众长,经过多年的研制生产,目前是中国唯一具备全面设计和生产金、银、铜、陶瓷胎的掐丝、内填和微绘三大珐琅工艺钟表的品牌,也是中国第一个高级私人定制珐琅表品牌。

这种源自波斯和欧洲的珐琅工艺,经过中国能工巧匠之手,将掐丝珐琅、画珐琅和内填珐琅三大工艺相互融合,代代相传,已经形成具有中国民族文化色彩的、精美绝伦、举世无双的珐琅工艺。但这种老祖宗的手艺越来越鲜有人传承,一款纯手工制作的掐丝珐琅表,整个制作过程分为设计、制胎、掐丝、焊丝、点蓝、烧蓝、打磨等多道工序,一般要花费2~3个月的时间,手工打磨1万次以上,1 000多度的高温烧制,历经20多道工序方可完成。即使在它的发源地欧洲,目前能做掐丝法郎表的技师也仅有个位数。

葛文耀:掐丝珐琅的表,在欧洲本来有很多人能做,现在越来越少了。欧洲的年轻人都不愿意去做,他们就找到我们联合会下面一个会员"孔氏珐琅"去做。那个小青年开始不愿意做,因为欧洲人价格给得很低,而且不让宣传。那我就说,你做,你帮他们做有好处,你会知道他们怎么掌握掐丝珐琅表的质量标准,对提高你的珐琅表的技术有好处。

葛文耀把自己在家化同10个国际化妆品公司合作的过程讲给孔令俊听,告诉他家化是如何在不断学习国际公司先进管理经验的基础上,逐渐形成了"全球视野,中国智慧"的管理特色的。他鼓励孔令俊通过承制加工,学习欧洲珐琅表的制作、管理标准,开阔眼界,提高技能。

2018 年 1 月 7 日，在思南公馆 77 号为时尚联合会会员作咨询

葛文耀：后来他接了，这两年去开会，每次都要接几十个掐丝珐琅表的订单。我给他们鼓信心，告诉他们，这个有前途。两年前，我还跟小孔建议，品牌定位不应只是表，可以延伸到首饰，因为首饰的受众更广，单价更低，销路更畅。经过两年的准备，他们拿出了十几款有设计感的首饰到上海参展。孔氏法郎的品牌，一定会成为中国最早的奢侈品品牌。

葛文耀说的"开会"，是指全球钟表行业的顶尖盛会——一年一度的瑞士巴塞尔国际钟表展。作为中国民族钟表品牌的孔氏珐琅表，从 2014 年起连续亮相巴塞尔钟表展，在 2016 年的巴塞尔国际钟表展上，孔氏珐琅在开展第一天，仅用一上午的时间，现场接受的订单数量就超过了 2016 年全年孔氏珐琅的生产能力，接下来的订单，最快交货日期也要到 2017 年！

孔氏珐琅现在拥有全球最大的珐琅腕表工作室，珐琅技师超过 30 位，全年可生产制作珐琅腕表 200 块左右。这个数字，在珐琅腕表的制作领域是十分惊人的。

葛文耀：一直以来，中国消费品都在低端徘徊，能够承载更多价值的高端品牌，依然被外资垄断，有些人甚至说中国出不了奢侈品牌，我不服气。奢侈品牌关键的三个要素：手工技艺、顶级材料和高端设计，这三个要素，中国都不缺！

葛文耀认为，从心性上来说，手工制作欧美人比不过中国人，中国人能够静得下心来做事情，一块表一个人做半年，欧美的年轻人都不愿意做这种枯燥的工作，高级手工制作，中国人还是有优势的。

随着中国中产阶级家庭的不断扩大，消费升级势必促进中国奢侈品市场的增长。据贝恩咨询发布的《2018年中国奢侈品市场研究》报告显示，2018年中国内地奢侈品市场的增速达到了20%，中国消费者为全球奢侈品市场贡献了1/3的销售额。"现在越来越好了"，葛文耀坚信，中国5年以后一定会出奢侈品，20年后中国的奢侈品一定会在国际上占一席之地。

殷姿非常认同葛会长的观点，改革开放40年，现在应该是发展时尚产业最好的时候，现在的中国有好东西，经济有实力，消费者有自信。10年前，国际大牌教会、提升了国人的鉴赏力和品味，现在，大家愿意用这种鉴赏力来推动民族精品品牌的成长。而且，上海市政府已经将时尚产业作为政府重点支持的产业之一。

"我们赶上了一个好时代，做的是顺势而为的事情。"殷姿如是说。

卸任联合会会长，复星豫园股份接棒

2020年1月13日，上海国际时尚联合会举行三届五次理事会议，葛文耀正式卸任会长职务，同时被授予联合会荣誉会长的称号。他的继任者，正是刚刚收购了海鸥表业的豫园股份董事长徐晓亮。

47岁的徐晓亮年轻有为，是上海市第十五届人大代表，曾获得"上海市五四青年奖章""上海十大青年经济人物"称号。他是复星全球合伙人、复星国际执行董事、联席总裁，身兼复星蜂巢、豫园股份两家公司董事长。出任联合会会长单位的豫园股份，目前已经定位为复星集团发展快乐时尚产业的核心平台。

2020年1月3日,葛文耀卸任上海国际时尚联合会会长,豫园股份董事长徐晓亮接棒(前排右二为徐晓亮)

其实,这次复星接棒上海国际时尚联合会,葛文耀起了很大的作用。

葛文耀和郭广昌,私下里早就相熟。早在几年前,郭广昌就有布局时尚产业的想法,复星集团2018年控股豫园股份,先后拿下上海牌和海鸥牌两大国民腕表品牌,至此,豫园股份旗下已经拥有16个中华老字号品牌,涵盖了珠宝时尚、文化创意、餐饮食品、中医健康等多个领域。葛文耀认为,复星的时尚产业布局和战略方向,都与联合会的理念非常契合,他相信,复星接棒后,一定能助力联合会发展得更好、走得更远。

上海国际时尚联合会的常务副会长殷姿,对葛文耀的卸任极度不舍。她对这位一起工作了6年多的前辈,有一种发自内心的敬重。她认为,葛文耀主政联合会后,联合会工作发展迅速,开创了若干业界先河,特别是一年两季高定周的推出,在业界集聚了较高的美誉度,扩大了影响力。

在卸任感言中,葛文耀再次表达了他对推进上海时尚产业发展的锲而不舍:"做好本土品牌和时尚产业,是我毕生的愿望!"

他说,他还会继续为这个"毕生的愿望",贡献余热。

第七章

从为国企掌舵到为民企站台

本章提示：他隐退"江湖"，又携三大资本高调亮相"韩束"；一个原本毫无知名度的化妆品牌，靠什么逆袭成为中国本土化妆品牌前三？从国企老总变身私募基金合伙人，为扶持民营企业不遗余力；他助力"森蜂园"，书写一个百年养蜂世家的传奇；他"屈就"为一家民企站台，笑称"你是我站过台的企业中规模最小的"；为设立时尚产业基金，他奔走多年无功而返；讲坛上，他是"最受欢迎的企业家教授"；专家智库，他是美国格理集团中国区的"Number one"。

第一节 韩束的"逆袭"

"5.20"，是个"浪漫"的日子，也是商家造势的日子。2015年的5月20日，离开上海家化后沉寂多日的葛文耀高调亮相，和他同时亮相的还有韩束——一个近一两年才被人熟知的本土化妆品品牌。这一天，"葛文耀"和"韩束"这两个名字，出现在上海多家媒体的新闻标题中："葛文耀领衔三大资本入股韩束"。上海本土化妆品牌韩束获得首轮4亿元的融资,成为当时本土化妆品领域的最大融资案例。

为韩束投资的金主分别是中信资本、联新资本和希美资本,而希美资方的代表,正是葛文耀。

从"蛹"到"蝶"

2012年之前,韩束还是一个不知名的品牌,它的主要消费对象是三线、四线城市消费能力较低的年轻群体,换句话说,就是一个低端的化妆品品牌。尽管它的公司总部设在上海,但上海人中很少有人听说过韩束,在消费者喜爱的本土化妆品排行榜中,也不见韩束的踪影。

2013年起,韩束开始频繁地赞助各大电视媒体上星频道的综艺节目,而且大多都是独家冠名。广为人知的就是江苏卫视那档很火的相亲节目《非诚勿扰》。为这个冠名,韩束第一次砸下2.3亿元,第二次,也就是2014年,韩束一下子砸了5亿元!

那段时间人们发现,很多收视不错的节目都有韩束的影子:天津卫视的《非你莫属》,东方卫视的《中国梦之声》《女神的新衣》及旅行节目"花样系列",湖南卫视的《天天向上》,等等。

对于许多一线、二线城市的消费者来说,这种有些"粗暴"的电视霸屏,无异于"咣当"一声,从屏幕上蹦出个品牌。不管你接受不接受,它每天就在屏幕里,让你的眼睛无处躲藏。

靠砸广告搏名,让韩束走出了迈向一线、二线城市的第一步。在迈出这一步之前,它已经蛰伏了10年。

2002年,70后的广东人吕义雄,带着8个人的团队来到上海,创立了"上海韩束化妆品有限公司",就此开启了他的日化帝国之梦。同年,韩束品牌创建。

在2002年到2012年的10年间,韩束走的是中国本土品牌惯常走的路线:推出个国籍模糊的品牌(韩束最初让很多人误以为是韩国品牌),

瞄准低端市场,铺货三线、四线城市,以价格低廉取胜。这10年,让韩束完成了原始积累,有了宽裕的资金。据吕义雄自己说,他已经不差钱。

不差钱的韩束,不甘心继续在三线、四线城市游荡。2012年,韩束开始了"品牌聚焦"的战略转型,目标转向了一线、二线城市的消费者,期望借此从蛹到蝶,华丽转身。

在2012到2013年间,韩束公司几乎把所有的资源都给了韩束品牌,斥巨资在各大卫视进行硬广投放。这一招果然灵验,韩束在人们的眼皮底下迅速崛起,这之后的三年,据媒体公开报道的数据,韩束的零售额从2013年的18亿元,到2014年的31亿元,再到2015年的90亿元,一跃进入中国本土化妆品品牌三甲,仅位居上海家化和百雀灵之后。这背后,是韩束水涨船高的广告投入,从2013年的5.5亿元,到2014年的10亿元,再到2015年的13亿元。

从一个默默无闻的品牌,到坐上中国化妆品行业本土品牌的第三把交椅,跻身第一梯队,韩束仅用了3年时间。这三年,韩束成了中国化妆品行业的一个营销标本。

但吕义雄的日化帝国之梦,显然不是"屈尊"老三。

因"梦"结缘,投资韩束

2014年,吕义雄结识了葛文耀。

一个,是曾经把一家国有老企业打造成中国化妆品行业龙头、比肩外资品牌的国有企业家;一个,是发誓要让韩束成为中国本土化妆品牌的领导者、"中国欧莱雅"的民营企业家。两个"异床同梦"的人,因"梦"而结缘。

吕义雄和葛文耀的相识,和许多民营企业家一样,缘于膜拜于"家化教父"的江湖地位,主动上门讨教。这种事情在葛文耀离开上海家化后,屡有发生。因为讨教的人太多,以至于葛文耀经常会记混这些人是如何找到他的。

吕义雄见到葛文耀后对他说:"您在家化时,我们10个民营企业也比不上您一个家化。"

葛文耀离开家化后,中国市场上的外资化妆品企业认为,这对他们来说是一大利好,少了一个强劲的竞争对手。而对民营企业来说,这几年上海家化利润的下滑,也给了民营企业一个发展机会。

吕义雄说,上海家化以前巨大的优势,让他难以望其项背,"现在我们是在同一起跑线上了"。

与其他讨教的人不同的是,吕义雄经营的是本土品牌的化妆品,又立誓要做"中国的欧莱雅",这一切,都让抱憾离开上海家化的葛文耀,对韩束有一种天然的亲近感。吕义雄多次请葛文耀到他的公司里来,为企业问诊把脉,和企业管理层分享市场经验。

尽管当时韩束的内部管理尚有欠缺,但对于吕义雄,葛文耀十分看好。

葛文耀:假如按照家化的标准,我不会投韩束,它管理上有欠缺,但是它也有做得比较好的地方,就是营销。它的销售很厉害,产品开发、执行力也很好。吕义雄对产品、渠道、消费者的判断非常准确,他的领导方法也很好,懂得分享,这样的企业家精神非常好。韩束是我们目前投的还不错的企业。

葛文耀看重吕义雄的企业家精神,也看好韩束的未来。他给出的第一个建议就是:要想做大,不能只有"韩束"一个品牌,应该实行多品牌战略,形成品牌矩阵;而且,以"韩束"品牌命名的公司,显然会限制多品牌的创立。

吕义雄采纳了葛文耀的建议。2015年11月,上海韩束化妆品有限公司正式更名为"上海上美化妆品有限公司"。同年,上美公司正式启动品牌多元化战略,产品涉足护肤、面膜、男士、彩妆等领域。

在葛文耀领衔3大基金投资上美后,上美很快就成功地推出另外一个品牌"一叶子",它在市场上发展迅速,规模和韩束已不相上下,甚至有后来居上的态势。其他品牌也在不断成长,如婴童品牌"红色小象"等,开始真正走入依靠多品牌发展的健康良性轨道。

在此之前,中国所有的本土化妆品公司中,能够走出单一品牌的,只有上海家化。

在上美的十年规划中,毫不掩饰其要做"龙头"的霸气:2015 年到 2016 年,将韩束打造成为中国本土零售规模最大的化妆品公司,并实现多品牌互补的渠道战略,同时开拓韩国、日本市场;2018 年,实现年销售额 160 亿元,并完成企业上市。2020 年到 2025 年,巩固大日化,国内外高端品牌收购并做全各品类。

"上市就一定要做国内化妆品的龙头",吕义雄雄心不已。

为实现转型,上美广纳人才,这其中就包括原上海家化旗下的研发总监孙培文和总设计师袁宗磊。不过,这些人来来往往,有些只是上美的过客。

如今,打开百度搜索,韩束已被解读为"上美化妆品有限公司旗下最大的中高端时尚品牌"。一众品牌代言人也是各个名字亮眼:林志玲、吴亦凡、郭采洁、古力娜扎、景甜等。在各大电视台的超热 IP 综艺节目中,仍能看到韩束的冠名霸屏,比如,湖南卫视的《我想和你唱》第三季。

据《化妆品财经在线》记者报道:"2017 年,上美年销售额近 150 亿元,各品牌或位居品类翘楚,或崭露头角,呈现出昂扬斗志。"[①]

但在 2018 年之后,上美公司经历了销售额连续 2 年的下滑,葛文耀说,这是因为上美前几年发展速度过快,基础不够扎实。好在经过 2 年的主动调整,2020 年前 3 季度,上美公司业绩逆势上扬,管理团队信心满满,投行团队也已进场,争取 2021 年申请上市。

这个品牌逆袭的故事,未完待续。

---

① 何辰.上美 2017 销售总额近 150 亿,2018 争做"商超渠道王者"[OL].化妆品财经在线[2018-01-20].www.cbo.cn.

我非常看好韩束项目

葛文耀：韩束 2017 年、2018 年销售都有不同程度的下滑，它前几年发展太快，5 亿元做到 40 亿元，只花了三四年时间，积累了好多问题。这两年虽然销售下降，但换来创业者更加成熟了。

吕义雄对业务的感觉还可以，他把业务分成 3 个板块，一个线下，一个电商，还有一个社交媒体。它的直播发展很快，吕义雄下面一个负责直播的人告诉我，9 月份（2019 年）直播做了 2 000 万元回款，10 月份 3 300 万元，11 月份 4 000 多万元。

这个项目我是非常看好。吕义雄以前说要超过欧莱雅，现在姿态放下来了，说明他更成熟点了。前两天他又请我去谈了两个多小时，我给他讲新形势下的变与不变。他什么问题？他线上还可以，线下有欠缺。我给他们高管也讲了 3 个多小时。

他的决策程序有问题，我给他建议，应该有个决策委员会，重大问题大家一起讨论，不是你老板一个人做决定。你的品牌韩束、一叶子，还有一个儿童品牌红色小象很好，没有太强的对手。还有最好是要有一个细分品牌。

品牌管理还是要统一的，否则要出问题，大家乱做，没有品牌调性，就是为了销售。矩阵应该怎么做？你看现在社交媒体都是营销一体的，有个化妆品公司让我去，我去了一看，30 人在一起专门做新的业务，第一拨人像我们家化的品牌经理，开发产品；第二拨人做社交媒体；第三拨人直接就是做销售。

现在有两个上市公司股票涨得很好，一个是丸美，单品牌；一个是泊莱雅，也是单品牌。它们的股票市值都超过家化了。和这两个品牌比，第一，吕义雄是多品牌，韩束、一叶子都达到一年 20 亿元的出厂销售价，红色小象几年能做到 9～10 亿元，还有其他几个品牌在发展。第二，多渠道，那两家公司只有电商和化妆品专营店（CS），吕义雄还多了个大型超市（KA）和屈臣氏，就是超市卖场，又专门成立了社交媒体、直播和私域流量3个部门，都是直面顾客，发展很快，回款很好。

而且，吕义雄现在产品开发也很强了，他从日本挖来好多人才。其他民营企业都是靠市场营销，只有他真的是重视科研。所以，我很看好上美的未来发展。

第二节　创立私募基金——铭耀资本

在上海市长乐路989号世贸广场的23楼，上海铭耀股权投资管理有限公司就挂牌在这里办公。公司的面积不大，除了2间独立的办公室和1间小会议室，开放式的办公场所大概可容纳10几个人办公。这家投资公司是由两个合伙人一起创办的：金铭和葛文耀。公司的名字"铭耀"二字，就是从两人的名字中各取了一个字。

这是一家私募基金，创立于2015年底。合伙人金铭，是毕业于上海复旦大学的70后，先后在海通证券、高盛、摩根士丹利就职，有着21年的中、外投资公司职业生涯。他和葛文耀都属猪，但整整相差了两轮24岁，而且一个做投行，一个做化妆品，看上去本应毫无交集，怎么就成了合伙人了呢？

结缘国盛集团

金铭最早认识葛文耀的时候，还在高盛任职。那时，他经常会向上海家化的投资部门推荐一些并购项目，包括一些国际品牌的并购，但多数时候，金铭是同家化的投资部门对接，跟葛总只是有些间接的交流。作为国有企业家中的佼佼者，金铭对葛文耀很是仰慕，但葛文耀本人对金铭却没有太深的印象。

金铭真正同葛文耀正面打交道，是在家化改制的筹备期，他曾带着高盛直投部门的人拜访过葛文耀，希望能够参与其中，但那时候葛文耀不希望把家化卖给外资，此事也就作罢。金铭再见葛总，已经是几年之后了。

金铭：那时候葛总已经离开家化了，上海国资委下面的国盛集团分别找到葛总、找到我，因为国盛集团那时候想做一个上海时尚产业方面的基金，组建这样一个基金。当然葛总在上海家化时就在朝这个方向努力，刚好那个时候他离开了家化，我那时候刚好和国盛业务上也有很多交往，他们对我比较了解，也比较信任，所以就来沟通。

后来，因为国盛本身也面临着职能的调整，它就逐渐变成一个国资的平台公司，主要是承接国有上市公司股权的处置，所以对投资方面当时就没有那么快的决定。这样我和葛总就觉得，哎，既然这个方向是个蛮好的方向，没有国盛，我们自己也可以去做一个尝试。我和葛总都觉得，这个事情我们可以自己来做。

其实，是国盛把我们又重新拉到了一起。所以，真正跟葛总深入地交往就是在那个时候。

国盛集团，是上海国资委旗下国有独资的大型投资控股和资本运营公司，成立于2007年9月，注册资本200.66亿元人民币。成立之初，集团作为上海市政府重大产业项目的投资通道，主要职能是服务上海经济转型升级和国资国企改革大局，发挥产业投资和资本运作两大功能。最典型的一个投资案例，就是2008年参与组建中国商用飞机有限责任公司，作为出资主体占商飞公司总股本的26.32%。

2014年，当国盛集团找到葛文耀和金铭商议成立上海时尚产业基金时，上海市委市政府对国盛集团的战略定位提出了新的要求，即"国有资本运营平台"。此后，国盛集团紧紧围绕国资运营平台的功能定位，开始调整和转型，为健全上海国资有进有退、合理流动机制，促进上海创新驱动发展，经济转型升级保驾护航。时尚产业基金的想法暂且搁置。

尽管国盛集团筹建时尚产业基金的事没了下文，但这件事把葛文耀和金铭又拉在了一起，两人都觉得此事可为，既然国盛不做，那不如我们就自己联手做一个私募基金吧。

经过一年多的磨合，在两人不断的交流和探讨中，基金的方向逐渐明晰。2015年底，以两个人名字命名的上海铭耀股权投资管理有限公司（以下简称"铭耀资本"）注册成立。由于私募基金要考虑投资人的利益，时尚产业不确定因素较多，所以，铭耀资本将基金的投资方向框定为消费品基金。

"互补"的合伙人

私募基金，是指以非公开方式向特定投资者募集资金，并以特定目标为投资对象的证券投资基金。葛文耀和金铭的"铭耀资本"，属于私募股权投资基金，即通常所说的PE（Private Equity），是私募基金中的一种。主要投资标的是非上市公司的股权，通过股份增值或转让获利，追求绝对的投资回报，以IPO为最终目的，即公开发行上市，这是私募基金最优的结果。人们比较熟悉的私募基金如鼎辉、弘毅、KKR以及金铭以前就职的高盛，都属于这种性质。

葛文耀和金铭创建铭耀资本时，中国股市的股票发行逐渐趋于正常化，每个月可以有50个左右的新股发行，这在以前是不可想象的。由于供求多了，每个月都有批量上市的股票，一级市场和二级市场的差价在逐渐缩小，越来越多的中小民营企业也有机会在股市上募集资金，这给以IPO为最终投资目的的私募基金，带来很多机会。

由于私募股权投资基金的投资人，是以出资比例来获取投资标的公司的收益分红，因此投资对象的选择至关重要。选对了，不仅每年能获得丰厚的分红，一旦被投资公司成功上市，私募股权投资基金的获利，可能就是几倍甚至几十倍；但如果"打眼了"，被投资企业最后以破产收场，私募股权基金也可能血本无归，风险极高。

正因为此，私募股权投资基金往往会给被投资公司提供投后服务，这些投后服务包括帮助被投资企业提升经营管理能力，拓展采购或销售渠道，融通企业与地方政府的关系，协调企业与行业内其他企业的关系，协助企业上市，等等。因为大家都绑在了同一条船上，没有谁会比投资人更关心投资对象的兴衰了。全方位的增值服务，是私募股权投资基金的亮点和竞争力所在。

简单了解了私募股权投资基金的基本性质，再看铭耀资本，你就会发现，这两个合伙人的"互补"，真是再合适不过了：金铭，投行出身，又在高盛就职多年，深谙资本运作之道，帮助过很多企业并购、融资、IPO 上市，对相关法律法规了如指掌，但未做过实体企业；葛文耀，国有创业企业家，曾带领上海家化在充分竞争的市场领域，一路攀登到中国化妆品行业龙头的高峰，企业管理经验丰富，投后服务优势明显，但对资本生疏。两个合伙人你弱我强，正好互补。尽管葛文耀和金铭有着 24 岁的年龄差，但在投资的理念和价值观的认同上，两个人却是非常的一致。

两个合伙人的名字，"铭"在前，"耀"在后，显然是金铭主事。葛文耀说，搭档年轻，只有 40 多岁，正是干事业的好时候，又在投行干过 20 多年，有资本运作经验，"我就出出主意好了"。

但在金铭看来，葛文耀对于他的意义并非仅仅是"出出主意"。首先，葛文耀国企深耕 28 年，人脉广泛；其次，葛文耀在中国的化妆品领域有着不可撼动的江湖地位，粉丝众多，虽然现在已离开江湖，但江湖仍有他的传说，很多公司都愿意向他咨询，这给铭耀资本的投资带来很多机会；第三，金铭认为葛文耀的学习能力很强，不墨守成规，能给投资对象提出有针对性的战略性建议，这一点对铭耀资本的业务开展非常重要。

基金成立之初，有一个餐饮项目，当时有 4 家基金都在盯着这个项目，金铭去了这家公司两三次，都只是和下面的人沟通，没能见到可以拍板决策的老板。但当这家公司的老板听说葛文耀是铭耀资本的合伙人时，点名要见葛文耀——他对葛文耀早有耳闻，对一家国有化妆品企业能推出佰草集这样的民族化妆品品牌，更是钦佩有加。

两人见面后聊了很久，葛文耀也给这位老板提了很多建议。这些建议,自然给铭耀资本加分不少,事后,这个餐饮项目的具体负责人告诉铭耀资本两位合伙人,说老板对他们基金的印象非常好。

2016年,铭耀资本成立后投的第一个项目,叫"上海上美化妆品有限公司"(以下简称"上美"),它的前身就是"韩束"。

看到这里,大家应该明白了,原来投资韩束的三大基金之一"希美",背后真正的金主是铭耀资本,当时因为公司正在筹备中,暂时借希美过渡一下。

这也是铭耀资本2016年运作的唯一一个项目。金铭说,当初选择投"韩束"时,葛总特别谨慎,他们做了大量的尽职调查,反复沟通,反复论证,非常慎重。三年下来,企业的发展基本符合预期。

2017年,铭耀资本陆续投了3~4个项目,都是围绕消费品行业的产业链选择投资对象的。金铭说,他和葛总在选择投资对象的问题上高度默契,他们都是坚定地看企业的基本面,不做买进卖出纯交易性质的投资,看重企业长期发展而不是仅仅追求短期利益,这需要投资人的眼光和定力。

2020年3月19日,铭耀资本投资的重庆百亚卫生用品股份有限公司,IPO经中国证监会发审委审核通过,在中小板成功上市,股票简称"百亚股份",成为2020年重庆地区第一家过会的公司。此时,距铭耀资本创立,刚刚过去了3年半。

百亚股份上市消息

2018年1月在创投项目会上,左一为铭耀资本合伙人金铭

发布后，一个投资人私信给葛文耀，向他表示祝贺："您也算又创业成功了！"

对于葛文耀的身份转换，金铭的评价是：过去葛总是一个非常难得的、从市场上杀出来的企业家，现在葛总是一个非常好的投资家。未来如果有机会，葛总有想法，投资者有认同，他们会考虑再成立个基金，支持葛总做他想做的事情。

这个"想做的事情"，自然是指葛文耀的时尚产业梦想。

"葛总是一个非常难得的企业家"

金铭：我们这个基金的主题就是消费品基金，我们没有说是时尚产业基金，因为消费品相比时尚是一个更广的范畴，这个范畴很大，涵盖消费品、渠道、产品、品牌、传播等各个环节。这个我和葛总，我们在投资的价值观上非常地一致，我们在做投资决策时，看法和理念彼此认同。我们总的理念是，希望更多的是直接面对消费者，因为在这一类的业务上，更多的是纯市场化的。

我自己也认识很多国有企业的领导，我也很尊重他们，但实事求是地说，这种尊重，可能更多的是因为他原来在这个位置上。但是，葛总离开了上海家化这个平台，还能够得到更多人的认同，这也是一件很有意思的事情，这也是我们为什么投消费品这个行业的原因。

葛总原来做的这个行业，是个充分竞争的行业。在这个充分竞争的行业中，国有背景有时候非但不是一个优势，反而会造成一些束缚。因为比起众多的民营企业、外资企业，在纯市场的一些领域当中，国有企业往往会受到更多的束缚，大家之所以那么尊重葛总，其实就在这个层面上。他在那么市场化的行业当中，能够走到跟外资品牌平起平坐，所以他离开家化后，会有那么多的公司希望跟他交流、咨询，甚至对我们投资也带来很多机会，跟这个有很大关系。

葛总离开上海家化后，看了更多的公司，我觉得他非常愿意去看新的东西。因为消费零售这几年,变化是非常快非常快的,无论从品牌、产品到渠道的革命,电商、互联网、各种业态的改变,都是非常剧烈的。如果葛总还是站在原来上海家化立场上的固定模式来看的话,就容易产生分歧,但葛总恰恰对这些新事物的接受和学习能力是非常非常强的,而且他非常愿意去尝试新的东西,这是非常难得的。

首先,葛总过去那么成功,但他没有墨守成规,没有用一个框框去看这个行业的变化。第二,对于每一个企业,葛总能够实事求是、因地制宜地去做分析。投资前,我们可以看到他们好的地方,发展潜力;投资后,葛总也会给到他们一些很好的建议,但又不是纯粹地用过去的模式去套,因为每个企业都有它成长发展的基因,有它自己的特殊性。

我们除了给到这些企业资金之外,在这些企业未来发展的战略上,一些具体的市场营销策略上,也就是投后的管理上,我们提供的是葛总积累的那么多年的经验和有针对性的一些建议,这对很多企业的发展,我觉得是起到了一个非常非常好的作用,这个是我们和很多基金不太一样的地方。

第三节 森蜂园的传说

2017年11月,一个阳光灿烂的午后,坐落在上海奉贤工业区里的蜜蜂博物馆里,迎来了一个特殊的客人。这个刚刚落成还未正式开门迎客的蜜蜂博物馆,隶属于上海森蜂园有限公司(以下简称森蜂园),它的创始人于富民,来自东北长白山的养蜂世家,是一个敦实的东北汉子。他今天迎接的客人,就是上海家化前董事长葛文耀。

这是上海第一家、也是目前唯一一家以蜜蜂为主题的博物馆。整个场馆建筑面积约6 700平方米,展示面积约2 600平方米,分为蜜蜂文化、蜜蜂产业和蜜蜂科普三个板块。在这里,参观者可以了解中国5 000年的蜜蜂养殖史、中国蜜蜂和蜜源植物资源分布情况以及世界蜜蜂的种群分布等内容。

在于富民的描述中,正式开馆后的蜜蜂博物馆,会增加互动环节,游客隔着玻璃,就能目睹蜂蜜、蜂胶、蜂王浆等蜂产品的生产工序。而他的终极目的,是要以蜜蜂博物馆为核心,打造一个占地面积 1 000 亩的森蜂园蜜蜂小镇。整个小镇,都是以蜜蜂文化和蜜蜂的消费和场景为特色,如蜜蜂面包坊、蜜蜂饮料吧、蜜蜂啤酒吧等,是一个真正的线上付费线下服务(OTO)大平台,所有来小镇游览的客人,将被揽入森蜂园产品消费的会员体系。

受邀森蜂园

于富民和葛文耀的相识,是在 2015 年的一个饭桌上。那时,已经在上海创业 10 多年的于富民不满足于小富即安,想把森蜂园打造成一个百年企业,就如他的三代养蜂传人百年养蜂世家一样。在他的企业愿景中,希望用 5 年时间让森蜂园在 A 股主板上市。

尽管化妆品和蜂蜜风马牛不相及,但此时的葛文耀已经拥有了另一个身份:私募基金合伙人。而且,葛文耀在江湖上的盛名也让于富民仰望已久,他诚邀葛总前去为森蜂园"把脉"。

此时的森蜂园已经走过了 17 个年头。

1998 年,来自吉林延边一家国有蜂厂的东北后生于富民,辞掉了国企饭碗,在上海开了一家经营蜂蜜的小店铺,这是森蜂园的前身。经过十多年的打拼,森蜂园已经从一个作坊式的蜂蜜加工厂,发展成集养蜂、生产、加工、销售于一体的全产业链蜂业企业。目前森蜂园在长白山拥有 22 万亩森林蜜源产地,在上海奉贤有 2 万多平方米生产基地以及配有先进设备的 6 000 多平方米 10 万级空气净化车间,是中国蜂蜜行业的龙头企业。旗下"森蜂园"蜂蜜品牌,先后获得上海名牌产品和中国工商局"中国驰名商标"称号。

尽管森蜂园已经走到国内蜂蜜行业龙头老大的地位,但是,有一个困扰一直缠绕着于富民,就是近年来,虽然森蜂园的销售额在不断增长,但利润却无法做到和销售额同步增长。

于富民:我们虽然业绩也在增长,利润也在增长,但就是没有办法做到业绩增长50%,利润同样增长50%。

为解决这个困扰,于富民曾花了80多万元的学费,到全国各地去学习商业模式。

在朋友的引荐下,于富民邀请葛文耀到森蜂园去实地考察。在详细了解了森蜂园的运作情况后,葛文耀给出的建议是:"一定要用市场的方法来做,只要按照市场的方法来做,就能够事半功倍"。

2017年11月10日,在森蜂园蜜蜂博物馆,左为森蜂园董事长于富民,右三为葛文耀

在葛文耀看来,森蜂园有着非常好的发展基础。首先,森蜂园的产品质量上乘,它的蜜源来自长白山的22万亩高寒原始椴树林,那里有森蜂园的8大自有林场、38个养蜂基地。椴树蜜又是蜂蜜中的上品,有较强的市场竞争力,应该走高端蜂蜜的路线。况且于富民对质量一向重

视，前几年中国蜂蜜市场假货横行时，他宁愿亏损，也从没卖过一瓶假蜂蜜。

其次，森蜂园的生产工艺先进。森蜂园在上海奉贤有2万平方米的生产基地，6 000平方米的10万级空气净化车间。10万级空气净化车间是指净化车间洁净度的级别，有百级、千级、万级、十万级、三十万级之分，也就是说数值越高，净化级别就越高。高洁净度的净化车间，多用于电子、生物、医药、食品等制造行业。上海有4万家生产企业，目前只有42家企业拥有10万级空气净化车间。要知道，食品生产车间净化程度能达到10万级，算是很高的了。

产品没问题，生产工艺也没问题，葛文耀认为，森蜂园欠缺的是市场的方法。换句话说，森蜂园缺少一个市场部！

什么是市场方法？葛文耀将其归纳为4点。

葛文耀：第一，你要了解你的顾客，你要明确知道你的顾客在哪里。第二，你要了解你的竞争对手，这一点很重要。千万不要以为了解了顾客就万事大吉，现在是市场经济，一家企业的产品只要利润好，马上有人跟着做。你在那里埋头苦干，但竞争者有可能会后来居上超过你，企业对市场一定要有持续的反应。第三，要有传播。现在传播变化很快，过去都是投电视为主，现在传统电视收视到达率越来越低，年轻人都用移动端了，有数据说，中国现在有69 500万个移动端，传播方式也要随之变化。第四，就是渠道。中国电商的发展是全世界最快的，过去是单一渠道，现在是线上线下全渠道。

一句话，市场在变，消费者在变，必须有个机构来帮助企业研究、反馈市场的种种变化，制定出应对策略，这个机构，就是市场部。葛文耀认为，市场部有两个非常重要的功能：第一，帮助企业发现市场机会；第二，帮助企业及时纠错。

森蜂园的创新转型

于富民采纳了葛文耀的建议，立即着手建立了市场部，并从社会上的咨询公司和其他企业招聘、引进了专门的市场人才。葛文耀自告奋勇免费给森蜂园市场部的人做培训，因为他知道，来自咨询公司的人收集资料、分析问题是强项，但企业管理是门社会科学，不是自然科学，否则一个报告出来，咨询师都可以当总经理了。每个企业、甚至同一家企业在不同发展阶段，面临的问题都不一样，企业管理者要学会"随机制宜"。

两年中，森蜂园的市场部从4个人发展到有14个人的企业核心部门。森蜂园开始了创新转型。

于富民：森蜂园一定要创新转型，过去的森蜂园是以产品价格为导向，就像过去在大卖场里，今天冠生园卖18元，森蜂园就降到17元，后天冠生园卖17元，森蜂园就降到16元了。大家都知道，过去的10～20年，大多数企业都是产品价格为导向。森蜂园开始创新转型有1年时间了，接下来从现在开始，我们森蜂园要坚持以价值为导向，也就是我们要做高端的有价值的产品。这是一个突破，这不是简单地从1元卖到10元的问题，而是怎么想办法让顾客认同你的产品。

两年后的2017年，葛文耀再次来到森蜂园，已经深刻地感受到了它的变化。

同样是蜂蜜，内容没变，但森蜂园已经细分出多个品类的高端蜂蜜，有海拔1 500米以上的高山蜜，有春、夏、秋、冬按不同季节分类的蜂蜜——不同季节采的蜂蜜，对人的滋补效果不一样。所有品类蜂蜜的包装设计清新淡雅，产品描述有故事、有概念。最重要的是，它的销售额和毛利都实现了翻倍增长。

这一切的变化，都源自市场部所做的工作。

但葛文耀认为，这仅仅是起步，森蜂园的发展空间依旧很大，他再次为森蜂园"把脉"。

他告诉于富民，一个品牌的成功，需要"三力"，即产品力、传播力和营销力。目前，森蜂园的产品力已经没有问题，森蜂园的拳头产品高山蜜，采用的是海拔1500米以上的高寒原始椴树林蜜源，国内仅有的竞争对手,是两家国有蜂蜜企业——上海的冠生园和北京的蜂蜜厂,森蜂园的产品力更强一些。面向年轻人新推出的品牌 BiBi Bear(哔哔熊),用"网红店"的方式吸引年轻人,特别是店铺使用的蜂蜜便携式包装,用手一折蜂蜜自然流出,避免黏手的尴尬,很受年轻人欢迎,店铺开出不久日销售额已经破万。这套蜂蜜便携式包装生产设备,还是葛文耀介绍给于富民的。用蜂蜜包替代糖包,已经成为一种养生时尚,连星巴克都来找森蜂园合作。森蜂园在产品的高端化、细分化、年轻化方面,已经做得非常成功。

葛文耀:品牌力取决于一个三角形,第一是产品力,我觉得现在森蜂园的产品力可以做到全国蜂蜜企业的最顶层。这个产品力,起码可以支持森蜂园年销售额做到 20 亿元。现在就看你执行得怎么样,就是后面的两个力——一个是传播力,假如今年增长不够快,可能是因为新产品时间短,传播力不够。传播不是乱传播,要传播给目标客户,精准地传播。还有就是分销力,要把东西送到顾客手里,不管线上线下。就是第一你要让顾客知道这是个好东西;第二顾客要有地方去买。三个力合在一起,就是品牌力。

上述这段话,是葛文耀同森蜂园高管们交流时讲的。像这样的交流,葛文耀在森蜂园已经记不清有多少次了。用这种方式为民营企业问诊把脉,对企业究竟能起多大作用,恐怕难以用量化来表示。一家企业做大做强有多种因素,即使是金点子,也需要接收者的悟性,就是人们常说的"窗户纸一点就透"。但是,如果没人去"点"那一下,窗户纸就还是窗户纸。

2018 年 11 月,为期 6 天的首届中国国际进口博览会在上海举行,在这个全球优质商品展示的平台上,一瓶新西兰麦卢卡蜂蜜品牌荷塔威(Hakatere Naturals)的产品,出现在中央电视台的《新闻联播》节目中,但它的送展者,并非来自新西兰的企业,而是上海的森蜂园。

不久前,森蜂园集团投资控股了新西兰这家有着百年历史、5 代传人的企业荷塔威,占股98%,留出的2%股份,于富民赠送给了荷塔威第5代传人,希望能把这个百年家族企业的故事传续下去。

这一年,森蜂园的年销售额突破3亿元,3年时间增长了3倍。

2019年11月,第二届中国国际进口博览会如期在上海国家会展中心举行,上海森蜂园蜂业有限公司代理的新西兰国宝级产品——荷塔威·麦卢卡蜂蜜,再次走进上海进博会。这次,森蜂园带来的是全球首发的创新产品——荷塔威·麦卢卡"勺蜜"。

所谓"勺蜜",就是"一勺蜂蜜"的形状,这个新产品颠覆了现在市面上所有蜂蜜的形态,不用再准备勺子、也不用担心蜂蜜新鲜度和保存的问题,每一条都是独立包装,消费者开袋即食,便携又卫生。这款荷塔威·麦卢卡"勺蜜",吸引了参会的德国、丹麦、土耳其等20多家中国代理商驻足洽谈。进博会期间,森蜂园拿下了近500万美元的订单。

第四节　一家从不开订货会的食品厂

山东济南有一家民营食品厂,叫山东伟龙食品有限公司(以下简称伟龙食品),创建于1993年底,专门生产小饼干等休闲食品。

这家企业在遇见葛文耀之前,从来没有开过订货会。这事听起来有点匪夷所思,但它的的确确就是这样走过来的。伟龙食品生产的产品,只在农村的农贸批发市场上销售,初期靠走量,一年的销售额最高时,居然能做到7亿元,利润1亿多元,轻松赚钱的日子十分好过。

遇困境,求教葛文耀

但是,随着消费升级,市场格局发生变化,伟龙食品的销售额开始逐年下降。到了2016年,公司年销售额从7亿元跌落到2亿元,股东们坐不住了。

朱元木:当时企业是连续几年不景气,销售额连续两三年下滑,每年

20%到30%的速度下滑，年销售额从7亿多元下滑到2亿元都不到，每年30%的下滑速度啊，股东都急了！我以前是管生产的厂长，股东们就想着看怎么转型，他们年纪都大了，就让我来做这件事。我们以前都是走农村大流通、大批发的渠道，我就想到要做商超、做一些新的渠道，做一些新的品牌，但到底该怎么做？完全不知道！

总经理朱元木是个福建人，瘦瘦的身材，股东们把企业转型的重任压到他的肩上，让他感到压力巨大，心里一点底都没有。

病急乱投医，朱元木想起上海家化前董事长葛文耀。他曾经买过上海家化的股票，葛文耀在任时，家化股价一路上扬让他获利不少，算是葛文耀的铁杆粉丝，微博上也一直关注着葛文耀。他对葛文耀能够打造出六神、佰草集这样家喻户晓的民族化妆品品牌，十分景仰，对葛文耀的为人操守也非常敬佩。他通过别人要到了葛文耀的手机号码，便试着给葛总发了个短信，希望能够得到葛总的指点。

让朱元木没想到的是，葛文耀很快就给了回复，并请他到上海面谈。

两人第一次见面，是在铭耀资本。葛文耀和朱元木谈了两个多小时，从产品开发到市场营销，朱元木虽然文化程度不高，但悟性很好，葛文耀讲的内容，他全部听进去了。回到济南，朱元木雷厉风行，"简单粗暴"地通过猎头公司，硬生生地从全国各大食品公司挖来了产品研发和市场营销人才，在很短的时间内，伟龙食品快速建立起研发部、市场部和品控部。这之前，年销售额7亿元的伟龙食品，连个正规的销售部门都没有，整个公司只有4~5个业务员，靠打打电话批发产品。现在仅一个市场部就有18个人。

2017年，伟龙食品开发出薯片新品"爱豆"，企业成立以来的第一次新品发布会，高调选在上海金茂大厦。朱元木请葛文耀去"站台"，葛文耀笑着对他说："你是目前为止，我站过台的企业中规模最小的企业"。

进入2019年，伟龙食品的销售渠道拓展到线上线下，商超里的直营店已经发展到100多个，开发的新产品有几十种，而且新产品的销量已

2017年5月18日，葛文耀在上海金茂大厦为伟龙食品新产品站台

经远远超过老产品，并出口到澳大利亚、加拿大、缅甸、越南等7～8个国家。2018年的销售额已经接近6亿元，其中新产品的贡献达到50%，而且利润的增长幅度超过销售增长幅度。

葛文耀：伟龙食品厂是个品牌升级的典型案例，5年前企业产品低端，饼干只在批发市场论斤卖，企业效益差。5年时间，企业的组织架构、人员和业务流程市场化，主打的鸡片饼干先是升级换代，再发展系列产品，销售、毛利和利润上升都很快，是一个传统企业市场化的典型。

"葛总的思维、理念不输年轻人"

朱元木：我第一次见葛总时，主要是把我们企业的情况跟他介绍了一下，包括我们想怎么做，然后葛总跟我讲了很多东西。这次交谈对我的收益是非常大的，原来我们想做品牌，但到底应该怎么做，其实我们脑袋里一点概念都没有的。在我们山东那个地方，相对来说是比较封闭的，对现代企业制度的概念也是没有的，我们就是几个人从生产到销售一把抓。

跟葛总交谈了以后，他给我介绍了他在家化是怎么做的，怎么成立了市场部，怎么搞研发，怎么成立销售团队。这些东西原来在我脑子里只有一个大概的轮廓，具体该怎么做不知道，即使知道应该成立市场部、销售部，也不知道这个市场部到底应该怎么运作才有效。和葛总交谈后，就像遇到启蒙老师一样，对企业到底应该怎样以市场为导向有了深刻的认识。我回去再梳理思路，就做起来了。

这三年，我把国内所有的大牌食品企业，包括台资的、外资的，有百事乐事食品的、统一的、康师傅的、伊利的、蒙牛的，还有韩国好利友的，大概有10几个公司的人才吧，都融合到我们这里了。原来我们没有研发中心，搞技术的就我一个人，生产也是我管，技术也是我管，采购一些事情也是我管。现在成立了市场部、研发部、品控部，公司的管理都是按照现代企业制度来做。

这几年通过转型，最直观的变化就是，企业的业务发展得越来越好了。消费者也好、经销商也好，包括行业内，现在对我们评价都很高。我们从一个大流通、大批发的企业，以前的毛利也就20%左右吧，现在提升到40%，最高达到50%，而且新品占到一半。也就是说，现在一半的产品，毛利都在40%以上。以前一吨产品出厂价7 000~8 000元，现在能卖到3万~4万元，这个是明显的不一样了。

葛总是一个非常睿智、又非常热心的人。我认为，他对中国消费品品牌这一块，有他自己独到的、深刻的理解。国内很多人一提做品牌，认为就是搞宣传，但葛总不是。他当时跟我

葛文耀在山东伟龙食品有限公司生产车间，右二为朱元木

说的一点给我留下很深的印象,他说做品牌,产品是基础,首先是产品要好,然后你再去搞传播,和消费者做沟通。这句话给我印象很深,他对产品、对消费者有深刻的感知。他的思维、理念、对事物的看法,不输年轻人。

葛总对我的影响是方方面面的,我们就像朋友一样。葛总人很好,如果企业有什么问题,碰到什么困难,我经常会和葛总在电话里聊一聊,他给我们做了这么多的咨询和指导,一分钱都不要的。我原来也曾想请他当顾问,给他一些顾问费,他说不要,什么都不要。他说,他就想扶持一些能做民族品牌的企业,能够帮助到这些企业,他就很开心。

第五节 "难产"的时尚产业基金

2017年11月10日的午后,记者陪同葛文耀一起驱车来到奉贤区政府,葛文耀准备了一份报告,要和奉贤区谈联合创建时尚产业基金的事。葛文耀原本约的是奉贤区委书记庄木弟,但庄书记临时有事,委托奉贤区主管经济的副区长顾佾接待。我们到得早了些,就在区政府的一号贵宾室等候。

建立时尚产业基金,是葛文耀出任上海国际时尚联合会会长以来,一直未了的一个心愿。

不受资本"待见"的基金

离开上海家化后,葛文耀接触了很多中国传统手工艺的传承者,在上海国际时尚联合会的旗下,也聚集着许多家如掐丝珐琅、银器、丝绣这样的高级手工制作企业。对许多传承着老祖宗手工手艺的中国民营中小企业来说,要想让老祖宗的手艺发扬光大、做大做强,更多的是需要投资者的眼光。葛文耀设想的"时尚产业基金",就是专为这些有历史积淀、有品牌传播度、有成长空间的民族品牌提供资金支持。

但是理想很丰满,现实却总是很骨感。葛文耀想做的这个时尚产业基金属于风险投资基金,风险投资基金(venture funds)又叫创业基金,是当今世界上广泛流行的一种新型投资机构。它以一定的方式吸收机构和个人的资金,投给那些不具备上市资格的中小企业和新兴企业,无须风险企业的资产抵押担保,手续相对简单,追求的是在高风险中获取高收益。

改革开放后,风险基金在中国也比较活跃,目前中国的风险基金、私募基金(PE基金),投资规模已经居世界第二位。

但是,中国的风险资本90%都投给了互联网,10%投给了高科技,消费品领域只有PE和并购基金。2011年,被称作是中国移动互联网的元年,此后几年,移动互联网在中国爆发式发展,成为各路资本相互追逐的对象,而实体经济却遭到资本的嫌弃。特别是这种时尚产业基金,需要5年投资,时间长风险大,没有资本愿意眷顾。

在这样的背景下,葛文耀一心想做成的时尚基金,显得有些生不逢时,奔波了两年毫无进展。这次,他把希望寄托在了奉贤区政府身上。

正在闲聊间,顾区长快步走了进来。

顾俏是2017年初在奉贤区第五届人民代表大会上刚刚当选的副区长,任职还不到1年,经济学专业出身,70后,人个子不高,声音响亮。他告诉葛文耀,庄书记有事,嘱咐他接待好葛总。

寒暄几句,葛文耀立即进入正题。

葛文耀告诉顾区长,他今天来的主要目的,是希望和奉贤区政府联手建立时尚产业基金。这个想法以前跟庄木弟书记沟通过,庄书记很有兴趣。上海国际时尚联合会下面,有很多手工制作的高端消费品,包括漆器、瓷器、刺绣、掐丝珐琅等。这些手工工艺,国外的年轻人现在都不愿意做,但中国的创业者却开始传承这些工艺。几年之后,中国这方面的手工工匠一定能超过国外。

说着,葛文耀抬起手腕,让顾俏看他手上戴着的一块掐丝珐琅表:

"这种表在国外要卖120万元,它这个要在显微镜下制作的,用金丝镶嵌后,颜色再填进去,然后反复烧制"。

葛文耀对顾佾说,他愿意义务给奉贤做一个中高端的消费品基金,也就是时尚产业基金。他本人不要分红,也不要工资,唯一的愿望就是能够尽快把这个基金做起来。葛文耀告诉顾佾,在他的设想中,基金的主要投资方向有3个方面……

听到这儿,顾佾连忙招呼坐在远处的秘书过来坐近一些,嘱咐他作好详细的记录。

葛文耀说,时尚产业基金投资的3个方向,第一是投奉贤之外的企业,比如化妆品行业,很多创业者年销售额能做到2~3亿元,他们找不到基金投,如果奉贤有基金投给他们,条件就是必须落户在奉贤,这样对奉贤的招商有好处。第二是优先投已经落户在奉贤的、有发展前景的消费品企业,比如森蜂园,森蜂园当年的销售比前一年增加了3倍,税收起码增加4倍。这类企业急需风险基金,对政府来说,企业发展后交的税也会增加。第三是投给时尚联合会下面的中、高端手工项目,这类项目有20多个,投了以后也是要求它落户在奉贤。

总而言之,设立这个基金,对奉贤区政府来说可以增加税收,对那些亟待资金扶持的民营中、高端消费品企业来说,有了基金投资可以得到快速发展。

在葛文耀看来,这是件双赢的好事。

出发点不同,顾佾描绘东方美谷2.0版本

葛文耀是专程为建立时尚产业基金而来,但显然,接待他的奉贤区副区长顾佾的兴趣点并不在此。

在听了葛文耀关于时尚产业基金的设想后,顾佾没有马上表态,却将话锋一转。

顾佾:葛总,您来机会难得,我其实一直想找您。我现在分管产业,

对东方美谷我一直有一个观点，就是到现在为止应该画一个句号。什么句号呢？不是说不干了，是1.0版本已经完成。也就是说，从2016年到现在（2017年），有两个标志：第一个标志，东方美谷产业之都这个牌子拿到了；第二个标志，是针对东方美谷的上海市政府促进美丽健康事业的若干意见，这个标志拿到了。那东方美谷的第一阶段1.0版本，我要画个句号。为什么呢？我要考虑2.0！

按照顾佾的描绘，在东方美谷第二轮的2.0版本中，要向产业集聚效应转变，重点打造"头脑经济"和"中心效应"，如检疫检测中心、展览展示中心、专家指导中心、创新设计中心，等等。而对于生产企业来说，今后进入东方美谷的产业只有两个标准：第一，产品要高端；第二，必须是智能流水线。只有达到这两个标准的企业，才会允许它落户东方美谷。

显然，这个2.0版本的东方美谷，给未来进驻的企业已经设置了一个很高的门槛。

顾佾：说实话，将来一般的化妆品企业，生产不一定要在我们奉贤，但是我们要什么呢？你的研发，你的总部，你的销售，你的市场，需要留在奉贤。从这个角度来讲，产业这一块，我们准备是要往高端走。

看着顾区长滔滔不绝地描绘东方美谷2.0版本，葛文耀几次试图把话题拉回到建立时尚产业基金上来，这是他今天来奉贤区政府的主要目的。但双方对时尚产业基金的理解和关注点有所不同，葛文耀以为，用投资企业入驻东方美谷增加政府税收，会让对方心动，但显然，奉贤区政府已经有了更宏大的目标；葛文耀希望奉贤区政府能控股时尚产业基金50%以上，但作为政府部门的引导基金，按照规定只能投20%到30%，而且政府引导基金的目的在于引导而不是分成。

在这种情况下，顾佾只是答应葛文耀，回去跟庄木弟书记汇报后，再讨论商议一下。

后来，据葛文耀说，奉贤区政府方面给他的回复是，关于政府引导基金，区里有一个"不能盈亏共负"的条例，就是区政府有文件规定，政府引导基金只能赢不能亏,这与市场运作的风险基金相悖。这件事也就不了了之。

时尚产业基金的希望再次落空。

虽然努力了几年,葛文耀的时尚产业风险基金没能成立起来,但是葛文耀相信,随着消费者越来越青睐本土品牌,中国的供应链越来越强,中国人的天性和工匠精神的回归,消费品行业在国民经济发展中的地位越来越重要,中国本土品牌在中端市场上越来越强,在高端市场发力是早晚的事情。他相信,不久的将来,一定会有许多关注本土消费品高端品牌的基金涌现出来。

2020年元月,葛文耀卸任上海国际时尚联合会会长,复星集团旗下的豫园股份接棒联合会会长单位。也许,正如葛文耀所愿,他心中孕育多年的时尚产业梦想,一定会有志同道合的人接力圆梦。

第六节 讲坛上的"家化教父"

最受欢迎的企业家教授

2019年11月29日上午,在上海位于外滩的威士汀大酒店,由参加学院创办的"无界消费创新营二期"的课程,正在这里举行。葛文耀应邀为学员做了一场题为"中国消费品品牌的发展之路"的分享讲座,时长2个多小时。

参加学院是国内第一家有着国企背景的新型创投学院,它的赞助商是首钢基金,而首钢基金是由北京市政府和首钢集团共同发起设立的。参加学院的创办人是美女董事李青阳,在学院官网首页,她的标签是"中国创业创新教育从0—1的率先实践者"。

葛文耀是创新营二期讲座嘉宾中年龄最年长者,讲坛投影的PPT上,他的身份是:前上海家化董事长、上海铭耀资本创始合伙人。

2019 年在参加学院讲课

他对面坐着的学员，大都是国内新经济业态的创业精英。在长长的学员名单上，可以看到，既有泡泡马特、猫王收音机、疯狂小狗等新品牌的创业者，也有恒安、五芳斋、宝鼎糟卤等老品牌的创新者；既有抖音、快手、小红书这样流量平台的 CEO，也有小米有品、生鲜传奇、家家悦等销售渠道的高管。

葛文耀从中国消费市场特征、本土品牌与外资品牌的此消彼长、品牌的意义、消费市场的变与不变等四个角度，和学员们分享他对在国内做消费品牌的体会。讲坛上的葛文耀精力充沛，思维敏捷，他不用 PPT，也没有讲稿，所有内容都装在脑子里，相关数据张口就来，完全不像是已有 72 岁的高龄。

离开家化后，类似的讲座和授课，成了葛文耀的一种常态。他是上海财经大学、上海市经济管理干部学院等高等院校的客座教授，又是包括美国波士顿咨询公司（BCG）、美国格理集团（GLG）等国际著名咨询公司在内的中国消费品专家和顾问。仅 2016 年到 2019 年 3 年时间内，葛文耀面对百人以上学员的演讲、讲座就有 50 场。

1996 年在上海交大接受兼职教授聘书

2001 年受聘上海财经大学兼职教授，右为时任上海财经大学校长汤云为

尽管每次讲座面对的都是不同的听众，有国企管理者、民营企业家、青年创业者、互联网精英以及高校学子等，但每次葛文耀都能和不同的学员们有很好的互动。他的讲座不仅仅是管理家化的经验之谈，而是与时俱进紧扣市场发展趋势和经济业态的变化，有着很多"硬核"的内容，被称为"最受欢迎的企业家教授"。

上海财经大学聘书

葛文耀讲座内容中，有很多独到的观点。比如，他提出在买方市场阶段，有消费才会有生产，所以经济的循环活动是从消费的起点到消费的终点，因此，在中国怎么重视消费都不为过。

再比如，他第一个指出中国市场的两元化、消费群体的两元化和渠道、终端的两元化，早在 20 世纪 90 年代初，就睿智地预见了本土企业的成长路径，为上海家化的品牌战略制定了正确的打开方式。

再比如，他将中外品牌在中国市场的"此消彼长"划分为 3 个阶段。第一阶段是 1992—2008 年，这一阶段外资企业进入中国，90% 以上的国企、乡企面临倒闭。但外资企业只能占领 10% 左右的高端市场，中国还有一个很大的低端市场，给本土企业留下成长空间,民营企业借机崛起。第二阶段是 2008—2016 年,这一阶段本土品牌在国内中端市场开始大举反攻。第三阶段是 2017 年至今,这一阶段受进口电商的冲击和中国产品的信誉度影响,外资品牌在中国高端市场仍然势头强劲。

为企业做咨询,也是葛文耀这几年做得最多的一件事。每年找他咨询的企业络绎不绝,仅 2018 年一年,葛文耀就为近百家企业提供了 131 次义务咨询服务,其中不少都是民营化妆品企业。正因为看的化妆品企业比较多,葛文耀对本土化妆品行业的发展态势和存在问题,也有了较深刻的了解。

2010 年参加上海第一财经头脑风暴节目　　　　　**2017 年为企业咨询**

葛文耀认为,中国的化妆品行业市场很大,近十年仍会保持两位数的增长,不存在"饱和"问题。但要打造能与国际化妆品公司对标的本土化妆品企业,还有 4 方面的差距亟待改进。

第一是科研待提高,目前大多数本土化妆品企业的科研部门只是研究产品配方,有关应用研究和基础研究还需加强。第二是精细化管理不够,本土化妆品企业基本上没有销售净价的管理,企业对科研和生产环节的毛利、各渠道销售环节的销售净价、营销方面的投入产出细分不够,提高经营效率无从入手。第三是在原料使用、产品宣称、劳动力成本等资本结构方面,财务上规范不够,所以本土化妆品企业上市不多,因为规范化上市,企业利润就要少一大块。第四,目前本土化妆品企业都是私人企业，"老板文化"很重要。

葛文耀对私人企业应该建立怎样的"老板文化"，提出了四个方面建议：一要懂分享，企业创业一定是需要团队的同心协力，老板要"舍得"与骨干分享股份；二要肯授权，不能充分授权几乎是家族企业所有老板的通病，决策民主化和市场化是紧密联系在一起的，面对越来越复杂的经营环境，一言堂难以使企业走上持续健康的发展道路；三要讲平等，有些私人企业老板用人"唯亲"，公司关键岗位都是自己的亲戚、朋友，形成管理上的"潜规则"。有些企业老板认为公司是自己的，用人完全凭个人喜好，缺乏用人考核机制；四要懂尊重，一些私企老板不尊重员工，乱发脾气，随便骂人。

葛文耀认为，民企和私企的老板如果不能解决上述四个问题，是不可能把企业做大做强的。

葛文耀的课究竟有多大的吸引力？摘录部分学员、咨询者的留言，便可了解一、二。

——Guess who?（猜猜是谁?）他，是行业领军人物，终生成就至上，

2019年给42章经商学院的学员讲课

没有之一。他，依然那么亲切，语速和思维飞快。葛叔越接触越令人尊敬，更是位愿意重仓年轻人的智者。感恩有这样重量级的 mentor（导师）出现在我的人生。昨天在"贝恩训练营"还搞不清楚那五个角色的概念，今天谈听间秒懂。

——葛总受邀申万的演讲，被赞数据翔实，思路仍一如既往的清晰，现场火爆，几十名基金听后簇拥葛总。

——看过无数报道和评论，但在现场听葛老师从头到尾一点点描述他的"战场"，这种震撼和敬佩是难以言表的。

——晚上拜会葛总，葛老七十一岁了，仍思维敏捷，见解独到，家化"教父"，名不虚传！

——听君一席话，胜读十年书。时时聆听葛总的管理分享和经验传授，受益匪浅呀！

——刚下飞机没赶上首播，只能看重播啦。跟葛总去看公司常常感叹葛总如何能简单几个问题直击公司核心问题，也越来越敬佩葛总对企业的理解以及这么多年形成自己一套极为有效的思维方式和方法论。

——这个行业里面，葛老算得上是我最最佩服与仰慕的前辈了，理论与实践完美结合的人，以前每次有他参与的会议都觉得受益匪浅，收获颇多。

——葛老的独立思维、格局、眼界，可以秒杀当下受过最好教育的年轻人 100 条街。

GLG 专家智库中国消费品领域的"Number one"

李强曾是美国格里集团（GLG）中国区的副总裁，2019 年离职。在格理集团任中国区副总裁期间，他会直接对接智库中一些高级别的中国专家，其中就有葛文耀。高级别的专家在格理集团的中国专家智库中，所占比例是 3 成左右。

美国格理集团（GLG）是世界顶尖的咨询服务公司，拥有超过 42.5

万名跨行业的专家,为格理客户提供全行业跨界别的帮助。集团总部设在美国,在全球12个国家设有22个分部。

李强2011年加入格理集团,负责中国区专家库的搭建和维护,到他离职时的2019年,格理集团中国区的专家库已经吸纳了7万名专家,涵盖工业、消费品与服务行业、科技和传媒通讯,医疗与健康、金融和财务、房地产、法律与宏观经济监管事务等7大领域。

李强很早就知道葛文耀,用他的话来讲是"久仰大名"。消费品行业是格理集团智库中的一个重要分支,上海家化又是中国化妆品的龙头企业,从李强开始负责搭建中国区专家库开始,葛文耀就在他希望邀请的专家名单上。那时候,微博开始在中国兴起,葛文耀是中国企业家中发微博频次较高的大V博主,李强经常从葛文耀的微博上,了解他对中国时政和行业的一些观点和看法,可以说是"神交"已久。

2013年初,李强正式向葛文耀发出邀请,希望他能够成为格理集团智库中的一员。只是李强不知道,彼时葛文耀和平安集团的矛盾,正在发酵中。

"葛老师在我们智库中级别比较高,我们通常邀请他,都是参加一些高规格的线下活动"。李强喜欢称葛文耀为"葛老师",而不是像其他人那样称呼"葛总"。

为保证咨询质量,格理集团线下咨询活动,通常采取十几人的小型圆桌论坛、小型座谈会或者是一对一的商务咨询等形式。

葛文耀被邀参加的线下活动,内容主要围绕三个纬度展开。

第一个纬度,是围绕中国的消费品市场、化妆品行业、美妆市场以及男士护肤品的现状和发展趋势等,这是葛文耀的长项。

第二个纬度,是针对上海家化的,格理集团的很多客户专门点名找葛文耀咨询,想详细了解和研究上海家化的情况,主要集中在2016—2017两年,因为此时葛文耀已经离开家化3年,不再受上市公司行业规则限制,可以自由发表评论了。

第三个纬度,是关于国企改制和企业管理。格理集团的很多客户是做并购型基金的,他们想参与到国有企业改制的浪潮中去,但他们大多数人不知道应该如何参与,或者参与后会遇到什么样的挑战和困难。还有很多投资人希望投资的企业能和家化一样成功,他们期待葛文耀能给企业的高管们现身说法,分享管理经验。

李强说,"我接触过很多专家,葛老师是我见到的为数不多的、在3个纬度都非常有建树的专家。我们的客户非常看重葛老师的深度和高度"。

格理集团内部对智库专家有两个评价指标,就是看专家的受邀请次数和频率。这两个指标,葛文耀在智库消费品领域的专家中都是"Number one",排位第一。来自客户方面的反馈,葛文耀也无一例外都是好评。

葛文耀在格理集团客户中受欢迎的程度,李强举了两个例子。

一个是2018年格理集团中国区在上海举办的首次专家线下分享沙龙 BIG Talk,也是规模最大的一次专家分享活动。BIG 是"Brand"(品牌)、"Innovation"(创新)和"Growth"(增长)的英文缩写,是这次论坛的主题。主办方准备了能安放48个座位的会议室(通常格理集团的小型高端论坛只有十几人。——记者注),没想到客户们听说请到的专家是葛文耀,很多人不请自来,一下子来了61人,结果当天会议室爆满。

来的这些人当中,很多都是公司的CEO,也有大学教授。原本论坛的时间计划2个小时,但那天会场讨论气氛格外热烈,提问的人太多,一直拖到4个多小时才结束。结束后还有很多人不走,围着葛文耀希望和他单独交流。

那天,葛文耀以70高龄站完全场,且始终观点清晰、高屋建瓴,案例与数据信手拈来。虽然聆听者来自不同领域,但都表示大道相通、获益匪浅,觉得时间过得太快、太不过瘾。

李强清晰地记得当天的一个细节：当时很多人都想提问题，但是时间有限。一个年轻的总监提问时，用了很多时间介绍自己的公司，提的问题也很空泛。会场上其他人表示，葛老不必浪费时间来回答。

"但葛老师非常有涵养，他略过了这个年轻总监那些无用的信息，直奔主题，用一句话回答了他的问题，现场大家都拍手叫好。"李强充满敬意地说。

另一个例子是，有一家美国非常著名的私募基金客户，为了和葛文耀交流，专程从美国飞到上海，下

2018年7月11日，在格理集团专家论坛上演讲

了飞机从机场直接驱车到遵义路上的太平洋喜来登酒店和葛文耀会面，第二天再飞回美国。这位客户在给格理集团的反馈邮件中说，"非常感谢你们帮我请到了这样重量级的专家，作为一个后辈，和葛老交谈省了我大量阅读文件、资料的时间，他的观点、建议对我非常有帮助，真是不虚此行"。

除了葛文耀的专业水准，李强说，葛老师的个人修养和做人准则也给他留下深刻印象。格理集团一对一的服务，通常是安排专家和客户两个人的午餐会，但这么多年，葛文耀从来不让李强为他安排这样的午餐会，因为他觉得吃东西的时候和人对话，是非常不礼貌的。每次葛文耀都是让对方安排在酒店的大堂吧，而其他专家一般都会要求安排在比较私密的地方。

最让李强感慨的，葛文耀是格理集团中国区智库专家中，唯一一个主动询问报酬交税问题的。格理集团中国区公司运转初期，对付给专家

的报酬还没有像现在这样实行统一扣税,葛文耀收到第一笔报酬后,主动问李强这笔报酬有没有扣税?当得知是税前报酬时,葛文耀说那自己想办法,看看到哪里去把税交掉。

"这个真的给我印象很深,作为一个曾经的上市公司的董事长,他的思想高度绝对是我们国内的一些专家望尘莫及的"。说到这,李强加重了语气,连说两遍"真的!真的!"

中外品牌的三次"此消彼长"
——葛文耀在参加学院无界消费创新营二期的讲座

两元化是中国市场的最大特征

几十年前我就讲过一个观点,在中国几乎所有行业都不存在"饱和"。为什么?"饱和"的概念主要在西方发达国家适用,它们的人均消费水平已经非常高,且某些行业已经处于零增长或是负增长状态,这叫饱和。但中国不存在这个问题。中国消费市场起码还有二三十年的发展。

目前中国有3亿多中产,还有10亿多"穷人",都有所谓消费升级的需求。拿化妆品消费来说,几年前我们的人均消费还只有韩国的1/8,主要是广大农村地区的消费量比较低。现在我们有时会说中国市场竞争激烈、产品过剩,其实是在某个时点上供大于求,而不是整个行业饱和了。比如化妆品,我认为升级换代永远不会完成,永远可以进一步做细分化,企业永远有事情可以做。

中国市场有怎样的特点呢?

中国市场最明显的特征就是"两元化市场"。一是消费群体两元化,这也是为什么说在中国消费升级和消费降级同时都在,其实所谓消费降级的本质也是要买更便宜的东西,这是一个永远的课题。二是渠道终端两元化，中国没有沃尔玛等全国性连锁卖场，各地有各地的渠道和终端，非常分散。

两元化的市场特征给本土企业创造了机会。1992年前后，外资企业进入中国，上海轻工系统500家本土企业几乎死掉490家，但外资企业的产品只能覆盖拥有较高消费能力的1亿人。此外，渠道和终端的两元化也给外资企业了解中国的情况带来了很大障碍，为本土企业留出了空间。

常有人讲大势不好，但我认为不要老是说"大势"，要看自己在市场上的份额。如果你的市场份额连1％都不到，大势对你其实没什么影响，做得不好肯定是因为某些方面做得不符合市场规律，要找原因，不要找理由。

中外品牌的"此消彼长"

从1992年中国实行对外开放政策算起，中外品牌的地位变化大致可以分为三个阶段。

第一个阶段是1992—2008年

此时外资企业进入中国，本土企业在中、高端品牌市场毫无优势，90％以上的国企、乡镇企业面临倒闭。但外资企业只能占领10％左右的高端市场，中国还有一个很大的低端市场可以由本土企业慢慢做做，民营企业开始崛起。

这一时期，中国的本土企业基本都是从低端品牌（毛利低于30％的品牌）入手，一是可以面向规模更大的消费者，二是可以避开外资企业的竞争，通过积累资金，慢慢做到高端。比如，渠道做得很好的娃哈哈，可以凭借相对低端的饮用水做到首富；有8万员工的格力空调，毛利也在30％左右。

第二个阶段是2008—2016年

自2008年起，国内出现了三个变化。一是80后崛起，这一代人约有

2.34亿,他们是改革开放后成长起来的一代,特征之一是对国货不排斥,这也是当时家化的佰草集能做起来的背景之一。二是移动互联网和智能手机兴起,给消费行业带来了巨大改变,信息流通变得极其便利,消费行为不再受地域等传统因素的影响,御泥坊、韩都衣舍等淘品牌发展很快。三是外资企业对中国市场的情况不够了解,面对变化反应不够及时。比如德国三十年几乎没有通货膨胀,一直是一升牛奶一欧元左右,但中国的情况完全不同,妮维雅等德国品牌不了解这一背景,产品在中国的定价定得很低,导致在三四线城市卖得好但在一二线城市不行。而且他们每推出一个重大的市场行动都需要总部审批,总部更是对中国市场缺乏了解。

总之,自2008年起本土品牌在中端市场开始大举反攻,在包括化妆品、食品等在内的整个消费品领域的各个中端市场,跟宝洁、联合利华等外资品牌发起争夺。

第三个阶段是2017年至今

以化妆品行业为例,自然堂、百雀羚等品牌经历了2008年到2016年的高歌猛进之后,2017年以后普遍碰到了一些问题,主要受两个因素的影响。

一是进口电商的冲击。以往国外大公司都是通过在中国设立合资企业或办事处的方式抢占中国市场,而小公司由于缺乏推广费用等原因,尽管在美国、欧洲、日本等国家的经济结构中的比例在40%左右,却很难进入中国。有了进口电商平台之后,它们进入中国市场就变得很方便。另外,这些年人民币对外购买力大增,导致进口的东西非常便宜,进口电商发展迅猛,对市场造成了冲击。反过来说,现在人民币汇率下降,对本土品牌其实是有好处的。

二是在消费者心理方面,大家普遍认为高端产品还是要买进口,中国产品的信誉仍然不够,特别是化妆品、保健品、母婴产品等品类更是高端进口品牌占优势,这给了外资品牌更多机会。

比如日本品牌高丝,30年前曾在中国建了一个工厂,国内产品90%合资,10%进口;到了2017年,变成了90%进口,10%合资;后来,高丝干脆把工厂卖掉,全部变成进口。再如,雅诗兰黛、资生堂等高端品牌去年和今年的增长都在30%以上,甚至在百货商场等实体渠道的销售额呈现出了上升趋势。

总之,从今后形势来看,本土品牌在中端市场可以在很大程度上压制住外资品牌,但外资品牌在高端市场仍然表现良好。中国消费品牌的任务,不仅是要逐步占领中国高端市场,还要同时争取以品牌方式进军国际市场。

品牌发展不好,一切都会出问题

品牌就是产品在顾客心智当中的定位。品牌的价值包括两个方面,比如当年的六神,口号是"清凉舒爽,全家共享","清凉舒爽"是它的实用价值,"全家共享"是它的情感价值。越是高端的品牌,情感价值占的比重越大,实用价值占的比重越少。

什么叫"品牌力"?品牌力是一个三角形,上面的点叫"产品力",它决定了品牌走得远不远。下面两个点分别是"传播力"与"分销力",前者为广告等传播手段,后者为渠道能力,即用什么方法把产品送到顾客手里。两者分别对应市场费用与销售费用,针对顾客沟通所花的费用是市场费用,针对代理商和销售终端所花的费用是销售费用。其中市场费用非常重要,品牌必须学会跟消费者沟通,仅以销售为导向,不做市场工作,即便产品再好,发展也会出问题。

品牌怎么做?以上海家化为例,1992年上海家化开始建立品牌经营制度,其核心是品牌经理制度。为什么要建立这样一种制度?因为化妆品不仅仅是一个配方的问题,还需要有一个可以跟消费者沟通并打动他们的产品概念。

比如,十几年前,上海家化推出了第一款粉底霜,可以让人的脸色自然变白；后来因为粉底霜里的粉可以隔离紫外线，联合利华提出了隔离霜的概念，这个概念一提出来，第一年就卖了 5 亿元；后来，又有企业针对消费者的想法，提出了加入营养、可以保护皮肤的 BB 霜……无论是多么好的产品，自己知道好没有用，必须将它转化为能够打动消费者的概念和语言。建立科研与消费者之间沟通的桥梁，这就是品牌经理的工作。

市场部要做的事情，是以市场研究为基础，品牌管理为核心。市场研究包括产品研究、渠道研究、媒体研究等，要对消费者、竞争对手、传播渠道、消费者渠道四个变量都进行研究分析，才能有正确的决策；品牌管理的重要性也必须强调，品牌团队专门收集和分析某品类的所有信息，进行决策，再进行复盘分析，如此才会逐渐对自己品牌所在的品类形成比较大的发言权。

以家化之前的佰草集团队为例，一共有三个总监，一个总负责，一个管市场，一个管科研。市场部门与科研部门是两个具有主动性的部门，二者紧密结合可以做出创新产品，是公司发展的驱动力。销售与供应链也重要，但它们的角色相对被动。

总之，市场与品牌管理的工作非常重要。当品牌不好的时候，什么都是问题，没有利润，销售不畅，库存很高。品牌好了之后什么都好，代理商愿意拿货，款到发货，应收款几乎没有。品牌是百年大计，做消费品品牌一定要有耐心，也要有文化，不是砸广告就能砸出来的。

什么是不变的商业原则

如今，消费市场正在发生剧烈变化，比如，移动互联网与智能手机的发展使传播与销售渠道发生了翻天覆地的变化，催生出腾讯、阿里巴巴这样的互联网公司以及美团、滴滴这样的互联网平台。

再如，新一代消费群体发生了深刻的变化。前面提到，2011 年我们对佰草集的消费者进行调研后发现，80 后不排斥国货；随着中国国际地位的提高，新一代消费群体对国家的认同感比任何时候都要强，比如90后不仅不排斥国货，他们还喜欢国货，有时甚至以国货为荣，李宁即凭此再度崛起。总之，新一代消费者的心态对本土品牌来说是一个极大的利好，必须把握住这一机会点。

现在做中国品牌，不管是中端品牌、高端品牌，机会都比以往任何时候要好，今后五年、十年可能还会更好。比如，一些高定、手工制作的产品在中国就大有机会。为什么这么说？奢侈品有三个要素：第一要素是顶级材料，这并不稀奇，尽管目前一些面料、化妆品原料还要进口，但随着市场变得足够大，国内一定有人去生产；第二要素是设计和文化，设计如今是买方市场，优秀设计师很容易找，中国也不缺少文化元素，很多奢侈品都以中国文化元素为基础；第三要素是精湛的手工，比如爱马仕的皮件，手工在国外越来越贵，中国目前仍有相对便宜的人工，也有很多人有耐心去做。我相信，奢侈品品牌以后一定也会出自中国。

总之，要拥抱并适应新的变化，必须强调市场的重要性，而不能仅仅是销售导向，而且组织架构要变得更加灵活，更加扁平化，反应要更快。

尽管发生了很多新的变化，但一些基本的商业原则是不变的。

第一，产品力是关键。一时卖得好的产品，能不能走远，还是要取决于产品能不能为消费者接受，这一点不会变。

第二，企业只有销售行为，没有市场行为是走不远的，这一点不会变。

什么是市场行为？凡是在顾客心目中留下深刻、美好印象的都是市场行为，品牌就是给顾客带来深刻、美好印象的市场行为。"完美日记"开发动物眼影以及与大英博物馆联名眼影盘，产品很酷，顾客心中留下好印象，是市场行为；"喜茶"的店铺装修很有风格，也是市场行为；星巴克创始人在星巴克全球扩张最好的时候，怕品牌平庸化，在芝加哥、伦敦、上海开出三家很大的旗舰店，传播咖啡文化和烘焙文化，给顾客留下美好印象，也是市场行为；针对年轻顾客，在社交媒体和短视频做些推广节目,都是市场行为。有市场行为才能树立品牌,才能促进销售,才能让企业经营进入良性循环轨道。

第三,毛利的重要性不会变。毛利是一家企业的竞争力。毛利影响管理人员工资、市场费用、科研费用、销售费用与财务费用。后来一些互联网企业谈低毛利,刚开始我没想通,后来我想明白了,毛利低可以,但互联网的流量和销售量都是天量,比如腾讯、淘宝,哪怕毛利只有1‰,体量如果有几千亿元,毛利就能达到几百亿元。做任何行业都是殊途同归,毛利总量一定要大、人均毛利也要高。毛利低的话,企业没办法吸引人才、没办法搞科研、没办法做品牌、没办法做维持后续的资金成本和销售费用,就没办法做成伟大的企业。

第四,单产的重要性不会变。之前美特斯邦威和李宁的库存出现问题,一个重要原因是店开得太多,从报表看销量在增长,其实都在铺货,库存很高,单产很低。单产能做高,一是能获得更高的边际收益,二是能拿到最好的位置,三是能招到最好的服务人员。单产是企业的生命线,无论是线下开店还是电商,单产一定要高。

以上这些原理都是不变的,不是说互联网来了,这些就都变掉了。

2019 年 11 月 29 日

第八章

舞池边跳舞

本章提示："我绝对没有小金库！"爱惜"羽毛"的葛文耀，为什么会官司缠身？"关联交易"扑朔迷离，关键证人证言反转；国有企业负重前行犹如舞池边跳舞，如何才能不踩"红线"？打政策"擦边球"需要胆识和智慧，更要保证自己的口袋干干净净；"前门开足"，让核心员工有市场化的薪酬和福利；"后门关死"，用制度竖起一道"防火墙"；奉行一份工资制度；主动放弃一半期权，为的是让其他骨干多分一些；"一流工作，才会有一流生活"。

第一节 "小金库"风波

2016年12月30日，葛文耀上网查看上海市虹口区法院的官网，官网上显示，上海家化工会状告他转走1 700万元的民事诉讼已经撤诉，葛文耀长长舒了一口气。两年了，这场"小金库"风波，终于以家化撤诉还了他的清白，算是给2016年划了一个圆满的句号。

2014年11月21日，谢文坚执掌下的上海家化工会，将葛文耀及前资产管理部副总监王浩荣诉至法庭，称其私设账外个人账户，涉嫌侵占工会资金1 700万元。

一向爱惜自己"羽毛"的葛文耀，怎么会招来"侵占资金"的污名呢？

这事，还得从平安信托罢免葛文耀说起。

我绝对没有"小金库"

2013年5月13日，平安信托旗下的上海家化集团，发布了罢免葛文耀上海家化集团董事长和总经理职务的公告，罢免理由就是指集团管理层设立"账外账、小金库"，而且公告中还出现了"涉嫌私分""重大违法违纪""涉案金额巨大"等严厉的措辞。之后在很长的一段时间里，葛文耀都在不停地为这场突如其来的"小金库"风波自证清白，即使事情过去了6年，每提到这场"小金库"风波，葛文耀的语气里还是愤愤不已，会不由自主地提高音调。

葛文耀：绝对不是"小金库"，"小金库"是什么？国有企业销售收入不入账，或者资产卖掉不入账，自己花掉这个钱，这个是违法的。我财务、法律观念很强，"小金库"是犯法的，我绝对不是"小金库"！

其实，当年这场引起舆论漩涡的"小金库"风波，是由两件事构成：一件是"账外账"；一件是"关联交易"。

先说这个"账外账"。

平安在罢免公告里所指的"账外账"，葛文耀说，是指家化集团退管会账户里的6 000万元，主要用于退休职工和家化员工的文化生活、旅游奖励、特困补助以及退休职工的"共享费"等。葛文耀在任时，这笔钱加上集团工会、集团本部工会和股份公司工会账户里的合计2 000多万元，并没有列入家化集团的行政账目。

未入账的理由，葛文耀解释说，工会和退管会的钱是属于员工的，是合法的，不属于公司资产。所以，在平安收购家化集团时，这两笔钱自然不会列入家化资产清单。换句话说，就是当初平安并没有出钱买下这份"资产"。而且在收购之初，葛文耀就跟平安信托的童恺和负责收购的陈刚讲过有这两笔钱的存在，对于这两笔未入账的钱款，平安方面当时是知道的，之所以后来拿出来说事，就是为了找一个罢免他的理由。也正是因为这两笔钱，平安在正式罢免葛文耀之前，就已经取消了他的签字权，"董事长"其实早已徒有虚名。

记者：您是说那两笔钱，平安事先是知道的？

葛文耀：知道，在平安来以前，这个我跟童恺、陈刚讲过。我说家化有两笔钱，你们没有买的，退管会里面有6 000万元，几个工会有2 000多万元，不在行政资产里面，这个是符合企业财务制度的。我跟他们讲好的，其实他们也知道，所以他们要来查退管会的账。他们后来的逻辑就是，你不在行政账就是"小金库"。我说这个钱没卖给你嘛，你们只是买我行政的资产。他们说我这个是"小金库"，没道理的嘛。

那么，这两笔钱是哪里来的呢？

关于"小金库"，葛文耀已经通过股东大会、微博、媒体采访等多种渠道做过多次解释，也同记者本人详细讲述了基本过程，还原如下。

20世纪90年代后，上海家化陆陆续续在全国各地都有一些投资项目，当时的政策，地方政府会给予一定数额的奖金，累计有300万元；葛文耀在担任香港上实公司独立董事期间，合规所得的"袍费"，累计100多万元。葛文耀曾多次声明，他自己一直奉行一份工资制度，额外的奖金一概不拿。这两笔钱相加，合计400多万元，葛文耀把这些钱放到了上海家化退管会的账户上。这400多万元，被用来以家化退管会的名义进行投资，参股公司即后来引发"关联交易"的沪江日化等4个加工和配套企业（后文会有详细说明。——记者注），历年所得红利，累计近6 000万元。平安信托所说的"小金库"，主要就是指这笔钱。

还有一笔钱，来自企业的福利基金，这是一笔较大的数目。

企业福利基金是企业根据国家规定，按照工资总额的一定比例或核定的利润留成比例,提取用于职工福利的一项专用基金。2005年之后,上海家化驶入快速发展轨道,利润增长较快,福利基金提留也就较多。但按照后来的财务制度,提取留存变成限额使用,福利基金只能实报实销,不能提留了。这样,之前历年提留的2 000万元左右的福利基金,葛文耀将其分别划给公司的工会、退管会、医务室和食堂,因为福利基金原本就是应该用于员工福利的。

上述这几笔钱,构成了家化集团退管会和工会两个账户里资金的最初来源。

那么,家化集团退管会账户的钱,究竟算不算"小金库"呢?

根据中纪发(2009)7号文件,"小金库"的主要表现形式包括:(1)违规收费、罚款及摊派设立"小金库";(2)用资产处置、出租收入设立"小金库";(3)以会议费、劳务费、培训费和咨询费等名义套取资金设立"小金库";(4)经营收入未纳入规定账簿核算设立"小金库";(5)虚列支出转出资金设立"小金库";(6)以假发票等非法票据骗取资金设立"小金库";(7)上下级单位之间相互转移资金设立"小金库"。

对照一下,葛文耀是不是私设"小金库",不言自明。

遭"实名"举报,证监会立案稽查

再说说这个"关联交易"。

事态是由一篇匿名微博举报引起的。2013年5月20日,就在平安罢免葛文耀一个星期后,一个以"家化良心"为名的匿名微博账号,曝光上海家化存在一个"神秘账户"。这个账户为上海家化的前资产管理部副总监王浩荣个人持有,负责接受几家子公司或关联公司的相关款项,存在高达1.5亿元利益输送的嫌疑。

由此牵涉出吴江市黎里沪江日用化学品厂(以下简称沪江日化),这是上海家化工会下设的退休职工管理委员会(以下简称退管会)参股的公司。由于匿名微博的举报内容又被"实名"举报到证监会,上海证监局派人到上海家化做了为期几个月的彻底调查。

葛文耀：调查组来调查时，把我手机、电脑全部拿过去，前后查了两个月。调查结束后，上海证监局的那个处长跟我讲，说"葛总，像你们效益这么好又这么规范的上市公司，我们很少看到"。这是原话。

得到调查组负责人这样的赞许，葛文耀以为事实都澄清了，待这场风波"平息"后，2013年9月17日，葛文耀辞任上海家化董事长的职务，正式退休。

两个月后，平安选派的职业经理人谢文坚到上海家化走马上任，担任董事长。有内部人士透露说，谢文坚与平安信托派驻家化集团的Z某某，在家化负责对接上海证监局的员工陪同下，一起去上海证监局，主动要求对上海家化进行立案和处罚。

2013年11月20日晚间，上海家化发布公告称，公司收到证监会立案稽查的《调查通知书》，原因是涉嫌未按照规定披露信息；同日，公司还收到上海证监局《关于对上海家化联合股份有限公司采取责令改正措施的决定》。此时，距谢文坚上任还不到一周时间。

据葛文耀说，在此之前，上海证监局对接上海家化的事务代表，曾打电话告知葛文耀，局领导决定对上海家化进行立案稽查。他转述局领导的话说，立案有助于还葛文耀一个清白。

葛文耀：证监局的人给我打电话，说葛总，我们局长对你印象很好，前段时间网上说你们有利益输送，我们查下来没有利益输送，立案对你们有好处，可以澄清。我说"那就立案"。

让葛文耀完全没有想到的是，几天后两份同日抵达的"通知"，基本上对上海家化和沪江日化存在关联交易进行了定性。

一位媒体人撰文称，可以说，这项关联交易是葛文耀与家化控股股东平安信托内斗中最终败北的重要症结。此后葛文耀旧部——上海家化总经理王茁、财务总监丁逸菁连遭罢免和"被"辞职，均受此牵连。

何为"关联交易"？根据百度词条解释：关联交易（Connected transaction）是指企业关联方之间的交易。在企业财务和经营决策中,如果一方控制、共同控制另一方或对另一方施加重大影响,以及两方或两方以上同受一方控制、共同控制或重大影响的,即构成关联方。

关联交易在市场经济条件下广为存在,从有利的方面讲,交易双方因存在关联关系,可以节约大量商业谈判等方面的交易成本,并可运用行政的力量保证商业合同的优先执行,从而提高交易效率。从不利的方面讲,由于关联交易方可以运用行政力量撮合交易的进行,从而有可能使交易的价格、方式等在非竞争的条件下出现不公正情况,形成对股东或部分股东权益的侵犯,也易导致债权人利益受到损害。

关联交易必须在上市公司财报中进行信息披露。

退管会"参股"沪江日化的缘起

那么,这个惹"祸"上身的沪江日化,到底是一家怎样的公司?

凤凰网财经频道《真相80分》在2013年11月22日的一篇报道中,对沪江日化有过一次探访。

吴江工厂揭秘:沪江日化是上海家化旗下六神、美加净等大流通产品的重要供应商,也是今年(2013年)5月上海家化大股东与公司管理层发生摩擦时的关注焦点。

位于吴江市黎里镇东亭街1号的沪江日化厂,公司大门上标着的"上海家化沪江日化""上海家化吴江工厂"等字样,都表明上海家化这个大客户对于这家工厂的重要性。

苏州市吴江工商行政管理局资料显示,目前吴江市黎里沪江日用化学品厂产权属性为自有产权,投资人为史美墩,经营期限从2004年8月10日开始,出资方式为个人财产出资,目前从业人数为258人。

……

不可否认的是,上海家化及葛文耀对沪江日化的运营有很大的影响力。上海家化也曾派驻包括上海家化副总X某、公司资产管理部副总监王浩荣等在内的3个人参与到沪江日化5～6人规模的管委会中。该管委会的主任为沪江日化原厂长史美璈。

此后上海家化派驻沪江日化的3人选择退出,"家化对吴江厂的管理与其他生产基地一样,吴江完全是自主管理。"葛文耀在微博中辩解称。①

搜索葛文耀当年的微博,有关沪江日化关联交易内容的有20多条,都是葛文耀对当年家化退管会参股沪江日化缘起的说明和是否应该认定关联交易的解释。

归纳起来大致是这样的轮廓:

2007年,国资体制下的上海家化进行了第一次期权改革,当时公司毛利10多亿元,员工薪酬水平已接近市场化,但退休工人退休金很低,每月才700多元。为了让退休工人共享企业发展成果,公司通过退管会给退休员工每人每月发300元,以后每年增加50元,到2012年时,已经增加到每人每月500元,这就是后来的"共享费"之说。

为了保证"共享费"蓄水池的水源源不断,2008年,葛文耀和家化工会商量决定,由家化退管会参股沪江日化40%股份,每年退管会有40%的利润分红,而退管会最初参股沪江日化的启动资金,即来自地方政府的投资奖励和葛文耀本人任香港上海实业独立董事时的袍费,合计400多万元。但由于退管会不能是投资主体,因此,就由上海家化前资产管理部副总监王浩荣以个人名义设立了一个专用账户,代理退管会投资理财收转往来钱款,这也是后来被诟病的原因之一。

葛文耀认为,上述做法充其量也只是打了个"擦边球",这个过程中,一切账目往来公司内部都公开透明,动用每笔开支需公司6个高管签字才能生效。

葛文耀在微博中说:"也算为国家承担责任。家化就这么一路走来,没改革精神,没担当,走不到今天。"

---

① 上海家化"内斗门"余波. 真相80分. 2013-11-22 第60期. 凤凰网财经频道 finance.ifeng.com.

但上海家化与沪江日化之间的采购销售、资金拆借等，葛文耀在任时的上海家化董事会并不认为是关联交易，所以未在年报中进行披露。在证监会发来立案稽查通知和上海证监局发来整改通知时，已经易主平安的上海家化董事会，在整改公告中主动承认沪江日化为关联公司，交易未经审计披露、认定发生关联交易，两公司累计的关联交易额高达24.12亿元。

认定"关联交易"被罚

证监会立案稽查一年后，2014年12月23日，上海家化发布公告称，收到中国证券监督管理委员会上海证监局《行政处罚事先告知书》，上海家化信息披露违法违规案已由上海证监局调查、审理完毕，上海家化涉嫌违法违规的事实如下。

2008年，上海家化时任董事长葛文耀安排上海家化退休职工管理委员会（以下简称"退管会"）等单位和个人投资吴江市黎里沪江日用化学品厂（以下简称"沪江日化"），同时成立沪江日化管理委员会（以下简称"沪江日化管委会"）实际管理沪江日化。在2009年2月至2012年12月期间，上海家化时任副总经理X某同时兼任沪江日化管委会成员，依据《上市公司信息披露管理办法》第七十一条，上海家化与沪江日化在上述期间构成关联关系。上海证监局依法拟对公司及相关人员作出行政处罚。根据当事人违法行为的事实、性质、情节与社会危害程度，按照《证券法》第一百九十三条的规定，上海证监局拟做出如下决定：

1. 对上海家化予以警告，并处以30万元罚款；
2. 对葛文耀予以警告，并处以15万元的罚款；
3. 对公司相关人员给予警告，并分别处以10万元的罚款；
4. 对其他参与人员给予警告，并分别处以3万元的罚款。

这一消息，立即被各大媒体争相以"靴子落地"为题进行了报道和转载。但几乎所有的报道都没有指出一点：上海证监局的行政处罚告知书中，并没有认定当初匿名信中举报的1.5亿元的巨额利益输送内容，换句话说，在上海家化和沪江日化的"关联交易"中，并不存在利益输送的问题。

对证监会的处罚决定，葛文耀最初的反应是自己"学习不够"，不是"有意为之"。但在2016年9月19日的一篇微博中，葛文耀彻底否定了"关联交易"的认定，之所以旧话重提，是因为很多网络财经将上海家化的这起"关联交易案"，作为案例进行分析。

以下是这条微博的全部内容。

许多互联网财经讲到我离开后他们又炮制一个"理由"：关联交易！以前我发了一些微博承担责任，有许多原因，但现在不是全面揭示的最好时机。

我先表示两点：首先，吴江厂是家化6个OEM基地之一，业务模式是家化卖主要原料给他们，他们销售产品给家化，金额看上去很大，抵扣后加工费只有1 000万～2 000万元。如家化对他有控制力，就应该披露几亿元来往交易。现在证监会认定有控制权，所以家化没有披露，认为家化违规。我离开后的家化领导层自然马上承认，但查到最后，一点也查不出家化向吴江厂有一点点利益输送，6个OEM企业平均加工费16个点，吴江只有11个点。那不披露的动机又在哪里呢？

其次，吴江厂与其他5个OEM厂不同的是退管会参股了40%，开始我以为这就是关联交易，我就承担责任，后来才懂，认定关联交易的根据是有个副总在所谓吴江管委会中担任主任（认定关联交易的时间也是根据这条）。当时这位副总被我免职，还没退休，他写下了关键证言。但他退休后，又推翻了前述证言。有关部门应根据哪个证言认定呢？

这些都发生在我离开家化后。适当时候我会披露更多细节，我至今不认为这是关联交易，其中没任何想要欺骗股民、掩盖问题的企图。我在任时的家化是一个比外资还规范、对股东极其负责任的上市公司。

这篇微博中提到的OEM，是指定点生产的代工厂，也就是上海家化的联营厂。在家化的起步阶段,曾经靠联营厂的低成本掘得第一桶金,这样的联营厂到2013年时,家化还有6家,沪江日化是其中的一家。

否认"关联交易",葛文耀细说始末

有关这起"关联交易"的认定,葛文耀始终为这项似乎已经盖棺定论的"帽子"愤懑不已。他曾同记者本人详细讲述过沪江日化事件的整个过程,其中有一些此前媒体没有披露过的细节。

记者:您不认为这是关联交易?

葛文耀:当然不是。

记者:证监会不是已经定案了吗?

葛文耀:我一直想翻案,但是没翻成。吴江厂(指沪江日化。——记者注)的事情是这样,当时家化细分化产品越来越好了,家化自己的中央工厂可以作为只生产细分化中高端产品的专业工厂,大流通产品可以全部移出去生产,这是家化产品升级后生产布局的一个重大决策。要选大流通产品基地,大家觉得吴江合适,好,那就选吴江。当时我是想控股吴江厂,这个厂的厂长没小孩,我当时想,等他70多岁以后老了不做了,我就便宜地把它吃下来。我就叫3个人(非上市公司高管)去管理这个公司,持20%股份,退管会40%股份,那是2008年2月份,当时我们是控股进去的。结果这个厂长身体好,还要干,我派去的人就都出来了,从来就没有签过控股合同。那这个事情,在2008年8月份就停止了。

记者:不是说有一个管委会吗?

葛文耀:2008年2月,我是在那里参加过一次会,打算成立管委会,但是后来不做了,所谓管委会也就没成立过,没有签过控股合同,没有开过一次会。

为什么说这件事复杂呢?正好是我们财务总监赵兰蘋退休了,交接这个事情给王浩荣(时任上海家化资产管理部副总监。——记者注),交接时,有一份当初打算成立管委会的会议纪要草稿,因为后来没成立,所以只是个草稿。但是王浩荣死认真,交给他的时候,退管会有40％的股份分红,每次分红,他也写一个"管委会"纪要,前面还戴大帽子,说是在"管委会"领导下取得成绩什么的,这个事情我都不知道。

记者:是因为这个纪要认定为关联交易的吗?

葛文耀:王浩荣写"管委会纪要"也没什么问题,就是X某(时任上海家化副总经理。——记者注)的一句话。2012年底领导班子换届,考虑到他接近退休年龄,我就没有让他继续当副总,加上他没有拿到2012年实施的股权激励,就对我有意见。谢文坚来家化之后,他在上海证监局作了询问笔录,最后证监局定案的唯一依据,就是这个副总的询问笔录。笔录中说他是沪江日化管委会主任。瞎搞!管委会没有存在过,从来没有开过会,没有讨论过吴江的任何事情。

如果没有X某的询问笔录,说他在担任上市公司高管的同时兼任沪江日化所谓"管委会主任",那么证监局就不能认定这是关联交易。

记者:最后证监会的处罚,主要是因为你们信息披露不规范?

葛文耀:就是说我应该披露信息,查下来我没有披露,是没披露,因为我没认为是关联交易。证监会认定关联交易的唯一依据,是X某任家化副总经理同时兼沪江日化"管委会主任",依据就是X某的询问笔录。当时X某还没退休,屈服于当时公司行政领导的压力,他就签字了,退休后X某自己也把它推翻了。

而且你看,信息披露出来,家化和沪江日化之间没有一点点利益输送。那时候不是有人发微博造谣说我利益输送1.5亿元嘛,最后查下来,我所有的交易都正常,根本没有利益输送。像沪江日化价格,生产工费才11％,其他联营厂平均16％,沪江日化最便宜,我哪里还有利益给它输送?沪江日化是家化供应链上一个亮点,为家化节省了很多成本,没一点损害上市公司利益,家化做得很规范。

记者:您认为证监会不该处罚您?

葛文耀:这个事情,我没有一点猫腻,我们没有安排公司高管兼任沪江日化管委会成员,所谓"管委会"也是打算成立最后没成立起来,所以根本就不存在关联交易。而且关联交易怕的是有利益输送,我既没有利益输送也没有关联交易,你为什么要处罚我?

记者:您依据什么说 X 某的询问笔录不符合事实?

葛文耀:我有证据的,2014 年 12 月 29 日,X 某退休后给证监局出具的一份申辩材料,否认沪江日化有管委会,否认他以高管身份控制沪江日化。原稿在上海证监局能查得到(X 某申辩原文附后。——记者注)。就是因为 X 某的询问笔录是违背事实的,他当时迫于压力没有去申辩,证监局还是以前一份不实笔录为依据来定性"关联交易",无视这份申辩材料,令人不解。

2016 年 7 月 8 日,X 某又写了一份证言,把第一份笔录材料全部推翻。他在证言中说,上海证监局在对他询问时,很多问题都是具有诱导性和误导性的,比如"沪江日化管委会实际履行沪江日化董事会全部职能,你作为时任上海家化副总经理担任沪江日化管委会主任,你如何看待上述事实?"这不是先入为主预设事实嘛!

而且 X 某在证言中明确说,之所以会在笔录上签字,事后又没有勇气去澄清事实,是因为当时的家化领导(指谢文坚)"想借此搞葛总一个罪状",这是 X 某证言的原话。X 某还在证言的最后特别强调,这份证言才更加真实、准确、完整,如果与询问笔录有不一致的地方,以本次证人证言为准,并愿为其负法律责任。

其实,证监局定案的依据是一份不够严密的笔录,X 某的证言已经很清楚地指出笔录有不真实的地方,而且他愿意为这份证言负法律责任!

这件事情就变成谢文坚搞垮家化的一个开头,他拿这件事情大作文章,无限夸大。为了"坐实"这件事,谢文坚在任时,为此还向通过诉讼索赔的股民赔偿了几百万元,还让审计事务所普华永道定性家化内控不合格,这不是"自残"嘛!然后他就以此为借口开始清洗人,首当其冲的就是总经理王茁。全面否定家化就从这件事开始的。

因为"关联交易信披违规"以及后来叠加出来的"内控不合格",谢文坚不仅罢免了王茁上海家化总经理和董事职务,还解除了他的无固定期限劳动合同,给予开除,同时取消了王茁的第二和第三期限制性股票(王茁通过诉讼拿回了第二期股票。——记者注)。葛文耀的第三期期权30万股,也被谢文坚取消了。

被谢文坚"清洗"的,还有上海家化副总、总会计师丁逸菁、科研部总监李慧良、电商部总监王荔阳……科研部、市场部,是葛文耀在任时最重视的部门,也是谢文坚继任后"被"离开人数最多的部门。

这件"关联交易"案,还牵涉到本章开头提到的那起无厘头的诉讼——上海家化工会状告葛文耀、王浩荣私设个人账户涉嫌侵占工会资金1700万元。此案2014年底起诉,2016年底撤诉,撤诉的理由让人哭笑不得:这笔钱还在工会账户上!

2019年10月1日,是新中国70周年国庆大典。上午10点,葛文耀准时坐在电视机前收看天安门广场阅兵式,他最疼爱的小孙女优优双手捧着阿爷的国庆70周年纪念章,在电视机的阅兵画面前拍照。

此前几天,葛文耀收到了街道党工委送来的中华人民共和国成立70周年纪念章,当天他在微信朋友圈里写道:"组织上没有忘记我,我搞的国企没有破产,员工没有下岗,企业有竞争力,员工生活也好,本人也久经考验,守住了底线。"

文耀
今天,街道党工委来拜访我,我以为是节日前例常的访问。不料是正式向我颁发中华人民共和国70周年纪念章。组织上没有忘记我,我搞的国企没有破产,员工没有下岗,企业有竞争力,员工生活也好,本人也久经考验,守住了底线。还是感谢组织的栽培和信任!

2019年9月25日 18:13

葛文耀微信截屏

2019年9月25日，虹桥街道党工委到葛文耀家为他送上新中国成立70周年纪念章

2019年国庆节，孙女优优在国庆阅兵直播画面前手捧阿爷的纪念证书留影

第二节 政策"擦边球"

在"小金库"风波中,葛文耀多次提到了"擦边球"。

改革开放初期,政策、法规往往滞后于社会发展,要想做成事情,很多情况下不得不"违规"操作。历史证明,许多僵化的规章制度大抵是自下而上被冲破的,葛文耀把家化的一些制度创新的做法,称作打"擦边球"。

回顾上海家化改革开放后所走过的历程,葛文耀说,他就是靠一次次打"擦边球",带领国有体制下的上海家化负重前行,一步步走到中国民族化妆品行业最前列的。

用"留利"政策掘到"第一桶金"

1985年,葛文耀刚到家化厂做厂长时,中国经济体制的改革已经进入第二阶段,开始将重心从农村转移到城市,明确了社会主义经济是有计划的商品经济。

也正是从这一年起,国有企业开始有了留利制度,允许企业按照一定比例提留部分利润,以此作为企业提升利润的奖励。在此之前,国有企业的利润必须全部上缴,企业每花一分钱、哪怕就是修个厕所,都要给上级主管部门打报告申请。尽管当时还没有市场经济的说法,但葛文耀已经敏锐地觉察到,这是承认企业可以有自己利益的开始,企业是政府附属物的格局可能要打破——之后历次国有企业的改革,都是围绕让企业成为市场经济的主体展开的。

葛文耀在那时就意识到,改革,就是让企业有更多的自主权。

根据当时的企业"留利"政策,家化厂可以留利4.11%,也就是100元的利润,厂里可以留4块1毛1分,这其中还要扣除需交给上级公司上海日化公司行政、福利的支出8毛2分钱,最终厂里只剩3.29元。而当时家化厂的现状是,设备陈旧、生产和仓库场地全部饱和,没有食堂、澡堂。

最关键的是,当时企业实行的是 8 级工资制,由主管部门控制企业的工资总额,包括工资、加班费、奖金。不管行业好坏,不管企业是盈利还是亏损,一律按照职工的工龄、岗位级别,要加工资大家一起加。葛文耀清楚地记得,当时家化厂每人每月的奖金是 5.73 元。放在现在看,奖金中不要说出现几分钱,就是出现几毛钱都很奇怪,但在当时,一根油条只要 2 分钱。

那时候,家化厂办公和车间都在一幢楼里,葛文耀经常会到车间去转转。看到车间环境很差,他反复对工人们讲:"改革的方向一定是做得好的企业会越来越好,做不好的企业大家都不会好。人要好的生活是与生俱来的权利,但是好的生活不会从天上掉下来,一流的工作才会有一流的生活。"

在当时的条件下,厂里根本没有钱去改善生产环境和提高职工的收入。

葛文耀把心思动在了联营厂的税收优惠政策上。当时国家的政策鼓励办乡镇企业,调节税可以减 70%。"就是在联营厂分得的利润,调节税减 70%,那太厉害了!"葛文耀如同发现了金矿一般,自然会用足了这项政策。他把家化原来的低端产品全部安排给联营厂生产——即后来的 OEM(定点代工厂),同一种产品,原来每百元利润的留利 3.29 元,换到联营厂生产,就摇身变成 30.9 元,足足涨了 10 倍!

这是葛文耀打的第一个"擦边球",这个"擦边球",让家化厂迅速掘到了"第一桶金"。葛文耀利用这"第一桶金",对企业进行技术改造,修建职工食堂、澡堂,增加职工收入。

联营厂的代工生产模式,让上海家化获益至今。

"留利政策我用得很好"

葛文耀:我的第一桶金就是这么来的。联营厂的政策给企业带来机会,有了钱可以调整产品结构,开发新产品,进行技术改造,改善生产环境,提高员工收入,这个政策真的是我用得比较好的。

我这个人是懂得分享的,我把联营厂的方法告诉了日化四厂、日化二厂和洗涤剂五厂,当时日化公司是我们4家做化妆品的。我告诉他们怎么可以争取多留利,他们按照我的方法做了以后,洗涤剂五厂只有300个员工,一年可以返利300万元,人均1万元,人均返利比家化还多,这很厉害的!当时工资很低的,人均一年普遍不到1000块钱。

后来,这些厂都躺在"返利"这个钱袋子上面,拿到钱大家日子好过,小富即安,不思进取。所以,日化二厂、日化四厂、洗涤剂五厂这些厂后来都破产了。最典型的就是洗涤剂五厂,当时,洗涤剂五厂主要生产白猫洗洁精、蜂花洗发香波和护发素,它的产品卖得很好,钱用也用不光。后来那个厂长每星期进厂两次,领导和员工都可以不干活拿钱,活全给人家联营厂干,结果外资企业一来就垮掉了。我1998年接管日化公司时,它已经倒闭了,蜂花品牌后来到了民营企业手里了。

但我不是那样,我把赚来的钱都用来发展企业。我拿了钱,用于技术改造,研发新产品,吸引人才,这样,家化才能抵抗得了后面的外资企业冲击。

挑战"中百站"

葛文耀第一次挑战"中百站",是不满意它的核价制度。

计划经济时,上海家化所有的产品,都是由"中百站"统购统销的。所谓"中百站",指的是中国百货总公司(以下简称"中百站"),它下设三级站:上海、天津、广州等工业发达城市设一级站,一般城市设二级站,县级城市设三级站。一级站负责统购统销,企业产品由它收购、定价,然后发到二、三级站销售。也就是说,"中百站"手握所有企业产品的定价权和销售权,权力之大可想而知。

这样的核价制度,在计划经济体制下完全没有问题,但在计划经济向市场经济转轨的过程中,问题就来了。因为,它依据的是"成本定价",这个"成本"往往只是涵盖生产成本。但在市场经济中,价格是由市场来决定的,除了生产成本,还包括产品研发成本、推广成本、品牌溢价等,也就是"毛利"的概念。

已经有了初步市场观念的葛文耀,认为"中百站"的"成本核价"不符合市场规律。

葛文耀:市场规律就是我产品的附加值高,我投入了科研费用、市场费用,我产品的价格就应该卖得高,否则我怎么研发新产品?

1987年,上海家化自主开发出中国第一款摩丝产品——美加净护发定型摩丝。如果按照"中百站"的"成本核价",这款新产品很难可持续发展。葛文耀知道,"中百站"负责给家化产品定价的人熟知老产品的生产成本,他们对生产用的甘油等常规原料和包装用的玻璃瓶价格等了如指掌,但他们并不清楚新产品原料的成本到底是多少。葛文耀"玩"了一个"心眼",他让下面的员工到"中百站"报价时,高于生产成本报价,实际上是把这款摩丝的研发成本"偷梁换柱"到生产成本中。现在看,这其实就是最初的"毛利"概念,但那时候的葛文耀还不知道什么叫"毛利"。

葛文耀说,当时上海轻工业局下属的另一家企业负责人,曾跟他抱怨"中百站"的价格定得太低,企业几乎没有利润空间。这家企业是生产白猫牌洗衣粉的,葛文耀就把这个方法告诉了这位负责人,没想到他对别人讲,"葛文耀做假账"。

葛文耀:我怎么做假账?我有我的逻辑的,我学过法律,我有我的底气,我知道什么触犯法律,什么不触犯法律。我给国家税务局的账是真的,我给国家统计局的账是真的,"中百站"的核价方法是不合理的,我要对付它这个不合理,我才这么做。价格是根据市场来定的,不是根据成本定的。几年后证明我这么做是对的,事实证明我的市场经济理论是对的。

这样的"偷梁换柱",让上海家化在最初的市场经济中,相比其他国有企业，有能力持续地投入新产品研发。

葛文耀第二次挑战"中百站"，是不满意它的统购统销制度。

中国百货总公司是国有性质，计划经济时期负责调配全国所有的生活用品和生活资料。那时候国有企业是没有自主销售权的，所有生产生活用品的企业，必须通过"中百站"把产品销往全国各地。计划经济时代，一些紧俏的生活必需品如牙膏、洗衣粉之类，往往供不应求，对化妆品的需求却不大，"中百站"就把化妆品跟牙膏、洗衣粉搭配着卖。可以说，"中百站"掌握着那些日化企业的"生杀"大权。

葛文耀："中百站"让你活你就活，让你死你就死。那时候，中百站的经理很厉害的，还有日化科科长，我们这些日化厂的厂长见到他都怕得要命。他说，我要卖你家化的雅霜，你雅霜就大；我要卖日化四厂的蝶霜，蝶霜就大。"中百站"如果不卖你的东西，你就会死掉。

1988年，葛文耀开始意识到这个统购统销的体制有问题。当时，上海家化98%的产品都由"中百站"包销，2%的自销部分，无非就是卖些团购产品，一旦"中百站"不进家化的货，那家化必死无疑。

但当时的政策，是严禁企业自销产品的。国有企业的功能，就相当于一个大生产车间，只管按照国家计划生产，企业没有销售权，也没有销售渠道。当时的"中百站"对企业自销管控很严，一旦发现就严厉制裁，不再把你的产品列入采购的货源，这对当时的国有企业来说，等于是断了产品出路，是致命的！

但是，时代毕竟不同了，市场环境开始发生变化。葛文耀知道，随着经济体制改革的深入，如果将企业的命运全部绑在"中百站"这艘大船上，一旦遭遇风浪，企业在劫难逃。

他开始动起了打自销"擦边球"的脑筋。他的"擦边球"做法是一"暗"一"明"。

"暗"的做法，是借渠道自销，当然是要瞒着"中百站"的。

当时"中百站"的销售渠道，是通过全国3个一级站进货后，再依靠遍布全国的二级站、三级站分级铺货下去。葛文耀盯住了二级站,因为如果直接将货源给到三级站,二级站会跳起来向"中百站"告状,那样就会"偷鸡不成蚀把米"。有些不了解情况想偷着自销的企业,就是在三级站上摔了跟头。但二级站不同,对二级站来说,直接从企业拿货可以分得一级站的差价,有利可图自然不会去告状。到最后,全国有上百个"中百站"的二级站直接从上海家化厂拿货。

"明"的做法,是大张旗鼓地直接在全国各大城市设立经营部。

上海家化是第一家在全国设立经营部的国有企业,葛文耀给"中百站"的理由是,设立经营部,是便于直接为终端服务,不是搞批发,"中百站"也无话可说。设立企业自己的经营部,不仅可以增加自销,同时也是扩大品牌知名度的窗口。葛文耀一口气在全国设了30个经营部,后来发展到48个。

就这样,借助"中百站"的二级站和企业自己的经营部,1988年,上海家化的产品98%还是依靠"中百站"销售,年销售额1.8亿元;到了1990年,家化的年销售总额达到4.5亿元,其中通过"中百站"销售2.1亿元,企业自销2.4亿元,自销部分占比超过了50%。

1993年,亏损9亿元的"中百站"宣布破产,很多依附"中百站"的日化企业也随之垮掉,但此时的上海家化,已经为自己铺好了销售渠道。当那些被断了销售出路的化妆品企业,忙着给"回扣"通销路、甚至不惜在订货会上送金项链时,上海家化不给代理商一分钱的回扣,销售也照样增长。

葛文耀:1988年开始,我就看到这个体制有问题,当时我要自销,制度不允许,我就慢慢跟它打"擦边球"。假如你完全按照规章制度做,市场化以后企业就都死掉了,渠道上我必须自己创新来做。"中百站"最后垮掉,就是好多库存应收账款上不来,最后破产了,我是亲历了这个变化。

"中百站"垮掉没有影响我,我自己渠道都铺好了,我两条腿走路,假如我不同时开展自销,那它死掉我也要跟着死掉,这一点对家化来说非常重要。所以,1993年"中百站"垮掉时,因为自销比例太少了,日化二厂、三厂当然跟着垮掉。正是因为这些变革,家化才会在改革开放后国企纷纷倒闭的情况下,销售还能连年增长。

擅改基建计划被通报批评

葛文耀自己承认,他的上级主管部门上海轻工局的个别领导不喜欢他,因为他经常"犯上"。

1985年,上海家化保定路的老楼拆掉重建,新大楼的设计方案,是在葛文耀去家化任厂长前就已通过了轻工局的审批,只是没有马上建造。葛文耀到家化后,发现新大楼的设计方案中,大楼底层设有2个酒精存储罐和1个白油存储罐,工人们戏称为3个"坦克"。酒精是用于生产上海牌花露水的原料,白油是生产美加净发乳的原料,每个"坦克"的储量是100多吨,同时放3个,一旦酒精罐爆炸,后果不堪设想。而且,按照葛文耀的产品结构调整设想,花露水属于低端产品,是要移到外面联营厂生产的,怎么可能再拉回到家化来做呢?

他希望修改大楼设计方案,但局里的回复是不能更改,理由是计划上面已经批了,即使要改,也要等到大楼造好了后再改。葛文耀觉得好没道理,造好再改?造好后这几个"坦克"怎么搬出来呢?这不是劳民伤财嘛!再说造大楼的钱是企业自己的,又不是局里的钱,凭什么你要指手画脚?这太不合理了!

他决定不理会局里的意见,擅自修改了设计方案,把3个"坦克"改掉了。因为擅自修改基建设计方案,局领导让葛文耀写了个检查。

但葛文耀并未"引以为戒"。1989年,家化保定路大楼旁边的一幢综合楼改造,市轻工局基建处的人告诉葛文耀,大楼改造不能装地板,不能装电梯,不能装钢窗,外墙不能贴马赛克,里里外外就是水泥砌成。葛文耀哭笑不得,家化是做化妆品的,用现在的话语体系讲,化妆品是"颜值经济",大楼装修得这么差怎么行？他找了个理由说要接待外宾,但基建处的人不是那么好"糊弄"的。他说,"你新大楼有专门接待外宾的会议室,而且已经安装了电梯,除非你把原来的拆掉"。

1995 年保定路家化大楼重新装修启用

葛文耀再次"犯上",地板、电梯、钢窗照装不误。验收时,轻工局基建处长来看了一圈,一声不吭地走了。不久,市轻工局发了一个违反基建程序的内部通报,给了葛文耀一个处分。

第三次葛文耀又碰"红线"了。1995 年,保定路的家化生产大楼改建成办公、科研大楼时,家化共花了 1 500 万元。整幢大楼内部装潢设计感很强,看上去很时尚,6 楼、7 楼是科研中心,地上铺着地毯,会议室、活动室、职工餐厅一应俱全,全部安装了空调。

中国香港的一位学者,记录了 20 世纪 90 年代中期第一次访问家化时的感受。

记得第一次访问家化时,我们就对家化办公楼设施的现代化以及齐全的配套而感到惊讶,除了办公室、展览厅、会议室、放映室,还有餐厅和保龄球室等,最值得一提的是离办公楼不远还有一个公司管理的美容院。我们会惊讶是因为，当时的国营企业一般给人的印象是古板和阴沉的，而家化却给人一种现代、明亮、欣欣向荣的感觉，甚至比当时香港的本地或外资企业还要先进。

但在当时，这样的装修被批"奢侈"，轻工局要给葛文耀处分。不过这次葛文耀很"幸运"，因为后来党和国家领导人到家化参观，并在这里召开了国有企业改革座谈会，这个处分才不了了之。

1995年落成的保定路上海家化办公大楼(后被拆除)，二楼宽敞的走廊(左图)，七楼有八米宽的走廊，两边是油画和雕塑(右图)，来访的中外来宾赞叹不已

葛文耀说，他在黑龙江生产建设兵团时，从当地人那里学到了一句话，就是"大错误不犯，小错误不断，气死公安局，难死法院"。当然这句话不能提倡，但葛文耀用的是逆向思考，只要大方向是对的，可以不拘小节。他每次打"擦边球"，都是坚守一条准则：企业应该是独立的。国企改革的目的，就是要让企业变成市场的主体，是主体就应该有自主权。

葛文耀：市场经济应该有3个层面，第一，国家应该宏观调控；第二，政府有关部门监管市场，防止垄断、不正当竞争和过度竞争，保护正当合理的竞争；第三，企业是独立的。我一直是这个思想，国企改革最后就是让企业成为主体。局里干涉我投资，"中百站"干涉我定价，我觉得都是不合理的，所以我就得想办法。假如我每次都妥协，家化就走不到今天。

第三节　如履薄冰

在上海市保定路上海家化办公大楼葛文耀的办公室里,去过的人都会对他办公桌后面墙上挂着的一条横幅留下印象,那条横幅上写着 4 个遒劲的大字:如履薄冰。

这条横幅,是葛文耀 1996 年请中国著名书法家周慧珺女士写下的。周慧珺曾任上海市书法家协会主席、中国书法家协会副主席,现在是上海书法家协会名誉主席。葛文耀说,之所以请周慧珺写下这四个字,是要时时提醒自己:改革大潮泥沙俱下,市场拼搏刀光血刃,稍有不慎,前功尽弃。"如履薄冰"既是葛文耀对企业决策慎之又慎的自我告诫,也是作为国企掌门人面对利益诱惑自我约束的警示。

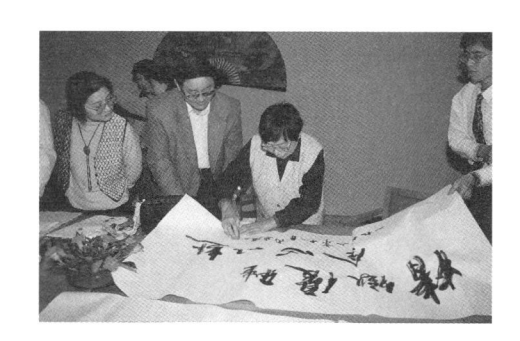

1996 年书法家周惠珺为家化书写企业宣传语

葛文耀在如履薄冰的条幅前接受电视媒体记者采访(图为电视截屏)

执掌家化 28 年,葛文耀遇到过很多风风雨雨,既有企业遭受的市场冲击和来自政府方面的人为干预,也有一些匿名举报带来的针对葛文耀个人的一次次调查,但不论是上海家化还是葛文耀本人,都能一次次化险为夷,凭的是什么?

奉行一份工资制

熟悉葛文耀的人都说，他不是一个把钱看得很重的人。

还在黑龙江生产建设兵团那会儿，葛文耀就大方得出名。那时兵团一个月的工资32元，葛文耀的母亲担心乡下吃得太差，每个月还给他寄20元的生活费，加在一起葛文耀一个月有52元的进项，这对一个知青来说，是相当"富有"的。

那时，葛文耀在兵团团部的保卫股工作，下面连队知青来团部办事，到食堂吃饭时总是葛文耀抢着去买饭票。有时候和当地人一起出差，他知道他们的日子过得拮据，吃饭他不要对方出钱，所有的费用全部是自己掏腰包。

"我从来不把钱放在眼里"，葛文耀说，兵团7年，他一分钱都没剩下。

在家化集团改制前，葛文耀是上海市轻工局的局管干部，他的工资、奖金以及一切福利，都由局里按照制定的标准发放。20世纪90年代末，上海家化的效益是上海轻工局下属企业中最好的，作为总经理的葛文耀，轻工局给他的年薪是税前23万元，后来破产的上海日化二厂总经理的年薪是30多万元，而上海制皂厂的厂长范宪年薪是70万元（范宪曾荣获"中国化工十大风云人物"和"上海市优秀企业家"称号，后因贪污、受贿且数额巨大，于2010年2月11日，被上海市第一中级人民法院一审判决无期徒刑，剥夺政治权利终身。——记者注）。

显然，这些企业一把手的年薪，并不是按照企业效益的好坏制定的。

当时，葛文耀给自己手下3个副总的工资都比他本人高。1998年，上海轻工控股集团的原董事长调离，张立平接任。张立平到任后，让轻工集团管的干部自报年收入，葛文耀如实上报了自己23万元年薪和几万元的职工公司股权分红。

张立平看到葛文耀的年薪比家化集团3个副总的年薪都低，便大幅度地增加了他的年薪,并对家化职工公司的股权分红签字备案。到 2011 年底平安收购家化前,葛文耀的年薪和福利加在一起,达到税前 100 万元左右,这是他在国企体制下的家化拿到的最高年薪。

在他之后执掌上海家化的谢文坚和张东方,两人的年薪都是 600 万元。

葛文耀说,他为员工谋福利,之所以有底气打"擦边球",就是因为他从不往自己的腰包里装一分钱。葛文耀一直奉行的是一份工资制,除了上级部门发给他的工资、奖金(职工公司在 2001 年家化上市时已全员退股。——记者注),其余的收入都会上交,比如"小金库"风波时,他在微博中多次提到的"袍费"和投资奖励金,都是统一放到集团退管会的账上的。

主动降低期权、年薪

葛文耀在上海家化时,共推行过两次期权。

第一次是 2007 年,上海家化作为上海国有企业的股改试点,国资委允许家化拿出总股本不到 2% 的股权作为激励,家化的 230 人核心团队成员第一次拿到了期权。这次股改,原本董事会给葛文耀的期权是 100 万股,但按照国资委当时的政策,最终董事长葛文耀拿到的股权是 11.5 万股。

而早于上海家化 2 年进行股权激励试点的伊利集团,2006 年第一次试行期权时,伊利高管占股比例高达 9.68%,5 000 万股票期权,由伊利高管和核心业务骨干共 30 人分得,其中董事长潘刚一人持有 1 500 万股。这是中国国有企业第一家进行期权试点的企业,也是伊利最重要的一次期权激励。此后经过 3 次股权激励,潘刚名下持有的伊利股份已超过 2 亿股。[①]

2012 年,家化改制后进行了第二次期权激励。这一次,平安给董事

---

① 沈庹. 潘刚执掌伊利 12 年:600 亿的公司和 60 亿身价的他. 斑马消费. 2018-03-30 新浪财经.

长葛文耀的期权数额是120万股，但葛文耀只拿了68万股；平安给葛文耀核定的年薪是400万元，但葛文耀主动降到了320万元。

记者问葛文耀，为什么要对自己应得的期权和年薪做减法？葛文耀解释说，他觉得家化的成功是大家努力的结果，公司业务都是企业高管和下面的人在做，他不想在收入上和副手们的差距拉得太大，他少拿一点，可以分给中层和基层一线的管理人员多一点。

葛文耀：虽然我在家化有举足轻重的作用，但是我的作用要靠大家来发挥，还要靠大家来衬托。现在来看，这样做更是对的，这就叫自知之明。

由于葛文耀让出了52万股期权，家化一线人员参与期权激励的人数就增加了。这次期权，家化股份公司共有395人获益。当初分得期权的年轻人，很多都是凭这最初2万～3万的期权股票，解锁后经过一次送股，每股赚了70多元，卖掉后买了商品房。

而葛文耀的68万股，其中第三期30％的股权20.4万股，已被谢文坚以"关联交易未披露"为由取消，这样一来，2012年实施的期权，葛文耀实际上只拿到了70％——47.6万股。

至于为什么年薪主动降到320万元，葛文耀说，"这次改制，平安只给我一人加了工资，大家都没加，就不要加太多了"。

葛文耀告诉记者，尽管自己后来被泼了许多污水，但这样做他从来没有后悔过，因为他搞好家化的初衷，就是想让家化员工都过上好日子。当初平安以"小金库"为由罢免他时，他说他从没为自己担心过，因为自己没做过的事心里自然有底，唯一的担心就是怕影响大家的期权，怕员工们因此而责怪他。

没分过公司一平方米的房子

葛文耀在上海家化的28年里，为了解决职工住房，公司通过参建和自建的方式，先后为家化员工分配住房共计约1700人次，可以说几乎每个员工都分到过住房,有的人甚至参与过两三次分房。但是,不论是刚开始的福利分房,还是后来的激励分房,葛文耀自己都没有分过家化一平方米的房子。

1985年,葛文耀刚到家化厂任厂长时,是住在自己父母家里的一栋石库门房子里,就在静安区中心小学的旁边。石库门房子是上海最早的公寓房,建筑风格中西并蓄,楼上楼下,有独立的厨房和大卫生间。在20世纪80年代的上海,能有这样的住房是相当不错的。

葛文耀到家化后的第一个春节,去厂领导和中层干部家走访。当时家化厂3个副厂长住的房子都很破旧、狭小:一个副厂长住在杨树浦路上,所谓的"房子"是靠着一堵外墙搭建出来的,面对马路,一开窗屋里到处都是灰尘;一个副厂长住在江西路上,房屋的地面是陷下去的,要低于外面路面一尺多,一下大雨,雨水就倒灌进去;还有一个副厂长住得还要差,是家化仓库改建的房子。仓库在东余航路的泰昌里(唐山路827号老式里弄里),一间仓库分隔成8间房,每个房间只有15平方米左右,两边一边是公用厕所,一边是公用厨房,当时家化员工都叫它"8间头"。

20世纪80年代家化厂在泰昌里仓库改建的职工住房八间头

看到这些在家化厂工作了大半辈子的厂领导和中层干部住房条件都这么差,工人就更不要说了,葛文耀心里很难过。

他决定由厂里出钱参建造房,当时2万元钱就能参建一套房子。葛文耀到家化后调整产品结构,企业效益连年提升,可以提留的福利基金水涨船高。家化公司用这些钱,先后参建了10多个楼盘,所得房子全部分给了住房困难的员工。

20世纪90年代后,虽然福利分房仍是主流,但政策已经允许有条件的企事业单位试行激励分房,就是可以用分房的形式奖励有贡献的员工。保定路上的家化公寓,就是葛文耀打"擦边球"造起来的激励房。

1995年,上海的国有企业在外资企业的冲击下已经举步维艰,当时对土地性质的划分没有像现在这样严格,上海市政府允许企业把卖土地的收入留作自用。那时候,上海的很多国有企业,都是靠卖地暂渡难关。

葛文耀看到了"擦边球"的机会:既然企业可以卖地换钱,那是不是不卖地的企业可以在"自家"的土地上造房子?

当时家化的生产车间已经全部搬到了青浦,保定路上改建的办公大楼不需要那么大的地方,葛文耀就在家化办公大楼旁建起了一栋家化公寓,而且是全装修房。1998年家化公寓落成后,以激励分房的形式分给了家化100个中层以上的管理人员,总监以上的可以分到140平方米一套的公寓房,这个住房面积已经达到了上海局级干部的住房标准。

1995年家化公寓奠基　　　　　　　1998年家化公寓落成

葛文耀住的石库门房子在他父母过世后卖掉了,卖的房款加上在庄臣时合资企业给他的19万元房贴,买了一套江宁路上的公寓房。参照老房子的价格,他补偿给兄弟姐妹们部分房款。后来,上海市轻工局批给了葛文耀一套一室一厅的小套房,这是葛文耀职业生涯中分到的唯一一套房子。

葛文耀现在居住的位于上海黄金城道附近的住房,是他卖了家化的股票后购得的。

葛文耀：在家化我没拿过一平方米的房子，家化造了这么多房子我没分过一套，他们查了我3年查不出我一分钱的问题。我要像那些厂长经理那样，早就进去了。我都是为了留住人才，所以都没事情。

在葛文耀离开家化后，那个"如履薄冰"的条幅，被葛文耀在民营企业当总经理的儿子要去，挂在他自己的办公室里。葛文耀希望，将来有一天能将这个条幅捐给家化的历史陈列馆。

第四节 "前门开足，后门关死"

葛文耀认为，企业经营有两大风险，一个是管理上的风险，一个是道德上的风险。避免风险不能靠道德约束，必须有制度保障。

当初平安罢免葛文耀的理由之一，就是指责上海家化内控不严。其实早在1988年，上海家化就设立了审计部门和法律部门，并由葛文耀亲自分管审计，而国有企业普遍开始重视审计工作，是在20世纪90年代后。上海家化有着一整套非常严格的内控制度，其中最重要的一条就是企业高管不能介绍业务，包括企业所有的购买行为，总监以上的高管都不能碰，葛文耀将其称为"后门关死"。

"六项制度"竖起"防火墙"

一个企业，在原材料采购、生产外包、销售渠道授权、广告投放等各个环节，如果负责人经不起诱惑守不住底线，就都有可能出问题。很多企业发生的经济犯罪案例，都是在这些环节上摔了跟头。当年上海日化二厂包括总经理在内，有9人因经济犯罪被移送司法机关，其中一个业务员，20世纪90年代名下房产就有6套，要知道，当时大多数人连一套商品房都买不起。

从1993年开始，葛文耀先后主持制定了采购、广告、销售、项目、公款消费和现金管理"六项企业内部控制制度"。这"六项制度"，用相互制约的方式,从源头堵住管理漏洞。

第一项:公司董事长和总经理绝对不许碰所有的购买业务。这是一项"死规定",没有"下不为例"。

第二项:总监一级不许直接插手购买业务。家化所有的业务购买权力直接下放到经理和部门主任一级,广告由广告经理管,采购由采购经理负责,总监一旦插手,就属违规。

第三项:内部制约制度。比如投放广告,产品广告做还是不做由品牌经理决定,但价格却是要由传播部去谈;采购业务将采购的人和谈价的人分开,由战略采购部在网上查价格,发布采购订单,采购员只负责催货,无权改动价格。制约制度还规定,谈业务必须两个人以上去谈,而且不能到对方单位,必须在公司办公室里谈。

第四项:程序违规,组织处理。采购业务拿回扣往往都是私下操作,很难查到证据,但如果程序违规,公司就可以进行组织处理。组织处理必须符合2个要件:第一,这个项目你高于市场价格购买,给公司造成了损失。但仅凭这一点还不能说就一定有问题,因为有时候对市场不熟悉也可能会花了冤枉钱,所以,第二,就是看是否程序违规。如公司规定谈业务必须2个人谈,如果1个人去谈就视作违规。总的原则,任何一个管理人员只要同时违反2个要件,公司就会进行调离岗位或是让其离开家化的处理。

第五项:以期权约束高管和业务骨干。家化内控制度规定,业务管理人员拿回扣,一旦查实,即取消期权,这一招很有约束力。家化有采购权的业务管理人员大约80多人,其中有1 000万元以上采购权的20多人,这些人都是期权激励的受益者。如果因为蝇头小利的回扣,而损失了价值百万元、千万元的期权,自然是得不偿失,这笔账谁都会算。

第六项:项目审计。上海家化对审计工作格外重视,由董事长葛文耀亲自负责。家化的每个项目都必须经过审计。葛文耀认为,80%的问题都可以通过审计查出来。

这"六项制度"作为"铁律",严格执行了 20 年,直到 2013 年葛文耀离开。

这期间,上海家化先后有 9 名管理人员因为拿回扣,分别被葛文耀免职、调离原岗位或劝离家化。

有一个业务总监,公司审计发现,他负责的 2 个采购项目明显高于市场价格,查下来他违反了"六项制度"的第二项,身为总监自己跟人谈业务,被葛文耀调离岗位。

有一个品牌经理,业务能力很强,颇得葛文耀器重。有人举报她拿了 6 万元广告回扣,葛文耀亲自找她核实,确认举报内容真实无误后,就让她把钱悉数交出,离开家化。

还有一个市场经理,审计发现他有重复付款的行为,原本 5 万元的材料款,他先后两次各付款 5 万元,付了双倍的钱。调查下来,是他让这家材料公司帮他个人装修房子,等于是用公款付自己的装修费。调查核实后,市场经理被撤职。

葛文耀自己也严格遵守这条"铁律",并因此得罪了一些人。曾经有位主管领导找他给自己儿子的公司揽项目,被他婉拒,此后这位领导经常给他"小鞋"穿。但大多数情况下,找他的人还是能理解的,他常对找他的人说:"我这么多年从来没碰过业务,你不要让我破了这个规矩",来人也就知难而退了。

2002 年,上海市一位领导的亲属找到葛文耀,想揽家化海南三亚酒店的项目,他让领导的亲属去按程序投标,这位领导的亲属后来只好放弃。

几次之后,再也没有领导来找他介绍人情业务。

葛文耀说,这条"铁律",其实是道"防火墙",既是为了保护员工,也是为了保护自己。"六项制度"实行 20 年来,上海家化内部没有一起经济犯罪案例。

也正是因为他本人带头严格遵守这条"铁律",在平安"挖地三尺"的调查中，没有查出一点包括他本人在内的公司任何人的经济问题。

对回扣问题零容忍

葛文耀：家化把"后门关死"的内控制度，真的是作为很重要的工作来抓。我在会上一直讲，业务做不好，因为市场在变化，你没法预测，但是拿回扣就是你的问题，你完全可以避免。家化一年广告几亿元，如果广告10%的回扣，采购10%回扣，项目20%的回扣，那家化早就亏损死掉了。所以这个问题，我们是零容忍，我很看重这一点，这是企业发展的很关键的因素。

我们不讲廉政建设，因为我们不是政府机构，是企业，我们讲内控制度，讲职业道德。我跟大家说，你们现在都有期权，你们算算，是股权收益大，还是回扣收益大？如果拿了回扣，期权就取消！

家化的这些措施，也只管了80%到90%，不可能管到100%，因为中国这个环境到处都是回扣。西方国家，你要拿点钱那就不得了，就是犯罪，行贿也是犯罪，查得很厉害。中国不行，太宽松，现金交易太多，财务制度不健全，很多国有企业，如果查起来都有问题。

那时候，很多国有企业因为坏账纷纷倒闭，我在市里开会时公开讲，我说坏账不是管理问题，是经济犯罪。家化有一个杭州经营部的经理，本来1 000万元的销售应该回款800万元，他做2 000万，看着业绩很好，回款只回了1 000万，销售增长一倍，但是钱只回来一半。他是用坏账方法贪污钱，大家分赃款。后来被人举报，查下来贪污了500多万元，几个人私分了，最后判了他10年。

1998年我把日化公司接过来，日化二厂生产凤凰牌化妆品，当时有2亿元坏账。他们销售员，货款全部装自己口袋里，说坏账，这么多坏账，一查都是经济犯罪。最后日化二厂连总经理、销售总监，一共抓了9个人。这是收购以后发现的，虽然不是我查出来的，但是印证了我的判断。我脑子清楚的，我把坏账给刹住了。

"后门关死",自己的自律很重要。2002年,当时市里领导的亲属来找我,要揽三亚酒店工程项目,我让他去投标,他也没去。有人问我,"你不怕市领导知道不高兴?"我说,"这种事,一般市领导不知道,如果他知道了不高兴,给我穿小鞋,他也不够资格当领导"。

更重要的是,我不介绍任何业务,包括上级领导来打招呼。我不能按官职决定帮不帮,一律不接受,名气出来了,我真的很清静,几乎没有领导来找我。

有些国企领导,明明是自己的关系,推在上面领导身上,下面也无法核实。我就定了一个制度:除非正常程序的采购,非正常必须有证据。如这么多年,我只指定过两次广告。一次(20世纪)90年代,原经委主任去当市政协副主席,希望我给政协杂志做5 000元广告,我让政协出个文给我,我在上面批准,存档在财务部。

还有一次,进入21世纪,家化规模越来越大,税收全市名列前茅,国家税务总局上海特派办经常来家化查账,财务总监说,他们希望家化给税务总局的杂志提供20万元广告费,也是公对公。我让财务总监写个文,我只批了10万元。

我在家化28年,只批了这两次,都是公对公的业务。

让员工有一流的生活

但是,仅有"后门关死"是不够的,葛文耀接任家化厂厂长之初就说过,"要让员工有一流的生活,让骨干有市场化的薪酬"。要正大光明地通过创新机制,提高企业高管和核心骨干的收入和福利待遇。这就是葛文耀所说的"前门开足"。

国有企业最大的问题就是缺乏激励机制,既不能吸引人才,也难以留住人才,葛文耀对此感触最深。为了吸引和留住人才,葛文耀通过打"擦边球",用职工全员持股公司、激励分房、期权等多种方式,力争让家化骨干的薪酬能达到市场化的水准。

1992年，葛文耀从庄臣回到上海家化，面对销售、利润双下降的家化母体，要想重整旗鼓，必须广招人才。但20世纪90年代的国有企业，工资低，待遇差，根本吸引不来人才。

在这种情况下，葛文耀成立了一个职工公司，专门生产为家化产品配套的低端辅料、包装，如打盒、纸箱、低端香精等。职工公司是家化全体员工持股，上至高管、下到工人，按贡献大小分配持股份额。参股多的，如葛文耀约七八万股，参股少的，如普通工人几千股。

上海家化在对外招聘人才时，除了国企规定的工资外，还有一份职工公司的股份，每年可以分红，这在20世纪90年代，的确有着不小的吸引力。葛文耀说，他就是靠着职工公司的这份股份，来吸引人才、留住人才。

家化职工公司生产的低端配套产品，没什么技术含量，如果外面采购，成本高不说，还避免不了采购吃"回扣"的问题。企业领导和采购人员拿厂家回扣，在市场经济初期是公开的行业规则，为此买单的，最终还是企业自己。

成立职工公司，上海家化只出了七八个员工，带着农民工做，投资少，回报高，按照当时的政策还可以合理避税，又堵住了采购"回扣"漏洞，因此效益非常可观，最多时一年利润可以做到几千万元。每年分红，工人可以分到4 000元左右，中层管理人员可以分到上万元，这在当时，是一笔不菲的收入。

葛文耀：当时我是把自己的"生财之道"堵死了，把下面的高管和业务人员的"生财之道"堵死了，换得一年几千万元的利润用来激励员工，这对企业发展是非常重要的。

2001年上海家化上市，为规范操作，避免关联交易，2002年，葛文耀关掉了职工公司，几千万的利润装到上市公司，然后公开操作全部退股。当时上海家化管理层中，经理级别的分到了20万元，主任级别的14万元，普通工人7万元，很多人把这笔钱作为购买第一套商品房的首付款。

"前门开足",首先要提高企业的经营效益,有效益才能提高员工的收入,只有做大了蛋糕,才能切蛋糕、分蛋糕。葛文耀说,为了能有足够的钱给员工增加收入和福利,他把90%的精力都用来做大蛋糕,其中最重要的一点,就是要提高企业的人均毛利。

葛文耀:人均毛利非常重要,假如家化人均毛利只有5万元,你说我怎么发工资? 还要有科研费用、市场费用和销售费用,所以首先要提高毛利。1992年我从合资企业回到家化,当时只有2 400万元毛利,3年后我做到了2.15亿毛利;2003年底,我处理完日化公司遗留的破产安置问题,从家化集团回到上市公司重新主持工作,当时家化是4.46亿毛利,到我2013年离开的时候,已经做到了29亿多毛利。这就是我为什么有足够的钱来给员工增加工资。

毛利高了,家化员工的工资总额就高了;工资总额高了,企业可以提取的福利基金也就水涨船高,就有能力提高员工的福利待遇。1985年葛文耀刚到家化时,家化的人均工资全轻工业局最低,连奖金、加班费都算上,人均月工资60元;到了1990年,家化人均工资、资金年收入达到5 000元,成为当时轻工业局人均工资最高的企业;再到后来,家化员工的工资要高出其他国有企业几倍。

2008年,家化利用留存的福利基金建起医务室,员工每人每月有800元的医药费补贴,员工们小病都不用去医院。家化外地和本地的单身大学生,如果租房,就可以得到500元到1 500元不等的补贴。

家化的福利分房和激励分房,也让家化员工很有自豪感(前文有过详细描述,这里不再赘述。——记者注)。两次推行的股权激励,使得家化不少高管和业务骨干成为"千万富翁"。

好的生活才能留住人

葛文耀:"前门开足,后门关死","前门"和"后门"的关系是,你"前门"开不足,"后门"就关不死。国企最大的问题就是激励不足,约束也不足。你光有约束不行，企业同样也搞不好，这是我的思想。

作为经营者，国企领导也是一样，你必须让大家生活好，不是光靠打"擦边球"，首先要把企业的经营做好，效益上去。这几年我是打了些"擦边球"，这个当中我自己必须洁身自好，否则我早就给他们抓进去了！

只有让家化员工有好的收入，好的生活，才能留住人，这是关键。家化总监年薪30万元，外资企业要比家化高，那家化为什么能留住人才？因为家化还有福利，有股权。我总结有3条：第一，家化有发展前途，大家愿意留下来；第二，家化的氛围好，在这里能学到东西；第三，基本工资福利制度，保证大家有好的生活。我们员工赚1 000多万元的，都是股权得来的。

其实，最后5年我很后悔，那几年给员工工资增加不多，我走时家化留下那么多现金，谢文坚来了后拼命地加工资，加了很多工资，但公司业绩每况愈下。我在家化时，虽然高管和骨干们都有股权激励，但下面的普通员工工资不算高，他们不满意，最后几年我应该多加些工资。

第九章

国际视野,中国智慧

本章提示:市场经济大浪淘沙,上海家化为何能一次次激流勇进?"国际视野,中国智慧",成为国企管理教科书式典范;优秀的企业家应该既懂大势,又懂细节;学以致用、博采众长——行之有效的学习宝典;80万元买了一句话,他却连声说"值得"!"销售净价"和"最终销售"原则;时任上海市国资委主任的杨国雄称他"30年红旗不倒";新中国成立70周年,他收到了离开家化后的第一枚国家荣誉奖章。

第一节 宏观思维与微观管理

在总结自己的企业管理经验时,葛文耀说,一个优秀的企业家,应该是既懂大势,又懂细节。懂大势,可以在时代变革、市场发生变化时,未雨绸缪掌握主动;懂细节,可以及时纠错、弥补企业的漏洞,不给缺陷留下生存空间。

懂大势的企业家,需要有"宏观思维"的能力。葛文耀常说,思维方式决定工作方法,执掌家化 28 年,他一直用宏观思维的方式,来指点家化的"江山"。

这种思维方式,来自改革开放后国家宏观经济调控的启迪。

第四次宏观调控具有划时代意义

宏观调控,是指国家综合运用各种手段对国民经济进行的调节和控制。改革开放 40 年,中国先后进行了八次宏观调控,给葛文耀留下深刻印象的,是 1993—1995 年的第四次宏观调控。

这次宏观调控有两个非常突出的背景:一是党的十四大首次明确提出要"建立社会主义市场经济体制";二是经济过热带来的通货膨胀。

当时,蔓延全国的投资热驱动 GDP 高速增长,1992 年,我国经济增长速度高达 14.2%。1993 年,我国商品零售价格同比上涨 13.2%,到了 1994 年,商品零售价格同比上涨了 21.7%,创新中国成立以来物价上涨的最高纪录,出现了改革开放以来最严重的通货膨胀。[1]

第四次宏观调控的操刀者,是时任国务院副总理的朱镕基。他在 1992 年 10 月 20 日的一篇"关于当前经济形势和宏观调控的意见"讲话中,列举了当前投资热带来的几个严重问题,其中就提到生产资料价格飞涨,钢材价格 1992 年初 1 700 元一吨,10 个月后已经涨到 3 000 元一吨;1991 年底,全国各类开发区 117 个,到 1992 年 7 月,已经发展到 1 874 个,涨了近 15 倍。[2]

这次宏观调控,国家出台了"分税制改革"、政策性银行和商业银行分离、外汇汇率并轨、实行"适度从紧"的货币和财政政策等一系列措施,成功让中国经济实现"软着陆"。

这是"软着陆"一词,第一次出现在国家宏观经济调控的政策中。

---

[1] 王健,王立鹏.中国改革开放 40 年宏观调控[J/OL].行政管理改革,2018.10[2018.10.25].www.ce.cn.

[2] 朱镕基.朱镕基讲话实录第一卷[M].北京:人民出版社,2011.

当时，很多人包括一些知名学者，对这次宏观调控持怀疑态度，甚至认为一定会失败。但葛文耀则是这次宏观调控坚定的拥趸。他认为，这次"软着陆"式的调控，对我国的经济具有"划时代的意义"。

葛文耀曾将1952年到1994年的国民经济增长速度拉出一个曲线图，这42年间，中国的GDP年均增长8.17%，但一直呈现出大起大落的"马蹄形"。最典型的就是1958年"大跃进"时期，GDP增速20%以上，到"三年自然灾害"时期，GDP负增长20%以上，形成一个深深的"V"字形。这种极不稳定的GDP，难以为国家创造和积累财富。

葛文耀：中国经济发展中，一个很大的转折就是宏观调控。我当时看过一本书，叫《宏观经济决策导向》，副标题是"致总统备忘录"，是美国经济学家写给总统的管理忠告。书中提到，一个企业、一个个人，可以财富增加很快，但是一个国家不能，因为供需关系太复杂。所以1994年的宏观调控有什么意义呢？通过调控控制了通货膨胀，但是更大的意义在于，中国以前只能学西方国家的管理，但是现在要按照欧洲、日本、美国的方法，来调控整个国家经济，调控国家的总供给和总需求的平衡。

而且，这个意义不光是影响1994年，后来提出GDP8%到9%左右的增长，这样的增长就很有质量。从1994年开始到2007年，这13年是中国财富增长的黄金时代，这个功劳是邓小平的，操作是朱镕基。所以我说，这次宏观调控具有划时代的意义。

1994年10月，家化公司与日本优尼佳的合资项目签约，当时葛文耀在日本，作为项目日本方面的介绍方，日本富士银行的一位本部长请葛总吃饭，祝贺项目成功签约。其间，本部长问起葛文耀对中国经济的看法，葛文耀回答说："中国1993年下半年开始的宏观调控，成效很明显，物价稳定了，投资过热降火了，经济过热的情况改善了。但是，这次调控的意义不只是影响1994年，中国开始学西方国家对经济的调控，首先要保持总需求与总供给平衡，指标不能定得太高，要运用货币政策和财政政策来调节。以前，只是学习你们的企业管理，所以这次的宏观调控，对中国今后的经济发展是有深远意义的。"

这位本部长可能是第一次听到这样的观点，对此表现出极大的兴趣，他马上约请葛文耀，"明天是星期日，您可否和我们银行研究所的所长见个面？"

日本富士银行当时是全球资产和存款前两位的国际银行，因为要研究全球经济以及国别经济和行业经济，所以，富士银行的研究所有900个专职研究员和1 200个兼职研究员，比中国社科院经济研究所的人还要多。

第二天，葛文耀应邀到富士银行研究所与那位所长见面。交谈中，葛文耀详细阐述了他对中国第四次宏观调控的观点，那位所长听得相当认真，并提出今后要与葛文耀保持联系，相互交流信息。

葛文耀回到上海后，那个所长曾两次寄来资料，但是葛文耀企业工作繁忙，况且他也不是专门研究宏观经济的，同时怕尺度把握不好泄露国家机密，就没有再同那位所长联系。

这次宏观调控之后，中国宏观经济发生了两个变化：一是中国经济自1996年起从短缺经济转向过剩经济；二是消费市场从卖方市场转向买方市场。

葛文耀说，宏观思维让他明白一个道理，企业经营者一定要学会懂"大势"，不懂"大势"，难免处处被动。

短缺经济时期，葛文耀看准中国是"两元化"市场，中国12亿人口中，10亿人是中、低收入人群，他抓住了外资企业在中国化妆品低端市场无竞争优势的契机，用"六神""美加净"等大众消费品牌迅速"跑马占地"，分得这块蛋糕。

当宏观经济出现过剩，卖方市场转为买方市场时，葛文耀未雨绸缪，开始布局中、高端市场。1995年佰草集立项研发，当中国其他化妆品企业还在低端市场徘徊时，上海家化的佰草集在1998年横空出世，日后成为上海家化的利润担当。

这种先占领低端市场养大自己,再向中、高端市场发起进攻的战略布局,让记者联想起毛主席著名的"农村包围城市"的战略思想。发现中国二元化市场、用"田忌赛马"赢得商机,是葛文耀每每回忆起家化的峥嵘岁月,最让他引以为豪的地方。

2007年,葛文耀向上海市政府建言发展时尚产业,也是基于他的宏观思维。

根据国家统计局的《中国统计年鉴》,改革开放以来,中国的重工业增长速度,一直高于以消费品为主的轻纺工业,到2007年,我国重工业比重从1981年的53.4%上升到76.5%,轻纺工业比重则从1981年的46.2%下降到23.5%,出现"早衰"趋势。[1]

而在需求一端,中国消费品市场已经出现了低端产品过剩、中高端产品供给不足的局面。腰包鼓起来的中国百姓,每年把大把钞票豪掷到国外用于购买奢侈品,供需关系结构性失衡,已初现端倪。

2007年,中国公民出境旅游人数首次突破4 000万人次,其中一半人次属于自由行游客。10年后的2017年,中国公民当年的境外购物已达到约2 000亿美元。购物清单中,既有奢侈品,也有日用消费品,反映出国内优质商品供应不足。[2] 到了2019年,中国公民出境游人数达到1.55亿人次。[3]

不得不承认,葛文耀的确有着敏锐的前瞻性,早在2007年,他就看到了中国重化工业占比过重、消费品生产占比过轻的失衡局面,这种失衡不仅不利于国民经济的发展,也满足不了消费升级背景下人民日益增长的物质需求。

同时,他也看到了全国没有一个省市把消费品作为支柱产业,上海

---

[1] 林温环.我国轻重工业产值比重变迁及国际比较[J/OL].现代商业,2010(3)[2012-05-24].doc88.com.
[2] 谈笑,刘占昆.中国人年境外购物约2 000亿美元 将推三举措扩大消费[N/OL].中新社,2018-03-11[2018-03-11].chinanews.com.
[3] 周音.2019年中国入出境旅游总人数3亿人次 同比增长3.1%[N/OL].中新社,2020-03-10[2020-03-10].chinanews.com.

作为国际化大都市,有着很好的消费品生产基础,他认为这是一个发展契机,建议上海市政府大力发展时尚产业。

上海在全国率先提出"不靠重化工业、不靠投资、不靠房地产"的"创新驱动、转型发展"的新路子。多年后,上海把消费品行业作为支柱产业给予政策支持。

细节决定成败

葛文耀治理家化的特点是抓"两头":一头抓企业发展方向和战略,一头抓管理细节。他认为,一个真正的企业家,应该既有宏观思维,也懂微观管理。

葛文耀:管理企业第一是要懂大势,要有宏观思维;第二是要懂细节,这是我从工商管理学中学到的。我的细节观不是说每件具体的事都要我去做,是我通过细节发现问题,然后我去推动改变。而且我懂细节,下面的人不敢骗我,我太懂业务了,他们蒙不了我。

葛文耀对细节的掌控,上海家化的管理层深有体会。一位高管说,给葛总汇报工作时,一个数字错了,葛总都能听出来。

家化有一个"年会"制度,说是"年会",实际上是一年两次的"半年会"。

不同于其他企业的年会,家化的"年会"没有"领导做报告,下面分组讨论"的套路,而是一个完全市场化的年会。家化"年会"的重头报告由市场研究部来完成,开会前,市场研究部要准备3个月,收集各种资料、数据并做出分析,形成一个完整的市场研究报告,由总监在会上做主题发言。

这是一个数据翔实的化妆品市场动态研究报告,既有宏观数据、行业政策,也有半年内化妆品企业、品类、品种、渠道的此消彼"涨",同时还有对家化重点品种如花露水、沐浴露、高端护肤品等销售状况的分析。市场研究是决策的前提,家化市场研究部有10多个人,一年费用近4 000

万元,重视程度可见一斑。

家化的"年会"由葛文耀亲自主持。会议的第二部分,就是围绕市场研究部的报告,大家分析讨论化妆品企业、品类、品种、渠道的此消彼"涨"背后的原因,"消"的原因是什么?"涨"的原因又是什么?这些原因就是家化要寻找的市场机会,要抓住这些机会,家化内部还存在哪些问题?

葛文耀常说,"发现问题,就是发现机会"。

整个公司管理层100多人参加会议,葛文耀坐在那里听着,脑子高速运转,一个数字讲错了,一个词用得不精准,他都听得出来并加以纠正,这也是市场研究部在拟报告时不敢带一点"水分"的原因。

这么多人发言讨论,各人水平不一,不能开无轨电车浪费时间,葛文耀要引导大家深入讨论,发现重点问题,直至找出对策。同时,通过讨论也可以发现管理人员实际的管理水平和业务能力。这样的讨论真的是能做到有的放矢,很难走过场。

会议连开3天,一天3场,上午、下午、晚上连轴转,最后由葛文耀来归纳总结。

葛文耀的总结简单明了:一,这次会议有哪些收获;二,接下去公司应该重点在哪些方面做出努力,以适应市场变化。葛文耀的发言没有稿子,作为上市公司和集团的董事长,他在家化28年没有秘书,报告完全自己准备,只有一个提纲,内容全在脑子里。

会后,上海家化总经理室会做一个公司OG表(指管理工具OGISM。——记者注),目标各部门分解下去,形成半年的工作大纲。上至公司高管,下到部门经理,都知道自己这半年应该做什么。

家化的"年会",就是专门解决大问题的,如家化开发的男士、儿童护肤用品和药妆及电商、CS渠道(指化妆品专营店渠道。——记者注)等,都是从年会报告的分析讨论中看到机会、抢占市场先机的。

葛文耀对细节的"死抠",还体现在他曾经提出一个外加工物料计算公式上。

上海家化在乡镇企业中有 7 个 OEM 厂，专为家化做定点加工或是提供包装等供应链产品。有个别加工企业加工费成本较高。为了降低成本，公司人事部花钱请外面的专家来培训。葛文耀看专家的讲课内容虽然很全面，但他认为没切中要害。

综合自己的财务知识和经济常识，葛文耀自己琢磨起来：化妆品的包装成本占比较大，所以，控制包装成本很重要。一般 B2B（指公司对公司业务。——记者注）企业和出口企业，因为很少营销费用，毛利率就是 20%～30%；制造成本中包含原材料和工费（人工＋管理费），其中人工和管理费涉及技术工艺和管理水准，一般乡镇企业做塑料瓶、纸盒、纸箱的，技术含量低，管理人员中少有大学生，工费也就 10%～20%。

于是，葛文耀提出了一个公式，即：包装价格＝材料成本＋（毛利＋工费）。工艺、技术、设备和管理简单的，材料成本可以占到总价格的 70%；比较复杂的，材料成本和毛利、工费可以各占 50% 左右。

家化的供应部门用这个公式，去核算公司的一个加工量最大的塑料制品厂，结果是倒"三七"：即原材料成本只占总价格的 30%，70% 是制造成本中的工费和企业毛利。公司把这家塑料厂的原料成本比例调整到总价格的 70%，塑料瓶采购价格下降了 30%～40%，结果仅这个厂一年塑料瓶采购就节省了 2 800 万元。尽管这一年塑料涨价，但是家化仅塑料加工就省下 4 000 多万元。

葛文耀说，如果用这个公式去测算平安掌管的家化采购，一定可以下降几个亿！

第二节　中国式管理思想

2016 年，第二十届世界管理论坛暨东方管理论坛在上海的博雅酒店举办，葛文耀应邀出席论坛并以"中国式管理思想"为题，做了主题发言。

在这篇发言稿中,他将在家化推行的"中国式管理",整理归纳为 7 个关系。

第一,"国际视野,中国智慧",改进中国企业管理落后的状况。

第二,中国特色的政商关系:"市场为皮,政府为毛"。

第三,"快速反应"和"业务平台",是企业市场化的关键。

第四,"权威"和"自律",是良好公司治理的基础。

第五,"前门开足,后门关死"的激励和制约机制。

第六,思想政治工作与企业业务的"形神合一"。

第七,"一把手"简单,企业内部人际关系就不会复杂。

"国际视野,中国智慧"

"国际视野,中国智慧"这 8 个字,是葛文耀对家化管理经验的高度提炼,也是葛文耀对国企管理的一大贡献。有专家课题组将葛文耀的这 8 个字,进一步阐述为"国企身份、外企理念、民企机制的融合"。[①]

"国际视野",指的是对标国际同业标准、学习国际先进理念、提升家化管理水平。

葛文耀给自己治理家化分为三个阶段。

第一阶段是刚到家化厂的前 5 年,那个时候葛文耀对化妆品行业还很陌生,整个生产环节和供应链都需要亲自了解,基本上是拳打脚踢什么都管。

第二阶段是从庄臣回到家化,他开始用在合资企业学到的先进管理经验,对家化原有的国有企业管理模式进行改革,实施品牌管理制度,建立了一个按照国际标准管理的 OGISM 平台,让每个层级的管理者,都知道自己该做什么。

第三阶段是 2007 年之后,家化发展驶入良性循环轨道,此时的葛文耀,只用 30% 的精力抓上市公司的战略和发展大计,重点是发现问题,推动改变。日常的管理完全放权给下属,包括审批权和签字权。剩余的

---

① 李飞,薛镭,等.上海家化成功之道[M].北京:机械工业出版,2012.

70%的精力,他用来为家化集团转型中国时尚产业谋篇布局。

葛文耀治理家化的第二阶段,是他把"国际视野,中国智慧"这一中国式管理思想,发挥得淋漓尽致的阶段。

20世纪90年代初,中国打开国门,外资企业长驱直入,国际公司在市场营销方面有着成熟的经验,理念先进,品牌和产品遥遥领先,而且它的组织架构、人员培训、运作流程也都是现成的,国有企业和这些外资企业根本不在一个竞争层面。要应对这些"武装到牙齿"的竞争对手,中国的企业必须一方面学习国际公司先进的理念,一方面要根据中国特色,找到国际公司的弱点,充分发挥本土企业的长处,才能在残酷的市场竞争中生存下去。

葛文耀从合资企业庄臣公司回到家化母体厂后,将学到的品牌经理制度和毛利观点"移植"到家化,提升了家化应对市场变化的能力。

1996年,葛文耀看到一篇文章,介绍国外企业的OGSM业务管理平台,通过这个平台,每个管理者都知道自己该做什么,会极大地提高管理者工作的主动性和工作效率。

OGSM是一种国际通用的计划与执行管理工具,O代表目的(Objective)、G代表目标(Goal)、S代表策略(Strategy)、M代表测量(Measurement)。简单地说,一个企业,在确立了企业发展的愿景和使命(O)后,需要制定阶段性的目标(G),来一步步走近企业的愿景,而目标要靠具体的策略(S)来实现;这些目标完成得如何、策略是否有效,就要定期检测、衡量(M),以便随时修正,避免走偏。

后来,与上海家化合资的日本企业尤妮佳,在OGSM的基础上,又添加了一个I(Issue,课题),即OGISM,因为,阶段性的目标G是由若干个具体课题(I)组成的,这样更具指导性。葛文耀把它引进了家化。

家化的OGISM管理平台建立后,减少了很多不必要的会议,高管们通过平台,对工作的进展、成效和存在的问题一目了然。当时,葛文耀要求部门经理级别以上的管理层,一个季度做一次平台数据更新,而对公

与日本尤妮佳会长洽谈

司高管的要求,他常说的一句话就是:"让听得见炮声的人去指挥作战,让最接近市场的业务团队去做决策"。高管层面的工作重心,应该是发现问题、解决问题。

这个平台在家化不断完善、持续推行近20年,非常有效。

离开家化后,葛文耀受邀看了很多民营企业,帮助小企业问诊把脉,体会最深的一点,就是民营企业凡事都要老板亲自去推,老板不推就不动,权力也是握在老板一人手里,任何事情都是老板一个人说了算。他认为,这是家族式企业管理上最为突出的问题。

借"他山之石"补短板

除了管理平台外,上海家化曾经先后与10个国际大牌公司合作过,这10个公司中,不乏像世界顶级奢侈品集团LVMH旗下的丝芙兰、法国的欧莱雅、日本的狮王、花王等,同时还包括和国外尖端科研机构的战略合作。葛文耀说,这样做是为了拓展国际视野、直观地学习这些国际公司的先进管理理念。

1985年葛文耀刚到家化厂时，中国的化妆品生产企业一般都统一称作"日用化学品厂"，然后按照地域、时间排序，前面加个限定词，比如天津日用化学品厂、上海日用化学品一厂、上海日用化学品二厂，等等。当时，中国化妆品企业对化妆品的理解，也极其简单粗糙。

上海霞飞在20世纪90年代初，一度是中国化妆品行业数一数二的企业，年销售额达到4.5亿元，同时期合资后的家化母体厂，年销售额只有2亿元。葛文耀讲过这样一个情节：霞飞最红火的时候，经常会有政府官员前去霞飞参观。介绍经验时，霞飞的负责人竟然满不在乎地对参观者说，"做化妆品还不简单，就像墙上涂涂料一样，把脸涂涂平、弄弄白就好了"。

这种坊间传说，今天听起来就像笑话，但在当时，中国很多化妆品生产企业，就是把化妆品看成普通的劳保用品的。

葛文耀对化妆品定义的真正领悟，来自法国的欧莱雅（L'Oreal）和日本的嘉娜宝（Kanebo）两家公司。

1987年，家化厂与日本嘉娜宝（Kanebo）化妆品株式会社建立技术合作关系，葛文耀带队到日本嘉娜宝去参观学习，对方社长的一句话，让葛文耀受到了震撼。这位日本第二大化妆品集团公司的掌门人，把化妆品行业称为"和平的事业"，是"艺术化产业"。

这是葛文耀第一次知道，化妆品能和"艺术"两个字勾连在一起，这颠覆了以往葛文耀对化妆品含义的理解。这一颠覆，奠定了上海家化日后把化妆品作为"精致优雅"的时尚产业经营的理念。

同时期，家化厂同法国欧莱雅（L'Oreal）也建立了技术合作关系，葛文耀希望通过这种与国际先进化妆品企业的技术合作，能够弯道超车，为家化迅速培训出一批技术骨干。

在法国欧莱雅总部，葛文耀了解到，欧莱雅有超过4 000名的科研人员，其中包括200多名皮肤科医生在内的各类医生。在欧莱雅的香水工厂，葛文耀看到了一个十分漂亮的花园式工厂，就连工厂的员工食堂，都远远超过当时国内的饭店、酒店。

正是同这两家国际公司的合作,打开了葛文耀的眼界,对化妆品有了全新的认识。他开始重视科研和质量,开始在企业经营理念上强调化妆品的审美文化,这也是他为什么后来会一次次顶着"违规"压力,把家化的科研中心、办公场所设计装修得十分时尚的原因。

1987 年在法国欧莱雅总部

1993 年与日本狮王合作

家化很早就重视终端销售,重视终端技术,很多销售模式和理念,都是从合资企业那里学来的。

1993 年,上海家化和日本狮王(Lion)株式会社合作开发家用清洁产品。狮王(Lion)是日本百年日化品牌和最大的日用消费品生产企业之一,公司总部位于日本东京。葛文耀派了 2 名业务骨干去狮王总部学习,学成归来后,他们带回来一个概念,叫"店头技术"。

什么是"店头技术"?通俗地讲,就是指商品在商店里面的摆放技巧,这里面可大有学问。比如说超市,柜台应该怎样陈列才最方便消费者?商品应该摆放在什么位置才能获得最佳效果?一般情况下,顾客进入店中,第一眼看到的地方最重要,这里就要放主推产品;按照通常习惯,顾客一般都是右手拿货,所以柜台右侧也是个重要位置,自然要摆放最想卖的产品。

这个"店头技术"概念,迅速被上海家化"消化吸收"并运用到所有品牌的营销实践中,最为典型的就是佰草集。佰草集在各大百货商店的专柜，由上海家化的一个首席设计师领衔进行整体设计，包括产品、柜台、橱窗陈列等，这本身就是形象广告。由于店头设计得好，佰草集的单产明显高于其他品牌。

日本的尤妮佳（Moony）品牌，在日本享有"纸尿裤之王"的美誉。1995年底，上海家化（集团）有限公司和日本尤妮佳株式会社、伊藤忠商事株式会社、伊藤忠（中国）集团有限公司，四方共同出资，联合建立上海尤妮佳有限公司，生产跨国品牌"苏菲"妇女生理用品和"妈咪宝贝"婴儿用纸尿裤。

1995年家化与日本尤妮佳合作签约仪式

合资公司组建过程中，尤妮佳在3个不同阶段分别派来3名各有侧重的总经理：第一阶段，派过来的总经理负责工厂基建、生产线投产；第二阶段，接替的总经理负责拓展市场、建立销售渠道；第三阶段，继任总经理负责产品营销、品牌推广。

这种人才细分的理念，让葛文耀印象深刻。尤妮佳的第二个总经理，曾经给家化的销售人员做过培训，他当时在培训课上说的一段话，葛文耀至今还记忆犹新。他说："尤妮佳比宝洁（P&G）晚进中国10几年，我们的产品如果做不到全国第一,就先做一个省第一;不能一个省第一,就先做到一个城市第一;不能一个城市第一,就先做到一个商店第一。就这样一步步'拱',也要把它'拱'出来。"

这种"蚂蚁啃骨头"的销售精神,对家化销售团队影响很大。靠着这种精神,晚宝洁10年进入中国市场的尤妮佳,一步步做到了中国纸尿裤市场销量第二,仅在宝洁之下,而且在上海、北京两大城市,尤妮佳的销量都超过了宝洁,位居第一。

曾自信博士,曾任香港城市大学商学院教授,负责商学院商业管理硕士(MBA)课程的教学工作。在20世纪90年代中期到21世纪最初的10年,他曾经带着不同届的学员们,对上海家化进行过10多次的访问和课题调研。葛文耀的开放和开明,给他留下了深刻的印象。

1999年香港城市大学MBA学员在家化实习,主席台左二为曾自信

曾自信:葛文耀先生是一个睿智、开明的企业家。当时找到一间合适的企业进行研究教学工作是相当困难的一件事,因为很多企业很保守,自我保护意识也很强。但葛总亲口告诉我,他很欢迎我们到家化去,这是因为除了可以帮助香港的学员多了解内地的企业,他还希望香港学员和家化的员工能结成朋友,这样可以拓宽家化员工的视野和改变他们的思维。

葛总还很珍惜学员们的建议，他认为学员们来自市场经济的香港特区，他们的意见可能会对家化有帮助。所以，葛总对每个实习组的要求是，实习结束后给家化一份建议书，他会针对建议进行尝试和实施。如在一次访问中，学员们建议，家化应对重要行政人员实施接班人计划，据我了解，这个计划很快就在家化实施了。

以长击短的"中国智慧"

"中国智慧"，指的是结合社会主义市场经济体制下的基本国情、中国传统文化以及国有企业的特殊性，进行的管理"变通"。

中国的市场环境和企业发展路径，与国外企业有很大的差异，事实证明，照搬国外的一套，不能解决中国企业管理的全部问题。针对这一现象，2005年，由国务院发展研究中心、中国企业联合会、清华大学联合发起"中国式企业管理"研究命题，对入选的成功企业案例进行微观剖析，以此总结概括中国企业发展的基本模式和经验，并将"中国式管理模式"概括到理论高度。

上海家化就是入选的企业案例之一。

国家经济委员会原常务副主任袁宝华，曾在20世纪80年代提出过一个传统国有企业管理改革的"十六字"方针，即"以我为主，博采众长，融合提炼，自成一家"。这一方针为后来国有企业经营者在适应市场、提高效率的管理创新中，提供了思路。而葛文耀的"国际视野，中国智慧"的管理模式，则囊括了这"十六字"方针的精髓。

找到国际公司的弱点，充分发挥中国本土企业的长处，以长击短，是葛文耀"中国智慧"的集中体现。

从外资企业进入中国市场之初，葛文耀就清晰地看到中国"两元化"市场的特殊性，精准地抓住低端市场外资企业顾及不到的空白点，这是他独具慧眼之处。主打中草药概念的六神和佰草集，就是针对差异化市场推出的、适合不同消费层级的本土品牌。

"差异化"品牌战略的成功,是葛文耀"中国智慧"的神来之笔。作为中国本土企业家,葛文耀比外资企业更了解中国,更了解中国的市场,更了解中国的消费者,也更了解中国不同阶段的经济政策。

外资企业对中国销售渠道的不适应,是葛文耀发现的国际公司的又一个弱点。

像宝洁(P&G)、欧莱雅(L'Oreal)这样的国际公司,习惯依赖大型商场、超市这样的连锁销售渠道。国外的商超都是全球连锁,比如美国零售巨头沃尔玛,在全球 27 个国家开设了超过 1 万家商场;欧洲连锁巨头家乐福,在世界 31 个国家和地区拥有 1 万多家销售网点。对宝洁和欧莱雅来说,只要面对一家连锁巨头,产品就可以遍布世界,店头技术完全可以拷贝复制,省心省力。

中国的情况则完全不同。中国没有一家全国性连锁商场、超市,都是地方性的。企业需要面对各种各样的客户,一家一家地"拜山门",去搞定销售渠道,这让习惯了"一揽子"依赖连锁商超的外资品牌极不适应。而土生土长的上海家化,则可以依靠地利、人和之便,全渠道铺陈家化产品,一点点做大。

在中国,相对于外资企业和民营企业,国有企业有两个资源:一个是大家平等的市场资源,一个是国有企业得天独厚的政府资源——就是中国特色的政企关系。

改革开放初期,刚刚脱离计划经济的国有企业,还没有完全"断奶",大多数还需要依赖政府的支持。对这种特殊的国情,葛文耀提出了"皮"和"毛"的观点,即"市场为皮、政府为毛"。

中国政府无处不在,对国有企业来说,政府资源一定要有,但对于充分竞争领域的消费品行业来说,市场资源更为重要。企业只有生产出好的产品,消费者愿意买你的产品,企业才能发展壮大;如果企业没有好产品,消费者不买账,就要惨遭市场淘汰,就是政府也救不了你。所以,政府资源的"毛"再重要,没有了市场资源这张"皮",毛将焉附?

葛文耀:这个问题是中国企业特有的重要公共关系,中国政府很强大,控制力渗透到各个方面,所以中国企业必须十分重视与政府的关系,得到政府各方面的支持。但是,消费品企业发展的关键是顾客,重视顾客才能做好企业。而且你企业做大了,增加就业和税收,政府才会更加支持你。所以我的体会是,"市场为皮,政府为毛"。

"国际视野",让葛文耀能借鉴国际先进的管理理念和成熟的市场方法;"中国智慧",让葛文耀能在中国特色的社会主义市场经济体制下,灵活应变、游刃有余。在带领上海家化打造中国民族化妆品品牌的历程中,葛文耀将两者融合利用,成就了他独特的"中国式管理思想"。

"最重要的管理是因地制宜"

葛文耀:上海家化能够比外资企业做得好,是我结合了中国实际。有些理论不能什么都照搬,最重要的管理是因地制宜,这样的管理机制才会行之有效。

我的那套市场运作方法是我自己总结出来的,不是从什么地方听来的,别人没有讲过。家化有两个应对市场快速反应的平台——品牌经理团队和一年两次全公司头脑风暴讨论会制度。品牌经理的主要职能之一就是研究市场变化,他们对市场最敏感;半年会制度是充分发挥集体的智慧,根据市场变化发现自身问题,找出对策。所以,建立市场快速反应机制,是企业市场化的关键。

企业市场化,要与决策民主化一致。对于企业管理者来说,要有权威和话语权,但现在市场情况越来越复杂,一线的人最能发现先机,局限是高度不够。因此企业管理者在具体业务决策时,应该听取每个人的想法,在讨论中汇集各方面信息,引导下属分析问题,查找原因。经营出现问题有可能会有很多原因,在找原因的过程中,你就要占有更多的资料、数据,然后去思考,找出对策,这样你才能成功。这种思维方式是否定之否定,穷尽一切可能。

国有企业有"思想政治工作"的要求,企业的思想政治工作应该怎么做?这个问题也是中国企业、特别是国有企业遇到的比较棘手的问题。1995年5月18日,江泽民总书记来上海家化开座谈会,我汇报这个题目,核心观点就是:企业的思想政治工作不能只围绕经济工作,而应该是"形神合一"。

"形神合一"的要点是,企业思想工作好坏的标准,不能够简单套用经济指标,更不能以搞了多少次政治教育来衡量。一个企业,思想政治工作做得如何,应该看人的素质,人的素质是可以度量的。这个度量的标准就是业务素质、敬业精神和职业道德。所以我提出,企业思想政治工作的主体,应该是所有管人的管理人员,而不是靠脱产的政工干部。

中国企业的人际关系总被说得很复杂,其实从本质上来讲,一个企业的人际关系,就是"一把手"的人际关系。我的观点是,"一把手简单,企业的人际关系就不会太复杂"。企业管理者要把90%以上的心思放在业务上,而不是搞人际关系。

"一把手"简单,指的是企业管理者要有理念和情怀,是在做事业,而不是做官,要把员工、特别是高管,作为事业中志同道合的同事;要有自知之明,关心他人比关心自己为重,有困难敢于承担和面对,有成绩不张扬。

我在家化处理人事关系的准则有4条。

第一,不能用亲信。大到国家小到企业,亲信都是不可靠的,用亲信是不自信的表现。我经常告诫下面主管,你用对了人,事情做好了,是你的业绩做好了;你老是任人唯亲,下面的人口服心不服,业务做不好,是你的业绩考核不合格。

第二,千万不要以对你说好话、送礼作为衡量人的标准。家化上市公司有70多个高管,这么多年只有3个人送过东西(一个副总,一个财务副总监,一个国贸部总监),我还要回送东西,很麻烦。其实他们不是对你有感情,只是想从你这里得到更多。我离开家化后,这三个人无一例外都是表现很差的。企业一定不要有送礼文化。

第三,不能喜欢听人"打小报告"。"打小报告"的人,反而会不利于我对他的印象,绝不能从别人的嘴里了解一个人。

第四,想想自己也有许多缺点,所以要了解人性。人会有"下意识""潜意识",会有"一念之差",只要不是人品大问题(家化零容忍利用职权拿回扣),营销业务有很多不确定性,容易失误,要宽容对人,给人机会。

第三节 学以致用

陆素良是已退休多年的原家化老厂的副厂长,有一次他碰到王茁(上海家化前总经理。——记者注),两个人聊起老"东家"葛文耀。陆素良对王茁说:"葛总好像有天分似的,过去从来没有接触过化妆品这个行业,但一进这个行业,就把握了这个行业的本质。"

2017年与家化老厂两位副厂长相聚(右一为陆素良)

陆素良不是第一次这样评价葛文耀。他是葛文耀1985年到上海家化当厂长后,从厂办主任、生产部长位置上,提拔起来的分管生产的副厂长。因为工作能力强,陆素良很快就挑起全面分管生产和销售的重担,成为葛文耀的得力副手,直到2001年退休。陆素良对葛文耀的市场敏感性和非凡领导力,一直钦佩有加。

其实,哪有什么"与生俱来",所谓"天分",都源自积累,厚积薄发。

"别人是学,我是用"

葛文耀没有参加过高考,也没有读过全日制的大学,从黑龙江生产建设兵团回到上海后,先在上海财经学院夜大读了3年工业经济专业,后在上海工交财贸学院学了2年经济法专业,拿到了2个大专文凭;在工作中又自学半年逻辑学,在上海财经大学读了3年企业管理专业的研究生,获经济学硕士学位。这些专业学习,为他打下了一定的基础,但他的许多市场经济理论和企业管理方法,更多的是来自实践中的边学边用。许多和葛文耀有过深度接触的人,都对他的学习能力印象深刻。

上海家化前总经理王茁讲过这样一件事:1995年他从美国回来,带回了一本英文书《营销的22条法则》,这本书是国际营销界的经典,王茁把它翻译成了中文。但因种种原因,这本书没有正式出版,王茁自己打印了几本,送给了葛文耀一本。

"葛总的学习能力比较强,他从中吸取了很多的品牌建设的思想,这本书对葛总的影响很大。"王茁很钦佩葛文耀的学习能力。

"学以致用",是葛文耀学习能力最显著的特点。他自己说,"人家学习是学,我是用"。

在合资公司上海庄臣的17个月,葛文耀学到了品牌经理制度和毛利的概念,并把它带回了家化。两年后,上海家化的品牌经理制声名鹊起,上海电池厂的一个负责人请葛文耀去介绍经验。这位负责人也是刚从庄臣公司回到电池厂的,葛文耀离开庄臣后,他接任了合资企业中方副总经理的职务。

葛文耀觉得奇怪,"家化的品牌经理制度是从庄臣学来的,我在那待了17个月,你在那待了27个月,你怎么反倒要我介绍经验?"

20世纪90年代,MBA热一度风靡全国。MBA是指工商管理硕士,侧重培养工商企业和经济管理部门需要的务实型、复合型和应用型高层次管理人才,其特点是注重理论与实践的结合,而其他硕士研究生只学理论,不涉及实践。

1996年,葛文耀在家化挑选了一批重点培养的年轻人,送到中欧国际工商管理学院去学习。当时学费很贵,一个人的学费就要10多万元,葛文耀先后送了20多人到中欧学习。

有一天,葛文耀在公司看到一个在中欧学习的总监,便问她要教材看看,"花了那么多的学费,我看看你们都学了些什么"。当看到工商管理学教材中提到的"销售净价控制"时,他立即意识到,这个新概念对企业利润有着直接的影响。

所谓"销售净价",指的是企业产品的开票价减去给客户销售上支持的费用,最终企业所得的实际价格。如果用公式来表示:销售净价=开票价-贴给销售商的费用。

通俗地讲,企业产品出厂后,发给不同的销售代理商,企业给不同代理商的开票价会有一定的差异,因为代理商的地域不同、规模不同、销售方式也不同。开票价并不是企业实际的销售收入,它包括了生产企业贴给代理商的运费、店头支持费用、促销费用以及账期利息等。只有把这些所有支持的费用都扣除后,剩余的才是企业卖出去产品的实际价格,也就是企业从这一单中拿到的实际收入,这就是"销售净价"。

葛文耀说,在企业财务报表中并没有"销售净价"这个科目,所以很多企业会忽视这个问题,但是销售净价对企业的利润影响很大,这是个很重要的企业管理概念。

葛文耀的悟性很好,他发现"销售净价控制"可以减少销售费用,使企业得到真实的利润。他把这个理论用于对家化产品销售费用的核算中。

1998年上市的佰草集,最初的开票价是"五二扣",就是100元的零售只卖了52元,如果再刨去对销售客户的支持费用,实际只剩"二五扣",等于是这单生意每百元开票价企业只拿到25元。

在没有引入"销售净价"的概念前,家化的销售部门历来是只要把东西卖掉就行了,根本不会考虑企业的真正收益。葛文耀意识到用"销售净价"来控制渠道成本的重要性,开始在佰草集的销售环节中,强化"销售净价"控制,一点点压缩渠道成本,把佰草集的"销售净价"从每百元25元,提升到52元,到2013年葛文耀离开家化时,佰草集每百元的"销售净价"已经达到62元,提高了产品利润。

用"销售净价"的概念来控制促销成本。这个葛文耀从中欧工商管理学院教材中"捡来"的财务概念,让上海家化能够精准地控制销售成本,提升了企业的利润空间。

但对于家化的市场团队来说,这种"销售净价"的概念,不是一天两天就可以养成的。有一次家化搞产品促销,那时家化的销售人员搞促销通常就是捆绑式促销,也就是买一送一。促销包装花了很多钱,结果"买一送一"只是送了一个海绵垫。

葛文耀知道后,就把负责市场的部门经理们召集起来开会。他说:"你们先想清楚一个问题,你们搞促销的目的究竟是为了什么?是要推新产品,还是让利给顾客?如果是为了回馈顾客,给顾客利益,那么你给我算算,你促销的整个包装成本是多少?顾客得到的实惠是多少?你每套化妆品包装成本5块钱,这5块钱顾客一分钱都得不到,那这笔钱花得就等于是无效促销,白白增加了营销费用。"

从那时起,葛文耀要求家化的市场团队在每次促销活动前,必须在促销申请报告中写明,总的促销成本中顾客得到的比例是多少。

葛文耀说,有一次在上海轻工业系统的交流会上,他把"销售净价控制"的概念分享给其他国有企业的管理者,但很多人会后表示根本听不懂。即使是到了2018年,中国改革开放已经走过40年,他看过很多民营企业,包括一些著名的民营企业,发现这些老板们根本没有"销售净价"的概念。

"单产"和"最终销售"原则

"单产"的概念,原本是指农业单位面积的产量,后来被引入营销经济学中,指单个门店单位面积的销售额。葛文耀将其运用到佰草集的营销实践中,用以规避销售风险。

2011年"十一"长假的最后一天,葛文耀在家休息,他从广播里无意中听到美特斯邦威和李宁牌服装库存严重的报道。

美特斯邦威是温州人周成建创建的本土休闲服饰品牌,李宁则是由"体操王子"李宁创建的中国体育用品的第一品牌。这两个品牌彼时都正处于快速扩张阶段,特别是李宁牌,两个月前召开的北京奥运会开幕式上,李宁以"空中飞人"的方式,点燃了设在国家体育场"鸟巢"的奥运主火炬台,在全国引爆了一波"李宁热"。

听到新闻的葛文耀,脑子里开始为这两家企业做"诊断"。这两家势头正"旺"的企业为什么会出问题?因为他们都是采用连锁店的模式迅速扩张,尤其是李宁,当时全国连锁店已经开到2 000多家。这样一来,公司的销售额看似连年增加,但是大部分是开店增加的库存,违背了"最终销售"的原则。

"最终销售"原则是葛文耀在家化一直强调的,产品只有卖到顾客手中,才算最终实现了销售。他想到了上市刚好13周年的佰草集。佰草集在经过7年漫长的市场培育期后,后3年突然发力,销售迅速增长。

那么,在佰草集市场销售高歌猛进的背后,会不会也存在同样的问题?

葛文耀想检查一下佰草集的销售质量,也趁机培训一下公司的高管和营销人员。他在家中按照自己的思维逻辑，安排四个人做好准备，在长假后上班第一天紧急召开的会议上发言：一个是佰草集公司的总经理，请他分析一下这5年佰草集销售的增长，多少来自专柜的增长，多少来自单产的提高；一个是公司财务总监，请她分析这5年佰草集品牌效益提高的各种因素；一个是佰草集公司销售总监，让他分别找一个单产最高的代理商和单产最低的代理商，比较一下他们的利润；最后一个是公司市场研究部总监，负责分析当时化妆品专柜资生堂的合资品牌欧泊莱的专柜数、单产等数据，作为佰草集的赶超目标。

葛文耀坐镇家中，分头打电话安排好临时会议的内容。2011年10月8号，"十一"长假后上班第一天，在上海家化保定路办公大楼的国际会议厅，葛文耀主持召开了包括公司高管和200多名营销人员在内的临时会议，四个高管轮流发言。因为准备充分，数据翔实，会上大家讨论热烈。

会议讨论的内容，最后集中在"单产"到底有哪些优势上。大家总结出专柜单产高的几点好处：第一，单产高比单产低边际收益好。因为，一个专柜的基本租费、人工费加柜台折旧费，一线城市需要8万元左右，二线城市5万元左右，销售额超过这个成本，所有销售金额的进销差全是利润。第二，专柜单产高，可以进最好的商厦。最好的商厦往往人流多，更容易做高单产。第三，专柜单产高，能够出更高的工资，招聘到更好的美容顾问（BA），带动销量增加。第四，专柜单产高，可以加快流动资金等。

讨论过程中，葛文耀不断启发、引导，有一点大家没有讲到，就是专柜单产是品牌的生命线。葛文耀最后总结道："柜台单产是品牌的生命线，不仅是百货专柜，超市卖店，CS店，母婴店，都是这个道理。因为家化是一个品牌大家庭，像清妃品牌一直亏损，还在维持，大家没有感觉。"

葛文耀召开这次临时会议的主要目的，就是让家化所有的高管和销售人员，都能认识到单产在销售环节的重要性。通过这种讨论的方式，

"单产"的概念深深植入到家化员工的营销理念中。许多现在已经离开家化的员工,在新的工作岗位上,当年在家化学到的这些重要的营销理念,让他们获益至今。

而急速扩张的李宁公司,后期门店维护花费骤涨,为日后的巨亏埋下了隐患。2012年,李宁公司亏损近20亿元,导致大量裁员关店。直到5年后,才逐步摆脱困境,从建立全渠道的业务平台上开始发力。2019年的双十一当天,零点过后的一个半小时内,李宁的销售额就破了3亿元。

80万元"买"一句话

葛文耀的企业管理知识来自方方面面,无一定之规,非一家之言,而是取他山之石,博采众长,触类旁通。

与国际公司合作,葛文耀非常注重观察这些公司的管理特点,取其所长,为我所用。

欧莱雅(L'Oreal)细分化产品做得好,葛文耀就把产品细分化引入家化品牌矩阵的发展战略中;丝芙兰(Sephora)在国际零售业有骄人业绩,他就借鉴丝芙兰的"平效"概念(指一平方米的效益。——记者注),学习他们把平效、品牌、品种组合式管理的方式;与法国不同的实验室合作,家化的科研人员就学习他们的配方、检测和设计;就连招聘外资企业和国外学成回来的人才进家化,葛文耀也不忘让他们和家化的高管们一起分享他们带来的先进的理念。

葛文耀在控制家化管理成本方面抠得很紧,但他在培训家化人才方面却从不吝啬。从20世纪90年代初开始,他就分批派业务骨干到国外和家化有合作关系的国际公司去学习、培训,让他们直接接受国际最先进的管理理念和前沿技术,受培训人数近40人;先后送过20多名高管去中欧国际工商学院学习;多年来,家化先后招聘了20多名有国外工作经验的归国人才和300多名在国际公司工作过的人才。

有这样一个"80万元买一句话"的故事。

1995年,家化的两款新产品同时立项:一款是模仿国际品牌的笛诗(Distance)香水,一款是中国中草药元素的佰草集护肤系列。因为笛诗是模仿欧洲品牌,家化从法国找了个设计师,但对方开口就要设计费80万元人民币。

80万元?那可是在1995年啊,那时候人们的月收入还只有几百元!葛文耀咬咬牙,签了合同。

请法国设计师为笛诗香水设计产品包装和品牌形象,家化的品牌经理却只给了设计师一个品牌名字——笛诗(Distance),再没有任何文字和资料。法国设计师觉得很奇怪:你们不知道设计品牌视觉形象,需要提供给设计师品牌的概念吗?因为设计的每个线条、每个色块和整体调性,都是跟品牌内涵有着直接关系。

法国设计师的要求,让当时的家化设计人员和品牌经理都有些发蒙,因为此前家化没有人知道,设计产品包装,和品牌概念有什么关系?

笛诗的品牌经理金波,把自己关在办公室里,想了半天,硬着头皮写了三四页纸,来描述笛诗的品牌概念。

笛诗香水

法国设计师拿到金波描述的概念，才肯开始他的设计工作。设计方案出来后，让所有的人都眼前一亮，既简洁又时尚。虽然这个香水后来在市场上没有成功，似乎白白花了 80 万元，但是，家化的设计师从此知道，产品设计，一定要跟品牌有关。

这等于是用 80 万元只"买"了一句话，但葛文耀觉得，在合作的过程中，家化所有的设计师都得到了培训，接受了新的设计理念，这 80 万元，值得！

法国法尚创意设计有限公司，是一家创建于 1988 年的国际性时尚创意设计公司，在它的许多经典设计案例中，都是世界大牌，如香奈儿、迪奥、纪梵希、KIKO 等。上海家化的佰草集，是法尚合作的第一个中国化妆品品牌。

2008 年，上海家化请法尚设计公司为佰草集设计产品包装和佰草集汉方 SPA 的旗舰店。在保定路家化办公大楼气派的空中酒吧里，葛文耀对法尚的创始人 Elie Papiernik 先生说："法国人设计了许多中国建筑，但是以后中国时尚产品的设计机会将会更多，因为中国经济的持续增长，中产阶级的人群越来越多，消费升级的趋势越来越明显。"他建议 Elie 在中国设立设计公司，并把家化的办公室提供给 Elie 使用，这是法尚在中国开设的第一家工作室。

当然，办公室不会是"免费午餐"，葛文耀提出的交换条件是，每年派 2 名设计师到法尚在法国的设计公司去实习，并参与佰草集的设计工作。葛文耀的算盘打得很精：用办公室换培训，家化的设计师既得到了高起点的学习机会，又能在参与佰草集产品设计的过程中，弥补法国人不懂中国元素的短板，一举两得。

法尚没有辜负葛文耀的厚望，为佰草集更新了品牌故事、品牌元素等，从包装上做了最直观的改变，消费者也容易读懂品牌背后的东方护肤理念。佰草集在上海北京路上的汉方 SPA 中心，创新性地营造了一个多功能服务氛围，让顾客能够在服务体验中，更多地了解品牌故事。

佰草集的设计效果让葛文耀非常满意，后来又把双妹旗舰店的设计交给法尚。而佰草集，至今仍是让法尚引为骄傲的中国化妆品第一经典案例。Elie 说过一句话："佰草集之所以能做到如今化妆品行业里的标杆地位，是因为它的创新意识是走在人前的"。

2019 年 4 月的一天，葛文耀参观一个在上海举办的"奢侈品包装展"，偶然看到了法尚的展台。似乎是"老友"重逢，他感慨良多，当晚发了一个微信朋友圈。

葛文耀微信：在"奢侈品包装展"见到了一个法国设计公司法尚，惊喜地知道这个公司在中国业务发展得很快，在各地有很多办事处，上海的办公室有 40 多名员工。法尚公司曾经帮助家化设计佰草集、佰草集汉方旗舰店和双妹和平饭店旗舰店，算是最了解中国文化的法国设计公司。当时我还亲手把佰草集礼盒送给法国总统萨科齐，并且告诉他这是法国人设计的中国品牌。

葛文耀学习能力很强，他读书不是很杂，除了实用的经济学、管理学之外，他还喜欢读些政治和历史方面的书籍，特别是对历史很感兴趣，中国历史、第二次世界大战、苏联共产党党史等，他都曾经仔细研读过。离开家化后，葛文耀空闲时间还会读一些世界发展史等。他的宏观思维，与他喜欢读历史不无关系。

杨国雄评价葛文耀思维敏捷，看问题能够一针见血，这和他与时俱进的学习能力有很大关系。

"他在我们的微信群里，完全看不出是一个 70 多岁的老人，你看他谈的一些观点，还是像一个年轻人一样。目前还在不断地学习，不断地思考。不像我退了以后，就什么事情也不管了。"

杨国雄笑着对记者说。

第四节 "30 年红旗不倒"

"30 年红旗不倒"，是上海国资委原主任杨国雄评价葛文耀的一句话。

这句话，是 2008 年杨国雄在一次由上海国资委主持召开的工业系统企业经营者大会上讲的。那一年，中国改革开放走过了 30 年，时任上海国资委主任的杨国雄在会上发言，提到上海家化董事长葛文耀时，用了这句经典的形象比喻。

杨国雄：我们国资系统开会，我说了句怎样的话呢？我说，我认为整个上海工业系统企业经营者，能够 30 年红旗不倒，谁？就是葛文耀！我为什么这么说呢？改革开放 30 年，初期、中期，30 年当中各个阶段，他全部经历了。有些企业家包括一些民营企业，在初期阶段搞得很红火，比如年广久，傻子瓜子，红红火火一阵子，后来不行了。葛文耀能够一以贯之下来，带领家化一步步走到今天，打造出中国民族化妆品品牌，所以我说他 30 年红旗不倒。他是值得我尊敬的、值得我佩服的一个企业家。

杨国雄用"30 年红旗不倒"来评价葛文耀，是有一定的时代语境的。

在上海乃至全国的国企改革进程中，不同阶段都曾推出不同的国企改革典型，有些典型经受住了时间验证，如海尔集团的张瑞敏、联想集团的柳传志等。但有些典型却是昙花一现，或没能抵御住市场经济的冲击，企业由盛而衰，如有"国企承包第一人"之称的石家庄造纸厂厂长马胜利、被誉为"改革先行者"的浙江海盐衬衫总厂厂长步鑫生等；或在巨大的经济利益诱惑下迷失方向，触犯国法，如广东健力宝集团董事局主席李经纬、云南红塔烟草集团董事长褚时健等。

李经纬和褚时健的陨落，很令人唏嘘。

健力宝的创始人李经纬，曾是中国改革开放初期的风云人物，他从国有小酒厂起步，缔造了一个中国民族饮料品牌的传奇。1984 年"健力宝"品牌问世，李经纬用了 18 年时间，将其打造成中国名牌和国际知名品牌，品牌估值最高时达到 60 亿元人民币；他甚至把"健力宝"的名字送上太空——1994 年，国际小行星命名委员会把一颗小行星命名为"三水健力宝星"，这是全球第一颗以企业名称命名的行星。

但这一切都在 2002 年戛然而止，63 岁的李经纬因涉嫌转移国有资产 6 000 万元，以"涉嫌贪污犯罪"被捕，被罢免了全国人大代表资格，后被依法判处有期徒刑 15 年。2013 年 4 月 22 日因病离世，终年 74 岁。

褚时健的经历最具争议。这位云南红塔烟草集团的原董事长，入狱前，身上的标签随便摘来一个都是沉甸甸的："全国劳动模范"、"五一劳动奖章"获得者、"全国优秀企业家"、全国"十大改革风云人物"、"中国烟草大王"，等等。在褚时健任职的 17 年间，红塔集团为国家纳税 800 多亿元，仅"红塔山"一个品牌的估值就达到 400 多亿元，在中国所有品牌中位居榜首。

就在褚时健临近退休时，1996 年 12 月，中央纪委信访室接到匿名举报，对褚时健展开调查。说他最具争议性，是因为贪污的罪名并未引来人们对褚时健的口诛笔伐，反而因他巨大贡献和低微收入之间的反差，收获了一大波同情和声援，并由此引发了国有企业"59 岁现象"的讨论。在 1998 年初的北京"两会"上，甚至有人大代表和政协委员联名为褚时健"喊冤"，呼吁"枪下留人"。1999 年 1 月，71 岁的褚时健被判无期徒刑、剥夺政治权利终身。但褚时健在狱中只服刑 2 年多，就因病保外就医。

2002 年，74 岁的褚时健与妻子在云南哀牢山承包两千亩荒山，开始第二次创业，他的刑期也经两次减刑后至有期徒刑 12 年，2011 年刑满释放。后面的"储橙"故事尽人皆知，出狱后的褚时健又多了个封号："中国橙王"。他再次赢得了众多知名企业家的致敬和膜拜，其中就包括王石。2019 年 3 月 5 日，91 岁的褚时健在云南玉溪逝世，逝世当日又引起一波舆论热炒。

上海也有类似情况。

2002 年，上海文艺出版社曾出版了一本访谈集：《新上海的早晨——23 个人和一座城市》[①]，书中收录了改革开放以来 23 位在上海发展进程中做出过杰出贡献的风云人物，那些曾经响亮的名字，今日再看，有些早

---

① 徐如麒. 新上海的早晨[M]. 上海：上海文艺出版社，2002.

已黯然失色。

兰先德,上海交大昂立股份有限公司原总裁,昂立一号活性生态口服液研制者之一,曾任中国青年科技工作者协会副会长,上海市劳动模范、上海市优秀企业家。2007年12月,因涉嫌挪用公款罪、贪污罪、受贿罪被起诉,2010年11月,上海市第二中级人民法院判决兰先德犯职务侵占罪、非国家工作人员受贿罪、挪用资金罪,三罪并罚判处有期徒刑20年,剥夺政治权利3年。①

康慧军,曾任国有独资上海陆家嘴(集团)有限公司总经理,案发前任上海市浦东新区副区长。2007年6月案发,同年11月被捕,2009年2月,因受贿罪和巨额财产来源不明罪一审被判无期徒刑,剥夺政治权利终身,并处没收个人全部财产。案情审理期间,因法院查明康慧军夫妻名下持有16套房产、其妻儿名下持有12套房产,被网友戏称"炒房区长"。②

戴海波,曾任上海张江高科技园区开发公司党委书记、总经理,上海张江集成电路产业区开发有限公司董事长,案发前任上海市人民政府副秘书长。2015年3月因受贿问题接受组织调查,并被罢免上海市政府副秘书长职务。2017年6月,因受贿共计价值人民币990余万元和隐瞒境外存款罪,被判有期徒刑9年。

王宗南,上海光明食品(集团)有限公司原董事长兼党委书记,曾获得"中国零售业十大风云人物"、"中国十位最有价值的卓越商业领袖"、"中国创业企业家"、"引领中国商业改革发展功勋企业家"、上海优秀领军人才、上海市优秀企业家等荣誉称号。2014年7月,因涉嫌挪用公款、受贿被立案侦查。2015年8月被判获刑18年。

吕永杰,上海光明食品(集团)有限公司原党委书记、董事长,中共

---

① 黄婷.交大昂立高管案一审宣判 兰先德获刑20年[N].证券时报(多媒体数字版),2010-11-13(A3).

② 刘秀浩.浦东原副区长千万财产来源不明被判无期[N/OL].东方早报,2009-02-03[2009-02-03]. http://www.sina.com.cn.

"十五大"代表。曾先后获得"中国十大杰出青年"、全国"五一"劳动奖章、全国优秀党务工作者、全国优秀企业思想政治工作者、全国优秀青年企业家、全国质量管理先进工作者、上海市劳动模范等荣誉称号。2018年8月24日,因涉嫌挪用公款罪、受贿罪、国有公司人员滥用职权罪,被立案审查,同日,被开除党籍、开除公职。2018年12月6日,吕永杰案在上海市第二中级人民法院开庭审理。

值得一提的是,吕永杰是王宗南的继任,而在王宗南之后、吕永杰之前,光明乳业股份有限公司原总裁、党委副书记郭本恒,也因受贿罪一审获刑6年。

在上海的工业系统,曾有过国企改革"一枝花、两根毛、三支枪"的说法。"一枝花"指的是上海家化,"两根毛"指的是上海第二毛纺织厂,"三支枪"指的是上海三枪集团。这3家上海的老字号国有企业,所在行业都是改革开放后最早跨入竞争性领域的,受市场冲击最大。在20世纪90年代,它们曾是上海工业系统国企改革的"三面旗帜",到了改革开放30年之际,"两根毛""三支枪"效益下滑已经风光不再,唯有上海家化这面"旗帜"仍在迎风招展。

杨国雄与葛文耀相识,是在20世纪90年代,但真正在工作上有交集,还是在他2006年出任上海国资委主任以后。杨国雄说,上海国资系统的企业家,他钦佩3个人:一个是上海三枪集团原董事长苏寿南,一个是三菱电梯有限公司董事长范秉勋,一个就是上海家化集团原董事长葛文耀。他第一次到家化集团天潼路的办公大楼,就对家化的企业文化留下深刻印象。这个印象来得很感性:"一进办公大楼你就看到,从保安开始,站有站相,坐有坐相,这在上海企业中是不多见的。"

杨国雄认为,葛文耀身上有3个非常突出的特点:第一,执着;第二,责任感;第三,淡泊名利。这3点,王茁也有同感,他在评价葛总的事业心时,用了"超强"两个字。他说,这是他们那一代企业家身上罕见的一种时代品质。

其实，很多事情回过头看，一切都顺理成章。没有"执着"精神，在市场经济的波涛汹涌中，上海家化就不会一次次破浪前行；没有民族责任感，葛文耀就不会把打造中国民族化妆品品牌作为义不容辞的己任；没有淡泊名利的坦然，就很难做到心底无私、坦荡磊落。

杨国雄清楚地记得，有一次组织上准备让葛文耀到上海轻工控股集团担任副董事长，行政级别副局级。征求他个人意见时，葛文耀婉转表示，还是希望继续把家化做大做强。留在家化是没有什么行政级别的，一般情况下，没有人会主动放弃这种仕途上升的机会。

葛文耀自己也说起过这件事。据说，当时上海轻工控股集团的董事长张立平，知道葛文耀离不开家化后，曾破例承诺让他继续留任家化集团董事长，轻工控股集团副董事长只作兼职，这样也不会影响解决他的级别、待遇问题。但葛文耀还是推辞了，理由是应该把机会让给年轻人。葛文耀说，他一向对仕途、名利看得很淡。

葛文耀：我只要把家化做好，这才是我的本分，其他都是虚的呀！什么劳动模范、优秀党员，如果家化倒掉了，企业破产了，这些称号有什么用？都没有用的！所以我不愿意去。家化做好了，这是根本，企业没有了就什么都没有了。像以前跟我一样的那些典型，要么企业效益不行了，要么自己有问题不行了。不行了，就什么都没有了。

因为不是局级干部，葛文耀离开家化后，平安方面并没有念及他是家化创始人的情分保留他的组织关系，而是按照一般退休员工对待，将其组织关系转到了街道。按照规定，上海工业系统局级干部的组织关系，是保留在上海市工业党委的。

改革开放40年，杨国雄回忆起当年说的"30年红旗不倒"这句话，仍是十分感慨。

杨国雄："30年红旗不倒"，我这句话说得太正确了！不然的话，这次平安搞他，如果有一点点把柄的话，平安这次会把他往死里整的！

记者：上海家化走到今天，葛文耀所起的作用，如果是百分的话，您

2001年在北京怀仁堂建党80周年大会上，葛文耀荣获全国优秀共产党员称号

觉得他应该是多少分？

杨国雄：那他就应该是100分。

记者：百分之百？

杨国雄：对！

记者：您认为没有葛文耀就没有家化？

杨国雄：那肯定没有！

退休多年的杨国雄，现今赋闲在家带带孙女，有时候会和葛文耀等几个老友一起喝喝茶，也会在微信朋友圈里了解葛文耀的一些近况。他让记者劝劝葛文耀，不要再执着于时尚产业，毕竟70多岁了，这条路很难走，不是短时间内就可以做成的。

"还是让下一代人去做吧"，杨国雄摆摆手说道。

第十章

重回家化的路到底有多远

本章提示：一位不速之客，唤起他割舍不下的家化"情结"；他想重振家化，并为此努力奔波；他两次给马明哲写信，没得到半点回音；他上书上海市主要领导，希望政府能出手相助；他尝试多种方案，最后都无果而终；人到古稀，如此执着究竟为哪般？重回家化的路到底有多远？"打不倒的葛文耀"；是非功过，后人评说。

2019年12月18日，联想控股发布公告称，公司董事长柳传志正式卸任，这一年，柳传志75岁。同年宣布卸任的，还有互联网电商大佬、阿里巴巴董事会主席马云和香港地产大亨李兆基；娃哈哈集团董事长宗庆后，也在这一年4月接受媒体采访时，透露出退居"二线"的想法。

年逾七旬的第一代创业企业家中，被人们熟知的还有75岁的任正非、74岁的宗庆后以及71岁的张瑞敏。他们的卸任，也只是时间早晚而已。而69岁的王石，也已在2017年那场万科"控股权之争"的风波中，辞任万科董事长。因此有媒体撰文称，柳传志的卸任，意味着"一个时代结束了,中国第一代企业家正在功成身退"①。

原本应该和柳传志一样,在鲜花和掌声中功成身退的葛文耀,6年前被迫出局,让他打造时尚产业集团的梦想戛然而止。6年后的2019年,他的同时代企业家纷纷开始进入退休的"倒计时",他却成为一个"逆行者",努力着想重回家化。

第一节 割舍不下的家化"情结"

平安接手后的上海家化,效益和葛文耀在时相比,已不能同日而语:6年时间(到2019年),市值缩水一半,化妆品主业利润下降了70%。

曾经是中国A股市场化妆品第一股的上海家化,股票市值继被上市不久的广东丸美股份超越后,2020年1月16日,又被后起之秀珀莱雅反超:当日A股收盘,上海家化市值报206.4亿元;而2016年才创立的民营化妆品企业珀莱雅,当日暴涨6.44%,股价报收于105.58元,市值212.5亿元,双双创历史新高。

葛文耀在位时,上海家化股票市值最高达到389亿元。

这一天,葛文耀少见地发了一个只有一句话的短微博:"今天珀莱雅的股票市值206.6亿元,超过家化206.4亿元"。后面配了3个流泪的表情。

"我想重振家化"

离开家化的6年多时间里,葛文耀除了担任上海国际时尚联合会会长和创办私募基金外,他还有一个重要的社会角色,就是咨询顾问和客座教授。

波士顿咨询公司(BCG),是一家著名的美国企业管理咨询公司,在战略管理咨询领域被公认为先驱。葛文耀2013年离开上海家化后,波

---

① 徐昙.柳传志.大江大海 解甲归田[N/OL].中国企业家,2019.12.18[2019-12-18]新浪财经.

士顿咨询公司立即聘请他为"中国消费行业顾问",当时他的咨询费每小时高达2.2万元人民币;拥有全球最大专家库的咨询公司美国格理集团(GLG),将葛文耀列入GLG专家库的"中国消费品行业专家";管理着1000多亿资金的中信产业基金,聘请葛文耀为基金的"消费行业首席顾问"。葛文耀曾经为德国妮维亚公司的中外高管讲课,为韩国最大的化妆品公司爱茉莉做过咨询。

同时,葛文耀还在中欧国际工商管理学院、上海财经大学、复旦大学、上海市经济管理干部学院等高等院校,给企业家们授课。

这两种社会角色,使得葛文耀有机会跨行业接触到很多实体企业,对企业的管理和市场运作有了横向的比较。这种"比较"管理学,让他看问题的视野更加宽阔,对企业市场化运作的理解更加透彻,再通过给企业家们授课,将这些实例和思考归纳整理,上升到一定的理论高度。

2016年,上海财经大学工商管理学院的博士生导师叶巍岭教授找到葛文耀,希望合作开一门市场营销课程。葛文耀就出了个课题:"企业如何市场化运作",由叶巍岭教授、葛文耀和王茁三个人合作,给EMBA班的企业家们上课。因为课程的针对性和实操性都很强,受到听课企业家们的欢迎。这个课题,他们连续讲了3年。

也许是对家化的感情太深,葛文耀不论是为企业做咨询,还是给企业家们上课,或是看到任何与化妆品行业有关的信息,他都会同家化联系起来。这一点,从他的微博和微信朋友圈就可以看出来。

这几年,葛文耀曾经为20多个本土化妆品公司提供过咨询,甚至联合几大私募基金投资了韩束。他始终认为,中国的化妆品行业是一个有着5000亿元份额的大市场,近10年仍会保持两位数增长。特别是在国货品牌回归的背景下,本土化妆品企业势必迎来可喜的发展机遇。

事实也的确如此,很多本土化妆品品牌这几年高歌猛进,在中端市场上分食外资品牌的蛋糕,如百雀羚、自然堂、珀莱雅、丸美、韩束等。

相比之下,上海家化的化妆品主业这几年却不尽人意,两大当家品牌佰草集、六神增速迟缓,利润下降,300多名业务骨干离"家"出走。每每提及家化的现状,业内人士扼腕叹息,葛文耀更是心疼不已。

自己呕心沥血培育的"孩子"生生被人抱走,又断送了"孩子"的前程,这种切肤之痛旁人难以体会。上海国资委原主任杨国雄曾打过这样一个比喻。

杨国雄:葛文耀最大的成功,就是把家化这个"孩子"培养成了大学生,最后"孩子"被人家抱走了,还把这个"孩子"弄成了傻瓜蛋,痛心是蛮痛心的。但是,历史自有公论,葛文耀阶段性的成就,我认为还是很圆满的。

但葛文耀不这样认为,他对自己"圆满"的理解,是应该重振家化,只有让家化重回中国化妆品行业霸主的地位,那才是真正的"圆满"。

他萌生了一个似乎不可能实现的想法:从平安手中收回家化!

葛文耀不是心血来潮,他说他有足够的把握:虽然离开家化6年(到2019年),但他并没有离开市场,这几年他看过100多家企业,并对近30家中外化妆品企业进行过深入了解,为企业咨询把脉和给企业家们上课,帮助他积累了难得的市场运作经验和企业管理案例。他十分清楚这6年化妆品市场的变化,也十分清楚上海家化的症结所在,他知道家化应如何变革,才能适应这种市场变化。

葛文耀说,他有信心带领家化重回快速增长轨道,这一点他非常自信。

几次努力,无果而终

葛文耀之所以萌生重回家化的想法,起因于一个投资人的意外来访。

2018年底,一个从上海出去在美国做投资业务的人,突然回沪约葛文耀见面。他告诉葛文耀,此前有中介方曾找过他,说是有把握可以说服平安的马明哲把家化卖掉。这位投资人问葛文耀是否有兴趣?如果有收购意愿,就准备好资金、收购方案和收购后的可行性方案。

这个消息,让始终对家化割舍不下的葛文耀一下子兴奋起来,他立即去找陈刚商议。

这位陈刚,就是当年为葛文耀愤而辞职的平安集团投资部前总经理、平安信托前副总裁。

深谙投资之道的陈刚,先后找了包括渤海基金在内的3家基金沟通,这3家基金对收购家化,都表现出极大的兴趣。收购事宜由渤海基金牵头,渤海基金是央企,所有投资程序都很严格,每盖一个章,都要通过风险控制部门的审核。

按照中介方的要求,陈刚带着自己的团队,和葛文耀一同做了一个收购家化可行性研究报告,包括收购方案和收购后的可行性方案。这份可行性报告,特别考虑到平安接手家化后的亏损和平安能够接受基金收购的可能性,拟只收购平安手中持有的29.9%的家化股份,待完成收购后家化股价会利好上涨,平安手中余下的家化股份也可以扭亏为盈。

陈刚团队和渤海基金方面,还按中介方要求同时完成了相关程序。

此事似乎是已万事俱备,只欠东风。

2019年2月9日,农历新年的大年初五,葛文耀和陈刚带着准备好的所有文件飞到深圳,和中介方进一步沟通收购事宜。不料深入了解后发现,中介方并不可靠,对方提供的中介公司经查早已注销,就紧急按下了"暂停键",此事自然是不了了之。

虽然这次收购家化的事有些"无厘头",但却勾起葛文耀重回家化的念头。

回到上海后,葛文耀找了中信产业基金等两家著名的基金,按照葛文耀的说法,他们看了葛文耀做的可行性研究报告,都十分看好这个收购项目,并支持他重返家化。

但因种种原因,最后也是无果而终。

对葛文耀想重回家化一事,知道的人乍一听到这个说法,第一反应都是摇摇头,"这怎么可能?"

先不说平安目前为止还没有公开表示要卖掉家化,就算卖,哪怕是投资机构出面,平安也不大可能让葛文耀接手。不论是家化内部员工,还是外面关心家化的人,都认为这只是葛文耀的一个心结而已。

葛文耀先后为基金出过5个收购方案。在这些方案中,他对上海家化现有的每个化妆品品牌,都提出具体的对策和目标。他在收购方案中承诺:3年时间,家化自有品牌的化妆品销售额达到100亿元;5年左右,销售额赶超韩国爱茉莉;主营业务的净利润第一年6亿元,第二年10亿元,第三年15亿元。

据说,有投资基金拿着葛文耀收购家化的方案和平安方面接触过,对方一听说有葛文耀参与,立即免谈。

附:葛文耀收购家化方案之一(精简版)

基金收购家化方案

第一部分 关于上海家化的经济效益测算要点

一、成本优化方案

根据年报,2013年上海家化化妆品销售额40亿元,2018年约55亿元,增长37.5%。但是同期销售成本增加60%,销售费用增加一倍多,管理费用增加108%,工资福利增加92%。

因此,收购第一年要压缩库存,调整组织架构,重新建立市场和科研联动的创新机制,重新确立各品牌的定位,开发创新产品。

在财务上,成本费用优化潜力巨大。预计2018年,上海家化物料采购成本16.5亿元,收购后,预计可以降低采购成本15%,一年2.47亿元;销售费用下降15%,一年3亿元;管理费用去除冗员,一年约节约0.5亿元;2021年江湾办公楼到期不租,可以节省租金和物业管理费1亿元。

二、业务发展方案

重中之重是佰草集恢复生机。2013 年前,佰草集创造的利润占上海家化全部化妆品利润的七到八成。提高利润的关键是销售净价,2013 年佰草集的销售净价 62%,现在由于各种原因,已降到 20% 以下。

对佰草集要三管齐下:第一,组织架构调整到营销合一、线上线下一体的事业部。第二,李慧良团队是全球顶尖的中医中药原理的化妆品开发团队,应全部回归;太极丹一号祛黄效果非常明显,应恢复原配方;储备的其他功效的太极丹加紧商品化。第三,销售上创新,利用现代物流业发展,全国可以设 2500 个以上的专柜,线上线下打通,取消代理商存货,每个柜台根据零售情况,随时订货,即时配送;所有柜台重新设计,代理商可以出资并分享零售的效益,不需要承担庞大的库存、配送费用及库存损失,还可以随时掌握零售动态和消费者信息。如此,佰草集的净价可以提高到 2013 年的水平,甚至可以更高。

三、其他品牌发展

六神,夏季第一品牌,收购前 3 年,可保持年增长 10% 以上。

美加净,是广谱型大众化个人保护用品第一品牌,前 3 年应保持年增长 30%。

高夫,细分市场国内第一品牌,国际第三品牌,年增长 10% 以上。

启初,婴童用品国内第三名,年增长 20% 以上。

玉泽,国内药房化妆品第二位,产品开发潜力大,年增长 30%。

家安,家用化学用品,美国(庄臣)、日本(花王、狮王)在中国的发展都较迟缓,家化发展机会较好,可年增长 20%。

双妹,是有中西文化、上海制造特色的唯一中国高端化妆品,基数小,年增长率可以达到 80% 以上。

第二部分　上海家化今后的发展战略及销售、利润的预测

企业的要点是市场化,不断调整自己来适应市场变化。以前家化是

靠健全的市场部和品牌经理制度，以及每年两次半年会来研究市场和采取对策，跟上市场变化。

近几年市场发生了很大变化，要重振上海家化，就必须在以下几方面调整改进。

第一，面对 90 后和 00 后，从产品开发、传播和销售渠道上要全面革新，社交媒体发展要有多个新型的营销机构，并针对这些人群重新开发 4 到 5 个新品牌。

第二，国际化妆品大公司都是多品牌，都是靠收购兼并。上海家化有足够的资金收购兼并，但是要培养这方面的人才和文化。

第三，现在国际化条件更好了，上海家化要实现双向国际化，既充分利用国际资源（人才、品牌），也要更多地走出去。

第四，基于以上几点，有信心提出上海家化未来的经营目标：3 年内，自有品牌化妆品销售额做到 100 亿元；5 年左右，销售额赶超韩国爱茉莉；主营业务净利润目标（不包括并购和投资收益），第一年 6 亿元，第二年 10 亿元，第三年 15 亿元（销售额 100 亿元，按照净利率 15％ 测算得出。2013 年家化已经做到了净利率 20％，此处留有余地）。

第二节　重回家化的路到底有多远

葛文耀一心想收回家化，但很多人认为，这件事情从一开始，就是葛文耀的一厢情愿。

尽管失败过几个方案，但葛文耀的脾气是不认输、不言败。他认为，由基金收购家化是件多赢的事，既能重振家化，回馈投资人，对平安来说，甩掉了"包袱"，及时止损，也是件好事，逻辑上完全说得通，为什么就屡试不成呢？

2019 年，他准备做最后的努力。

致信马明哲

葛文耀知道,平安肯不肯转让家化,很大程度上在于平安集团董事长马明哲的态度。

2019年7月11日,葛文耀以短信的形式,给马明哲发去了一封短函,全文如下。

尊敬的马明哲先生:

您好!

时间过得很快,转眼间距我们上次见面已经七年多了。七年间,我经历了不少事情,也思考了很多问题,有了一些新的认知,一直希望能有机会跟您见个面。一方面解释一下当初的一些误会,一方面沟通一下我这些年做投资和咨询以及主持上海国际时尚联合会工作的心得体会。

离开家化后,我没有离开市场,而是接触了一百多家各类企业和企业家,对中国消费品行业、对企业经营管理都有了更进一步的认识,对原来我负责经营时家化的待改进、待提高之处也看得更清楚了。

家化现在的情况,想必您也不是很满意。我认为,制定一个帮助家化走出困境、实现多赢的调整方案,不仅是必要的,而且是可行的。如果您有兴趣,我愿意当面向您介绍一下我的一点想法。

期待您的回复,祝您身体健康、万事如意!

葛文耀
2019年7月11日

短信发出后,葛文耀没有收到马明哲的回复。

3个月后,2019年10月11日,葛文耀又给马明哲写了一封长信,但这封长信据说并没有送到马明哲的手中。

一家民营企业老板的紧急约见

在葛文耀给马明哲写第二封长信的一个月后，2019年11月26日，宁波一家民营企业的老板，突然派自己的女儿驱车上海，紧急邀请葛文耀前往宁波会面，说是有要事相商。

到了宁波，见到这位老板后，葛文耀得知，原来是平安集团的董事长马明哲找到这位老板，说是自己要退休了，想在退休前把家化卖了，问他有没有兴趣接手？

这位老板是做服装起家，虽然他经营的企业是一家有着5万多员工的大型跨国集团，投资领域也横跨房地产、金融、股权等，但从来没投过化妆品，自然是心里没底。他急着请葛文耀来，是想傍着葛文耀一起接手家化，只要葛文耀也能投资参股，哪怕他借一部分钱给葛文耀都行，那他就敢放心大胆地从平安手中收购家化。

这对葛文耀来说，简直就是天赐良机，是天上掉下来的可遇不可求的机会。他几次努力都石沉大海，平安那边连个响动都没有，这次机会突然"找"上门来，当然是机不可失！

这位老板带着集团的几个高管，和葛文耀一起仔细商议：如果全部收购平安持有的家化股份，需要资金100亿元左右；如果收购29.9%的股权，需要资金60亿元。最后商定，不管是全部收购还是只收购29.9%，都由这位老板出资90%，葛文耀筹资10%，双方联手从平安手中接下家化。他们打算做好两种准备，看平安方面的态度而定。

4天后，也就是2019年11月30日，这天是周六，这位老板和马明哲相约一起打高尔夫，和马明哲一道来的还有他的女儿。期间，两人谈起转让家化的事，这位老板刚一提葛文耀的名字，马明哲就连连摇头。

葛文耀重回家化的大门刚开了一个小缝，就被紧紧关上了。

葛文耀依旧没有灰心，在"回"家化的这件事上，他总是乐见到"乐观"的一面。

宁波老板和他联手接盘家化的想法尽管被马明哲一口否决,但葛文耀说,起码他得到了两个可以确认的信息:第一,平安确实想卖掉家化;第二,以前多次努力不成功的原因,是马明哲不接受他回去。

在此之前,葛文耀并不清楚平安方面在家化问题上的真实态度,之前尝试基金收购家化屡试不成,这次从宁波老板那里才知道真实原因,是因为马明哲不想翻以前的"旧账"。

其实,旁观者早就看得很清楚,马明哲绝对不会同意葛文耀再和家化有什么瓜葛,原因不言自明。但他人的看法并没有影响到葛文耀重回家化的决心,他说,只要还有一点可能性,他就不会放弃。

葛文耀:我想挽救家化,也有能力挽救家化。我对家化有责任,我对出走的300多位骨干有责任,所以我才会坚持,不放弃,这是一种精神!让家化重新成为上海的企业,利国利民,也有利于上海。最后结果其实不重要,"谋事在人,成事在天"。我尽力了,成不成,让历史去评判。

对葛文耀重振家化的想法,王茁表达了无条件支持的态度。

王茁:这件事无论可行不可行,我都支持他,无条件的!我认为,理想主义应该略重于现实主义,必要性略重于可行性。

王茁的这番话,让记者突然想到当年在股东大会上,他讲的那个"鹦鹉救火"的故事——明知不可为而为之。也许,正是这种对理想信念的坚持和认准目标不回头的执着,才是他们身上最可贵的品质。

上书上海市委主要领导

努力了多次,宁波老板这边已无希望,平安方面也无半点回应。

年逾七旬的葛文耀,已经没有时间再等下去了。葛文耀想到了自己28年职业生涯中一直支持自己的上海领导:上书上海市委主要领导,希望上海市政府能够出面,说服平安让其对家化放手,通过市场行为出让家化的股权,由投资机构接手。

这一次,葛文耀拉上了王茁。

但是，怎么能保证这封信可以直接送到市委主要领导的手中呢？葛文耀想到，当时在任的一位上海市人大领导是本地干部，可能了解家化的过往。所以，便辗转通过相关人士，向这位人大老领导转达了希望能帮助转交信件的想法，并事先向领导提交了信的全文。

让葛文耀没想到的是，这位老领导很快就给了回音，并且抽时间在人民广场100号接见了葛文耀和王茁，不但同意亲自把信转给市委主要领导，而且一再说，"把家化变回上海企业，是很有意义的事"。

这位人大老领导的态度，让葛文耀很是感动，不管此事最终成不成，葛文耀都打心底里感激这位以前从未打过交道的老领导。

信的全文如下。

尊敬的某某领导：

您好！

我们是葛文耀和王茁，上海家化联合股份有限公司（以下简称"家化"）原董事长和原总经理。

冒昧地给您写这封信，是因为受您到上海工作以来大力推进营商环境优化、大力打响"四大品牌"等一系列先进理念和得力措施的感召，想向您简要地介绍一下家化在2011年改制（出售给平安集团）后所发生的变化和当前所处的困局，以及我们关于如何帮助家化走出困局、帮助包括平安在内的各利益相关方实现多赢的思考和方案。

请允许我们向您简单地介绍一下一直与上海这座城市同呼吸、共命运的这家化妆品企业。

家化具有悠久的历史，其前身是创立于1898年的香港广生行，建国后经过多次合并形成的这家国有企业的发展是在改革开放以后才真正开始的。1985年组织上派葛文耀来到家化做厂长的，当时企业只有400万元固定资产，而到葛文耀2013年离开的时候，公司市值达到389亿元（集团还有30多亿非化妆品资产），年度销售收入50多亿元、年度净利润10亿元，上缴税收超过7个亿，在上海所有制造企业当中排名前20位。

有评论说，家化是中国唯一一家能与国际大公司进行正面竞争的化妆品公司。家化在国资国企改革、对外开放、自主品牌建设方面也一直走在上海企业的前列。家化先后创造了佰草集、六神、美加净、高夫、启初、玉泽等中国化妆品市场上的名牌，尤其是自豪地宣称"Made in Shanghai"的双妹，佰草集是第一个也是唯一一个以"品牌出口"的方式走向欧美发达国家化妆品市场的中国品牌。这些成绩也为葛文耀赢得了莫大的荣誉，2001年葛文耀被授予"全国优秀共产党员"称号，今年又获得中央颁发的建国七十周年纪念章。家化的探索和经验也得到了党和政府的关注和肯定，我们在家化工作期间有10位党和国家领导人来家化视察指导工作，超过100位省部长级干部来家化参观考察。

我们分别于2013年9月和2014年6月离开家化，在过去六年时间里，平安接手家化后出售了价值50多亿的非化妆品业务的资产，但是家化股份的化妆品利润下降了70%，市值下降了50%，最近甚至被销售规模尚不足家化三分之一的广东丸美公司超过。平安人寿（从平安信托手中）接盘后最多时候亏40多亿。平安治理下的家化已换了两任总经理，原本良好的基础已遭到破坏，品牌被透支，公司风气开始败坏，坏账坏货不断累积，经营质量和造血功能都急剧下降，如此下去，公司原来建立的以品牌为核心的各种优势将很快丧失殆尽。

看到上述情况，我们于心不忍，希望以市场化的方法，把家化股份重组为混合所有制企业（国资国企可适度参与投资、充分享受收益），推动家化转危为安、宏图再展，为落实国家品牌战略，打响上海"四大品牌"、实现上海高质量发展做出更大贡献。

许多基金看好家化市场化改组的前景，如央企的渤海基金、中信产业基金、××知名基金、上海××基金，已经通过可行性分析愿意募集60多亿资金，希望从平安手中买下29%的股权（平安目前持有52%的股），获得控制权。

我们相信，这样一个市场化方案有利于家化竞争力的恢复和提升以及中国化妆品产业的高质量发展。离开家化这几年，我们并没有离开市场，而是为上百个企业和企业家提供过战略咨询，对整个产业和家化的问题和机会都看得更清楚了。在我们看来，在未来很长一段时间里，中国化妆品产业内的任何私营企业家都不具备引领企业抗衡外资品牌、实现上述目标的能力。

另外，2007年我们就向上海市政府提出发展时尚产业的建议，细述了时尚产业在经济上的八大好处，特别是高毛利即高税收的观点。葛文耀自2013年开始一直担任上海国际时尚联合会会长，过去五年多为中国高级定制事业的发展做了一些工作。2014年，葛文耀受奉贤区政府聘请担任东方美谷总顾问，从此奉贤区连续几年税收增长居全市前列。而王茁则在时尚消费品领域积累了丰富的投资和经营经验。我们认识到，这些体现独特中国工匠精神的手工业是中国高端时尚消费品乃至奢侈品行业的希望。

复兴后的家化，以其人力和财力，大力发展时尚产业和复兴上海老品牌，必定对上海产业结构和财政收入产生一定影响。

再者，上述市场化方案对平安公司也是有利的。该方案实施后家化的股价上涨应该是确定无疑的。这样，平安公司所拥有的余下23%的家化股权就能转亏为盈，有利于保险资金的安全性。

还有，家化曾经在熊市七年中创造过市值增长65倍的优异成绩，可以预见的是，上述市场化方案如果实施的话，家化很可能再次在资本市场上创造奇迹，对提振当下市场状况和本土品牌上市公司的信心起到一定的作用。

而且，上述市场化方案可以消除平安的顾虑，对上海吸引平安这家全球500强企业前来投资兴业、助力上海发展，也一定能够起到积极的推动作用。

我们相信，上述方案还能够消除因家化改制而产生的负面影响，确保家化国企改制的最终结果的正面性，从而不辜负当年上海市委、市政府对这一改革举措的关心和支持。

某某领导,作为正走在"五个中心"建设和全球卓越城市建设道路上的上海的领路人,您的担子一定很重、任务一定很繁,我们很冒昧给您写这一封信,请求您能在百忙之中关心一下在品牌建设方面曾经走在全国全行业前列的家化的发展,考虑到平安集团当初与上海市国资委签署的协议有违规之处,加之换了两任职业经理人家化业绩一直向下而无好转可能,已经无心恋战了,但平安家大业大,不在乎损失,家化不能再拖一两年了。如果您觉得妥当,请安排有关部门促成平安集团有关领导同意将家化的控股权转让于上海市牵头的基金回购,设计一个充分市场化的方案,选聘强有力的领导班子来推进此事,我们愿意参与和协助。

最后,祝您身体健康、万事如意!

此致

敬礼

葛文耀　王茁

2019 年 11 月 10 日

这封葛文耀、王茁共同署名的信中,葛文耀有的放矢,没有再提 3 年利润目标,而是力陈重塑家化品牌的紧迫性和必要性。毕竟,上海家化曾经是上海国企改革的一面旗帜,是中国化妆品行业的一个标杆,是中华民族化妆品品牌的骄傲。它不该从此湮灭,应该再次成为上海品牌战略中的一张亮丽的名片,应该在中国资本市场上再创奇迹!这封信,被批转到上海市国资委。

2019 年 12 月 5 日,上海国资委的一个工作人员和葛文耀取得了联系。他告诉葛文耀,写给某某领导的信已经转到他们处里,这位工作人员表示,国资委对葛文耀的信件一向都非常重视,并且能够感觉到葛文耀对国企的"殷切关心和爱护",待他了解情况后再做商议。

一个月后,2020 年的开年,一场新型冠状病毒疫情在人们毫无防备的情况下开始肆虐中华大地,这场传染程度远超 Sars(非典)的疫情,在一个多月的时间内,确诊人数和死亡人数就数倍于 Sars。中国政府启动了最严厉的防治措施打响疫情阻击战,武汉史无前例地实行"封城"严控,各地政府相继启动重大突发公共卫生事件一级响应,世界卫生组织将新型冠状病毒疫情列为国际关注的突发公共卫生事件。

很快,这场疫情就演变成全球大爆发,截至 2020 年 10 月 25 日,全球累计确诊感染新冠人数已超过 4 281 万人,累计死亡超过 114 万人。疫情当前,葛文耀的这封信,自然被搁置下来。

葛文耀重返家化的路,似乎遥遥无期。

我有能力让家化重创辉煌!

葛文耀:我为什么要坚持重回家化?因为我有信心、也有能力让家化重创辉煌。

第一,这些年我没离开市场,为 100 多家企业做过咨询,其中包括 20 多家中外化妆品企业,对于市场和企业经营更有体会。我不仅知道家化目前存在哪些问题,也认识到我在任时家化哪些方面做得不到位。这 6 年市场急剧变化,我心里非常清楚,家化需要什么样的变革,才能适应目前的市场。

第二,企业家的作用是决策和用人。我用人善于五湖四海,虽然现在家化的核心人才流失很多,骨干队伍面临重组,但家化出来的 300 多个骨干,这几年在逆境中求生存,很多骨干都有新的提高。这些人如果回归家化,将会发挥更大的创造性。

如被誉为"中国化妆品开发第一人"的李慧良,离开家化后,在上海张江为一家上市公司创建了中国目前顶尖的化妆品研究中心。李慧良告诉我,他也研究新锐化妆品企业,对科研和新产品开发更有体会。

再比如,家化原电商部门的员工离开后,许多人选择自主创业,白手起家的他们,现在有的人做到 10 多亿元。还有家化市场部出来的业务骨干,到了新媒体公司当了高管,对社交媒体、视频等打法很了解。这些人员离开家化后,遍布中国各种类型的化妆品企业,不管外资还是本土企业,不论电商、微商,都有他们的身影。这些人的经历,对今后家化的发展极其珍贵。

还有我离开家化这6年,接触了大量外资企业,其中宝洁和欧莱雅两家公司,他们曾经的两个高管离开外企后自己创业,十分艰难。他们也表示,如果家化能回到原来那样制度创新、行业领先的企业,他们愿意成为其中一员。所以,在人才方面,我有比6年前更多的选择。

第三,目前的化妆品市场竞争态势,对本土品牌更有利。80后、特别是90后、00后的消费者,他们对于本土品牌的认可和喜爱程度,是前所未有的。6年前,宝洁、联合利华等在中端市场还是高歌猛进,但现在本土品牌在中端市场已经全面反攻,而本土企业至今也没有一家综合实力达到家化曾经的水平。

第四,家化需要一个全面变革,用我的话说是个"大手术"。我1985年到家化时,面对一穷二白的底子;1991年从庄臣回到小家化,只有2亿元销售额、2400万毛利,还要面对外资竞争;2003年重回上市公司主持工作。每次都是困难重重,每次都要"动大手术",这不是一般职业经理人能够做得到的。家化这6年的两个职业经理人的经历,就证明了这一点。

因此,要让家化重回昔日辉煌,只有我最有可能,我有这个自信!

第三节　是非功过,后人评说

葛文耀属猪,2019年己亥猪年,是他的第6个本命年。

2020年1月25日,当零点的钟声响过,葛文耀在上海的家中迎来了庚子鼠年。此前几个小时,他发了个微信朋友圈:"还有几个小时,我的本命年就要过去了,迎来新的一年。今年,身体很好,基本没有生病,诸事顺遂,谢谢这一年朋友们的关心和关注"。9 幅配图全部是萌萌的猪宝宝。

这个春节,葛文耀原本要和全家人一起去加拿大的温哥华度假,因新冠病毒疫情严峻,只得取消了行程。这场疫情给中国经济、特别是旅游业带来重挫,疫情暴发之初,多个国家停飞了中国往返航班,许多国家进出口岸的大门,向中国人关闭。

中国民间历来有"庚子之灾"的说法,2020 年的庚子鼠年,似乎印证了这一说法。

葛文耀平安地送走了本命年,"平安事件"也已经过去了 6 年。这 6 年间,中国迎来改革开放 40 年和新中国成立 70 周年。

"平安事件"的是是非非,在历史的大潮中或许显得微不足道,但大潮之下的每一朵浪花,都有它存在的意义。

被扣掉的 10 分

记者请 10 个葛文耀曾经的下属,以一个优秀企业家的标准给他打分,满分 100 分。

这只是一个随机性的小调查,不具备标本意义。

这 10 个人当中,有现在仍就职家化的总监,有已经离职的前家化高管,也有已经退休的中层管理人员。他们给葛文耀打出的分数,最高 95 分,最低 85 分,有 8 人给出 90 分。去掉一个最高分,去掉一个最低分,取平均值 90 分。

他们的共同评价是:葛文耀无疑是一个产品大师、管理大师,是一个有着敏锐市场"嗅觉"和前瞻性的优秀企业家,是上海家化的灵魂人物。没有葛文耀,就没有上海家化。

10 人解释了扣分的理由,主要集中在看人问题、"家长式"管理、固执轻信和对资本认识不足几方面。当然,仁者见仁,智者见智,这 10 个人的看法,仅是个人观点,并不代表大多数人的看法。

2018年7月家化创业群(家化离职人员)聚会留影,二排右四为原家化首席设计师袁衷磊,二排右五为原家化总经理王茁,二排右六为葛文耀

他们一再表示,人无完人,尽管葛文耀身上有弱点,执掌家化的风雨历程中也有过失误,但瑕不掩瑜,葛文耀依旧是一个难得的优秀企业家,依旧是他们心中敬佩的葛总。

葛文耀爱才,在他执掌家化的28年中,人才始终被他放在第一位。他常说,靠他一个人,是绝对搞不好家化的。他用人有3个标准:第一,业务素质;第二,敬业精神;第三,职业道德。葛文耀最看重的,是业务素质高、能力强的人才。

"葛总喜欢用聪明的人",家化一个跟过葛文耀多年的总监告诉记者。

正因为葛文耀爱才,对家化一些高管和业务骨干身上的弱点,他都抱有一颗宽容心。他常说,"要宽容对人,给人机会"。王茁就说过,"葛总的包容心很大"。葛文耀在用人方面非常自信,多数情况下,他不是没看到这些人的问题,也不是听不到别人的议论,但是,他坚信自己是"用人所长"。"只要能把95%的精力用于发展业务,剩下5%的问题不会影响到企业大局"。他自己是这样想的,也是这样做的,并愿意相信其他人也是这样。

葛文耀曾在黑龙江生产建设兵团度过7年的农场生涯,那7年,彻底改变了他的世界观,讨厌大话、空话,追求务实作风,这种务实作风被带入到他的企业管理中——一切以业务为重。他始终笃信一条:只有把业务做好了,才是硬道理。在他的价值信条中,可以清晰地看到邓小平时代"发展是硬道理"的影子。这是他管理家化的一个非常可贵的经验。

葛文耀的"家长式"管理,更多的也是体现在对人的问题上。

家化有个很奇怪的现象,就是"吃回头草"的人很多。都说"好马不吃回头草",一般企业很少会接纳辞职出去以后又回来的人,但家化不同。一些辞职出去的人,在外面发展得不好,回过头来去找葛总,倾诉在外面发展的种种不易,说闯来闯去,觉得还是家化好。这是葛文耀最喜欢听到的话,他希望经过对比后,这些人会更珍惜家化给予的机会,自然乐于接纳每一个"吃回头草"的员工——就像一位慈父,张开双臂迎接"迷途知返"的"孩子"。

一个家化的老员工告诉记者,葛总在用人的问题上,还是很果断、很强势的,他就见过有中层干部因为犯错,被葛总从管理岗位上一撤到底。葛总对待触碰底线的员工,处理起来会毫不留情,比如拿回扣。但有时,葛总对一些工作失误的员工也会"网开一面",有人认为这是葛总有包容心,也有人觉得他这个"大家长"没有原则。

作为葛文耀亲选的接班人,王茁说过,家化虽然是老国有企业,但是葛总特别喜欢用年轻人,大学毕业两三年就走上重要岗位的人很多,他本人就是其中之一。和王茁一起遭受谢文坚"被辞职"的丁逸菁,也是在32岁的年龄,就被葛总委以上市公司财务总监重任的。葛文耀认为,用年轻人,就应该允许他们犯错,应该营造一个容错的环境。

所以,更多的家化年轻人,把葛文耀的这种"家长式",理解为一种长辈式的爱护。当年,一位家化员工在得知葛文耀辞任后,当晚给他发了一个短信,连用了两遍"好家长",以表达对葛总的感恩之情。

家化员工:葛总您突然退休,让我无法接受,心里非常难过,真心不舍得啊!您是我们的好领导、好家长,您为家化付出太多太多了,已经无法用语言来表达了。我们家化人有今天的美好生活,全是您给的,您是我们的恩人……您永远是我最最崇拜、信任、值得自豪的好领导、好家长!

"人事上最大的失误是总经理班子的调整"

葛文耀:其实,我用人还是有自己一些思考的,对管理人员也支持人事部的绩效考核,基本是一级管一级,我不会直接插手下面员工的职务、工资和奖金。家化这么大的期权授予计划,都是由总经理室制定的,我只对执委成员的授予数做很小的调整。

我也非常注重民主评议制度,(20世纪)80年代开始搞民主评议,2003年后,我甚至把否决权都交给部门普通员工,他们有行使否决权的权利。即:部门员工考评部门负责人,如果赞成票低于60%,或者反对票高于30%,这个负责人就要无条件下岗。这主要是防止下面管理人员瞒上欺下,防止自己偏听偏信。

所以,总的来说,我在家化28年,家化的风气是正的,是与业务发展相匹配的,大家基本上团结一心去拼业务。我们有一个家化"校友会"的群,其中有100多位是我在任时就已经离开家化的,到了新的单位后,他们反而认为在家化的职业生涯是最珍贵的。

对下面的人好这方面,我从来不后悔。我对员工的真心,换来20多年大家比较心齐地把家化发展起来了。我只是处理人不够果断,该处理的不处理。我在人事上的最大失误,就是总经理班子的调整。举两个例子,就是最后一届班子中的两位。

比如Q某某,2006年,我从当时几个副总中选了他当总经理,倒不是看中他才能,主要是他的人品。当总经理的前三年,每年考评他都是:"工作任劳任怨,对人平等,处事公正"三项优点;但是,同时还有"观点不鲜明,怕得罪人,效率低"三个缺点,连续三年都是这样,当时我就有想法要换了他,但迟迟没换。

最终促使我下决心的是两件事。

第一件事,是电商项目的推进。2008电商开始兴起,我让总经理室推进这项工作。一年多过去了,有一次,投资部总监从他的办公室出来,看到我,对我做个手势,意思是写了这一叠的计划,Q总还让她写计划。这样,我就亲自推进此事,找到一个创业者,开了一次会,让电商和各品牌经理互相提出要求,我来判断合理性,两个小时会议解决问题。第二年再开一次会,解决存在的问题,电商就这样做起来了。我走的那年,电商做了5个亿,第二年计划8个亿,结果被谢文坚打断了。

第二件事,是美加净的亏损。家化的六神产品,在大流通渠道中一直是保持绝对优势,特别是到了夏季,没有一家店不卖六神,但是家化其他的品牌在大流通渠道中销量太低,美加净一年销售额不到3亿元,而且出现了亏损。

2011年家化开半年会,大流通事业部报告中提到一个观点:由于通货膨胀,超市卖场现在主要卖40元到80元的产品。我一听就有灵感了,当时美加净银耳霜和护手霜只卖10元左右,因为价格太低,批发商和零售商都不感兴趣。我马上让他们重新研究美加净产品结构和定价,2012、2013两年都保持了40%的增长。我离开时,美加净已达到5亿元销售额,并且开始盈利。而且大流渠道又增加了高夫品牌,加上代理的花王纸尿裤,这个渠道力变得更强了。

我问大流通事业部,为什么不早说?他们说,2009年就向总经理汇报过,足足浪费了两年时间!事后提到这件事,我还恨得直咬牙,真想骂人,只能拍自己大腿!这才决心把他换掉。而且家化改制了,新股东对业绩要求很高,为了提高工作效率,也不得不换,还要好言安慰,帮他安排一个董事长科学助理,位置与总经理平级,但是还是得罪了他。

再比如说,我们那个副总X某,他从1996年开始管销售,一直到2003年销售增长一直很差,那时我就觉得X某不称职。2004年,我招了曾在联合利华工作的叶伟敏来管销售部,叶对X某分管有忌惮,我答应叶会把X某调走，叶才答应来家化。

我就把X某调去管供应链，也是业绩平平。下面的年轻员工说他"讲话空洞，言之无物，官腔还特别大"。家化2005年就规定，总监以上不能介绍员工进来，但是他人事部和用人部门两面打招呼，竟开后门送了10个人进来。

对这样一个人，一直到2012年，我才以年龄大的理由让他下来，还照顾他当党委副书记，但还是大大得罪他。因为不让他做副总，他没有拿到股权，谢文坚一来，他就配合谢解散退管会，扣押了退管会的4000万元资金。在关联交易问题上，他配合谢文坚的意图，当然他也是迫于压力，总算退休后写了一份真实的证言，但为时已晚。

当时家化总经理、副总经理三个人，两个不称职。下面业务部门反映，在业务部门会议上，他们发言不到位，根本讲不到点子上。我怎么办？我就在组织架构和业务流程上，把业务决策权下放，这样反而效率更高。所以，我给业务部门几个主要的总监，工资和期权与总经理差不多，而且绩效奖金反而比总经理还要高一些。

但是，总经理班子一直没培养起来，这是我的责任。一部分是体制决定的，因为民企老板动人，被动的人二话不说；国企动了人，就会积怨。其次，是我的性格决定的，最好少得罪人。其实，当第一把手不得罪人是不可能的。

他们叫我老板，但我不是真的老板。你看家化资产这么好，我留下100亿元非化妆品业务的资产，哪有国有企业像我做得这么好的？从这个角度讲，我是主人翁；但我当然不是主人翁，这个企业也不是我的。我就想，少得罪人，不要多积怨，犯不上，我还是给国家做事情嘛。

像民营企业，他是老板，企业是他自己的，那他处理人，下面没人讲话。有一个民营企业的老板，300万年薪从外企挖来一个总经理，没两年他就把人家炒掉了，被炒的人没什么话好讲，因为企业是老板个人的，他完全有权决定用谁不用谁。

第四节 "打不倒的葛文耀"

曾经有一位新华社专门写传记的记者,打算给葛文耀写本书,当时,这位记者曾半开玩笑地说,书名就叫作《打不倒的葛文耀》。后来,这位记者因为身体原因,此事搁置。不过,葛文耀本人对这句话倒是十分认同,他认为自己就是个扳不倒的"不倒翁",经历再多磨难,就算跌入谷底,也能绝地逢生,"东山再起"。

在20世纪90年代,政企尚未分开,上海家化曾3次遭遇行政干预,每一次都元气大伤。

第一次,是1990年的与庄臣合资。这次合资,让家化母体失去了美加净、露美两大当家品牌,年销售额从4.5亿元降到2亿元,被其他国产化妆品品牌远远甩在后面。

第二次,是1995年的控股权划转。为扶持上海实业在香港上市,上级主管部门将上海家化的控股权划入上海实业。

第三次,是1998年奉命"合并"家化的母公司上海日化集团。在这次"儿子吃掉老子"的反向合并中,上海家化险遭"灭顶之灾":日化集团7 000多名员工,亏损1.8亿元;上海家化1 000多名员工,年利润5 000万元。重负之下,家化发展出现停滞,7年后才重新驶入发展的快车道。

每一次,葛文耀都能率领家化走出低谷,成为行业的领

1998年家化反向合并母公司上海日化集团,工人们拆除日化集团牌匾

先者。

葛文耀一生遭遇的最大的"滑铁卢",就是2013年的罢免风波,他的28年家化生涯在辉煌之时戛然而止,不仅污水泼身,还被后继者告上法庭。英雄迟暮,看似凄凉,但6年之后,葛文耀江湖之上仍在泛舟,继续着他的人生传奇。

巴顿将军有句名言:"衡量一个人成功的标志,不是看他登到顶峰的高度,而是看他跌到低谷的反弹力"。

"打不倒",是一种不言败、不服输的个性,这是每一个优秀企业家身上都具有的一种特质。

葛文耀的性格中,有执着和倔强的一面。

葛文耀属猪,他常说自己是"翻山猪":"猪有一个脾气,叫作'不撞南墙不回头',我是撞了南墙也不回头,我一定要翻过去。有句老话叫作'过了山的猪,老虎都怕',我就是这样一只'翻山猪'。"

正因为葛文耀的这种认准一件事,就要死磕到底的个性,宁可试错,也要有始有终,他才能带领家化逆势而行,闯出一片天地。这种执着、不

2001获全国优秀共产党员称号接受东方电视台记者采访,执话筒者为本书作者

服输的个性,是企业家非常宝贵的一种品质。在国有企业的管理者当中,这种个性十分难得。一般来说,国企领导持中庸者居多,这类人可能一辈子也不会犯错,但也不会有大的成就。

葛文耀在上海国有企业管理者当中,算是一个"另类",他身上的许多个性特点,与当下官场上谨言慎行的规则相"违和"。比如:追求自主,不喜约束;直言不讳,不愿迎合;固执倔强,执着自信。再比如:不安现状,自我加压;思维跳跃,想象力丰富;求新求异,喜欢折腾;追求时尚,力求完美。

其实,这些个性,都是企业家所独具的人格特征。

暨南大学管理学院教授黄文峰在他所著的《企业家精神》[①]一书中,详细分析了企业家的人格特征表现。

第一,喜欢折腾,不安分。这种性格特征的人,对未来有无限的好奇心,他们的生命状态就是不停地尝试新事物、挑战新高度。这是一种与生俱来的、存在于生命本身的一种特质,是生命的本能(这是黄文峰剖析企业家精神的重要出发点。——记者注)。

第二,信念的使者。企业家执着于自己的信念,是基于他们对未来的一种深刻的洞察力。这种洞察力或者是直觉,是企业家区别于常人的最根本之处,也是企业家最稀缺、最有价值的要素。

第三,独立人格。企业家看重自由、独立,因为创新和突破都需要自由的空间。他们崇尚自主精神,独立判断,简单率直,不受任何权威束缚。这是企业家最难能可贵的人格。企业家做决策有时就是一个偏执、孤独的过程。

第四,强烈的探知欲望。企业家都有着超强的学习能力,无师自通。这种学习能力来自强烈的好奇心。

第五,自由王国的国王。企业家会沉浸在自己宏大的愿景中,对自己所追求的目标达到了一种痴迷和忘我的境地。

---

① 黄文峰.企业家精神[M].北京:中国人民大学出版社,2018.

黄文峰认为，正是由于企业家所具有的这种特殊的人格特征，决定了企业家身上那种不甘平庸、喜欢折腾、追求突破限制、永不满足、永无止境、视事业为生命的精神特征。是企业家精神中不可或缺的稀有品质。

2017年在上海第一财经头脑风暴节目录制现场，中为葛文耀，左一为复旦大学经济学院院长张军

北京大学国家发展研究院教授张维迎，研究企业家精神35年，他在多篇文章中都表达了这样的观点：几乎所有伟大的企业家都是被嘲笑过的，是被嘲笑出来的。因为企业家对未来的预测不是基于统计模型，不是基于计算，而是基于自己的心智、想象力、警觉性、自信心、判断和勇气。任何可以通过统计模型做出的决策，都不是企业家的职能，只是日常管理工作。

这就是葛文耀和谢文坚的区别；是企业家和职业经理人的区别。

了解了企业家的人格特征，了解了企业家精神，就了解了葛文耀，了解了他为什么会几十年执着于打造中华民族化妆品品牌、势与外资品牌争市场；了解了他为什么会要坚持"挣脱"国企束缚、力推改制；了解了他为什么会怀揣时尚产业梦想、并为之殚精竭虑；了解了他为什么会在古稀之年力争重返家化、要再续家化传奇；甚至了解了他为什么会固执己见、一意"孤行"。

用企业家的人格特征去看待葛文耀的一生,一切就都通了,包括他的弱点。

王茁在他的《颜值时代的工匠精神》一书中,将家化公司之所以能留住人的"秘诀",概括为3个L:"第一个L(Love)是指热爱祖国,就是我们打造民族品牌的使命。第二个L(Learning)是学习,我们有学习的机会。第三个L(Life)是指我们平衡工作和生活"。

王茁告诉记者,1991年他们第一批被招进家化的17个大学应届毕业生,这么多年虽然也陆续走了一些人,但在留下来的人当中,直到葛总辞职前,有5个人都是在上市公司重要的领导岗位上。王茁是总经理,其余4人,一个是研发总监,一个是质管总监,还有两个是市场总监。他们之所以能跟着葛总20多年无怨无悔,并不仅仅是因为物质待遇的吸引力。其实,外资企业的工资、奖金,还是要高出家化一大截的。他们能够坚守下来,就是受到葛总那种民族情怀、企业愿景的长期浸润和影响,形成了价值观的认同。王茁认为,"这是非常难得的,价值观的认同对企业的发展,起到至关重要的作用"。

一位在家化就职多年的员工说:"葛老板是我们的英雄,他在时的家化是最骄傲自豪的时期,他对民族化妆品的贡献旁人无法取代!"

2010年在家化职工运动会上

接受第一财经财富人生栏目记者专访

一位已经离开家化的年轻员工在给葛文耀的短信中说："一个人富有不叫成功,给予大家才是真正的成功,您做到了,使大家有房、有车有存款。没有您就没有家化、没有我们这些年轻人站在巨人肩膀上的成功!"

葛文耀不是一个完人,但他绝对是一个优秀的企业家!

他为中国民族化妆品事业做出的贡献,功不可没!

尾 声

2020年2月20日,中国A股在经历了受新冠病毒疫情影响暴跌200多点之后,重新站上3 000点大关,报收于3030.15点。但这一天,上海家化的股价收跌于27.64元,市值185.5亿元,距其最高位389亿元,下降了52.3%。

此前一天,2020年2月19日,张东方交出了第三份"成绩单"——上海家化2019年年报:营业收入75.97亿元,同比增长6.43%;净利润5.57亿元,同比增长3.09%,但主营业务利润和经营性现金流双双下跌16%,是她执掌上海家化三年来最差的一份"成绩单"。

2个月后,2020年4月22日,张东方递交了辞任报告,当日,上海家化股票涨停。

欧莱雅前高管潘秋生接棒,成为上海家化第4任掌门人。

后　记

萌生为葛文耀先生写书的想法,是源于在雪球上偶然看到的一篇文章,大概是在2014年的时候,那时葛文耀先生已离开家化,而新掌门人上任后点燃的人事纷争正如火如荼。

那篇文章的主要内容,是在用分析师研报的数据,为上海家化做量化分析,得出的结论是:六神算不上成功的品牌,10年销售从6亿元做到16亿元,不过是赚了通胀的钱而已。上海家化真正只孕育了一个品牌,就是佰草集。

不管这个结论是否正确,都应该允许人家有自己的观点,所以文章本身并无问题,但其中有一句话,让我有些惊讶。

"扛过外资企业竞争,其实我认为是时势造英雄。因为相宜本草、自然堂等,都扛过了外资。"

我想,文章作者应该是个80后,至少是个对20世纪90年代那段改革开放和国企改革的历史所知甚少的人。有过经历的人都知道,20世纪90年代,是外资企业在中国市场策马扬鞭的时代,还没学会在市场经济海洋里游泳的国有企业,在机制灵活的民营企业和财大气粗的外资企业的双重冲击下,举步维艰,纷纷关停并转。上海百万工人下岗、转岗,就是发生在 20 世纪 90 年代,首当其冲的,就是消费品生产企业。上海的纺织和轻工是受冲击最大的"重灾区",曾经有着 55 万产业大军的上海纺织业,最后只剩下不到 5 万人,"壮士断腕",是何等悲壮!至今,我都清楚地记得当时一位纺织厂厂长对我说的话:"我们企业现在是想死没钱买毒药,想上吊没钱买绳子!"

所以,一般所讲的国有企业、民族品牌抵御外资冲击,通常是指 20 世纪 90 年代,因为千禧年后,中国本土企业开始崛起、壮大,倒是外资企业没有了改革开放初期的红利,开始水土不服,出现撤资的情况,特别是日韩企业。

而文章中提到的相宜本草、自然堂,都是诞生在千禧年之后,又是有着百分之百自主权的民营企业,岂能和曾经戴着镣铐跳舞的国有企业上海家化相提并论?

后来陆陆续续看到了一些类似的观点,当然不只是年轻人,就连上海家化的继任者,也对家化曾经创造的奇迹表现出不屑,对带领家化创造奇迹的领头人不屑。这,触发了我想写这本书的想法。

我就是在 20 世纪 90 年代认识葛文耀先生的,那时我是上海东方电视台负责工业条线的记者,每次见面习惯称呼他为"葛总",这个习惯保持至今。因此,为行文方便,以下我仍按照老习惯称呼葛总。

算下来,从 20 世纪 90 年代中期到现在,我认识葛总有 25 年了。做记者的,看上去认识人很多,但深交有限,葛总算是我采访对象中为数不多的、一直保持联系的人之一。上海家化是上海国企改革的一面旗帜,是媒体的焦点,有一段时期,我采访家化的次数比较频繁,也曾多次采访葛总本人。有一次,我还把葛总请到东方电视台新闻中心给记者们讲课,内容已经记不清了,只记得中心让我转交给葛总的讲课费,他坚决推辞不收。

说来有些没出息,那时候到上海家化采访,经常会受些"刺激"。记得 2001 年有一次采访家化的一位生产一线的工人,姓王。他告诉我,他在 4 年前就分到了一套面积 98 平方米的两室一厅的住房,而他并不是个案,当时家化的员工,只要是 3 口之家,都能住上两室一厅的房子。那时,我的住房是台里分的 70 平方米的小两室一厅的套房,厅里只能摆下一张饭桌。

20 世纪 90 年代末,家化员工的奖励休假,就已经走出国门直奔新、马、泰了,而那时,上海纺织、轻工的一众企业,正在关停并转中煎熬。

同样是国企,同样是竞争充分的消费品企业,差距咋就这么大呢!

没有谁是可以随随便便成功的。"时势造英雄",这句话没错,但英雄都是经过大浪淘沙后,方显英雄本色的。

那次采访,葛总的一句话,深深烙在了我的心里:"让国企职工都过上好日子。"这句话听上去似乎不够高大上,没有类似后来流行的那句"厉害了,我的国"那样气壮山河,但中国共产党带领人民创建新中国,不就是要让中国最广大的人民群众都过上好日子吗?我把这句话,用作了那篇报道的标题。

葛总是一个有着家国情怀的人,为"小家",他想让家化的员工都过上好日子;为"大家",让国货品牌在国际高端市场上立有一席之地,是他毕生的夙愿。只可惜,就在他已经夯实基础,准备凭借改制的东风,在梦想的王国里驰骋的时候,却被"东风"折戟沉沙,抱憾出局。

也是在 2014 年,大约在秋季。一天,我到遵义路上的太平洋喜来登酒店办事,偶遇葛总。那是"罢免风波"后我第一次见到葛总,他从马路对面一瘸一瘸地走来,因为股骨头坏死,走路显得有些吃力,人也愈发显得苍老,和我之前认识的那个精力充沛、侃侃而谈的葛总,判若两人!"英雄迟暮"四个字突然跳出,一时心生悲凉。

一个人和他所创造的那段历史,就这样被后浪拍在了沙滩上了吗?

写书的想法从朦朦胧胧,到逐渐清晰,再到后来开始着手准备,已经是 2017 年了。我想让当下的年轻人了解,曾经的"家化奇迹"是如何被创造的;我也想让更多的人了解,那场搅动舆论的"罢免风波",究竟是如何发生的;我更想让更多的人知道,一个企业,拥有一位卓越的企业家和企业家身上那种稀缺的企业家精神,是多么的重要!我想讲述一个关于人的故事,一个关于企业家和他所创造的品牌的故事,一个关于企业家精神的故事。

3年时间,我查阅了大量的资料,采访了众多与葛总相识、相关的人,这其中,有葛总的同学、朋友,家化的现任和前任高管、离职和退休的员工,上海国资委的前官员,平安集团离职高管,现在的基金合伙人,以及他义务咨询、帮助"诊脉"的民营企业家,等等。

本书的主体脉络,以葛总的讲述为主,以各方佐证和采访为辅,力求客观、真实,还事实以本来面目。但做记者的都知道,所谓"真实",永远是相对的,这种"真实",只是基于所掌握的资料和了解到的事实基础上的。由于种种原因,未能采访到平安集团现任的高管,算是本书的一个遗憾。

严格地说,本书算不上一本真正的人物传记,长年的记者生涯,行文习惯直奔主题,少有修饰和描述,尽可能用有限的文字呈现更多的信息;时间线上,也没有按照通常的前后顺序安排结构,而是以事件和主题独立成章。想有人物传记阅读体验的读者,怕是要失望了,在此真诚地说声抱歉!

我由衷感谢葛总,他给予我最大的信任,并独家授权给我,让我能够完成此书。听他讲述过去的品牌故事,听他描述未来时尚产业的构想,甚至听他对自己过往的反思,一个个性鲜明的人物,在我眼前立了起来。葛总是一个令我发自内心敬重的企业家,尽管他并不十分完美,也有常人都有的弱点。

我也非常感谢王茁先生,他为本书做出了很多贡献。作为葛总亲选的接班人、上海家化的第一批品牌经理人,长达30年的君子之交,他对葛总的了解以及对葛总时尚产业构想的惺惺相惜,非旁人能比。他6年前的那篇《致投资者的公开信》,至今读来依旧让人荡气回肠、血脉偾张。他为本书写的序言,可以说是迄今为止对葛总最为立体和中肯的评价。

我还要感写刘胜军先生能为本书作序,他是70后经济学家代表人物之一,对国企改革有他独到的见解,2014年曾出席李克强总理的经济形势座谈会并做专题发言。他在序中指出,"国企机制"与"企业家精神"的不兼容,才是国企改革的核心症结所在。可谓一语中的。

我也非常感谢上海国资委原主任杨国雄先生,作为上海国资委主导家化改制的具体操刀人,尽管这次改制成为败笔,他仍然没有推托我的采访,并且直言利弊、毫不掩饰自己的观点。

我还要感谢平安集团的前高管陈刚先生,他是家化改制平安集团方面的谈判代表。这位有着"袍哥"情结的重庆后生,为义气愤而辞职。2018年8月的一天,他从北京飞来上海,冒着35度的高温酷暑从机场直接到我们的见面地接受采访,我清晰地记得那日他坐定后,不停地用纸巾擦着汗。

要感谢的人很多,所有接受我采访的、在书中具名和未具名的朋友,没有你们,这本书就无法成立;感谢上海国际时尚联合会和铭耀资本,为我提供了多次观赏上海高级定制周华美开幕的机会和采访场地;还要感谢上海财经大学出版社,他们在很短的时间完成编辑工作,保证本书顺利出版。

最后,我要特别致谢上海辞书出版社的朱志凌先生,他是最早与我沟通此书的人,并在成书过程中给予了很多帮助。

篇幅有限,不能一一列举,如有疏漏,敬请谅解!

是记。

田安莉
2020年10月18日于上海